Die Formel für Erfolg

Rennsport ist Hochleistungssport plus Hochleistungstechnik.
Speziell die Formel 1…

Erfolge sind hier nur möglich durch Teamarbeit, durch die optimale
Kombination von Ideen, Werkstoffen und Technologien.

Das Konzept, nach dem auch ICI arbeitet. Bei der Entwicklung
von Produkten ebenso wie bei der Suche nach umfassenden
Problemlösungen.

WORLD CLASS

ACHIM SCHLANG   GRAND PRIX 1987

ACHIM SCHLANG

GRAND PRIX 1987

Die Rennen zur Automobilweltmeisterschaft

MOTORBUCH VERLAG STUTTGART

Umschlaggestaltung: Siegfried Horn
unter Verwendung eines Fotos von Lukas Gorys

Fotos im Innenteil:

Bagutta:	Seite 29 oben links
Blakemore, John:	Seiten 23 oben rechts / 125
Ferrari Werksfoto:	Seite 39 oben Mitte
Froidevaux, Jean Pierre:	Seiten 17 oben Mitte / 19 oben rechts / 23 oben Mitte / 25 oben rechts / 35 oben Mitte / 37 oben Mitte / 41 oben Mitte / 43 oben Mitte / 43 oben rechts / 47 oben Mitte
Gorys, Lukas:	Seiten 14 / 15 oben Mitte / 15 oben rechts / 17 oben rechts / 19 oben Mitte / 20 / 21 oben links / 22 / 25 oben Mitte / 35 oben rechts / 37 oben rechts / 39 oben rechts / 45 oben Mitte / 47 oben rechts / 49 / 50 / 51 / 52 oben / 53 / 57 / 61 / 63 / 65 / 67 unten / 69 / 75 / 77 / 83 / 85 / 87 / 88 / 89 / 108 / 109 / 111 unten / 113 / 119 / 129 / 131 / 133 / 135
Hofmeister, Jens:	Seiten 36 / 52 unten / 56 / 59 / 71 / 93 / 95 / 99 / 101 / 103 / 110 oben / 111 oben links / 115
Lotus Werksfoto:	Seite 41 oben rechts
March Werksfoto:	Seite 28
McLaren Werksfoto:	Seiten 31 oben Mitte / 31 oben rechts
Minardi Werksfoto:	Seite 33 oben Mitte / 33 oben rechts
Osella Werksfoto:	Seite 37 oben links
Reinhard, Daniel:	Seiten 12 / 13 / 16 / 18 / 24 / 26 / 27 / 30 / 32 / 34 / 38 / 40 / 44 / 46 / 48 / 67 oben / 73 / 79 / 81 / 97 / 104 / 113 / 122 / 123
Schlang, Achim:	Seiten 15 unten / 17 unten / 19 unten / 21 unten / 21 oben rechts / 23 unten / 25 unten / 29 rechts / 31 unten / 33 unten / 35 unten / 37 unten / 39 unten / 41 unten / 43 unten / 45 unten / 47 unten / 105 / 110 unten links / 110 unten rechts
Schlegelmilch, Rainer:	Seiten 106 / 107
Thill, Arthur:	Seiten 54 / 55 / 91 / 111 oben rechts
Tyrrell Werksfoto:	Seite 42
Redaktion und Statistik:	Doris Schlang

ISBN 3-613-01202-2

1. Auflage 1987
Copyright © by Motorbuch Verlag, Postfach 1370, 7000 Stuttgart.
Eine Abteilung des Buch- und Verlagshauses Paul Pietsch GmbH & Co. KG.
Sämtliche Rechte der Verbreitung – in jeglicher Form und Technik – sind vorbehalten.
Satz und Druck: Vaihinger Satz+Druck, Dr. Wimmershof GmbH+Co., 7143 Vaihingen/Enz.
Bindung: Verlagsbuchbinderei Karl Dieringer, 7016 Gerlingen.
Printed in Germany.

Inhalt

Weltmeister 1950–1987	6
Formel 1	7
Einführung	8
Rennställe	10
Fahrer	11
Rennställe, Fahrer und Wagen	14
Großer Preis von Brasilien	58
Großer Preis von San Marino	62
Großer Preis von Belgien	66
Großer Preis von Monaco	70
Großer Preis der USA	74
Großer Preis von Frankreich	78
Großer Preis von England	82
Großer Preis von Deutschland	86
Großer Preis von Ungarn	92
Großer Preis von Österreich	96
Großer Preis von Italien	100
Großer Preis von Portugal	114
Großer Preis von Spanien	118
Großer Preis von Mexiko	124
Großer Preis von Japan	128
Großer Preis von Australien	132
Punktetabelle	136

Weltmeister 1950–1987

1950	Dr. Giuseppe Farina	Alfa Romeo
1951	Juan Manuel Fangio	Alfa Romeo
1952	Alberto Ascari	Ferrari
1953	Alberto Ascari	Ferrari
1954	Juan Manuel Fangio	Mercedes/Maserati
1955	Juan Manuel Fangio	Mercedes
1956	Juan Manuel Fangio	Ferrari
1957	Juan Manuel Fangio	Maserati
1958	Mike Hawthorn	Ferrari
1959	Jack Brabham	Cooper Coventry-Climax
1960	Jack Brabham	Cooper Coventry-Climax
1961	Phil Hill	Ferrari
1962	Graham Hill	BRM
1963	Jim Clark	Lotus Coventry-Climax
1964	John Surtees	Ferrari
1965	Jim Clark	Lotus Coventry-Climax
1966	Jack Brabham	Brabham Repco
1967	Denis Hulme	Brabham Repco
1968	Graham Hill	Lotus Ford-Cosworth
1969	Jackie Stewart	Matra Ford-Cosworth
1970	Jochen Rindt	Lotus Ford-Cosworth
1971	Jackie Stewart	Tyrrell Ford-Cosworth
1972	Emerson Fittipaldi	Lotus Ford-Cosworth
1973	Jackie Stewart	Tyrrell Ford-Cosworth
1974	Emerson Fittipaldi	McLaren Ford-Cosworth
1975	Niki Lauda	Ferrari
1976	James Hunt	McLaren Ford-Cosworth
1977	Niki Lauda	Ferrari
1978	Mario Andretti	Lotus Ford-Cosworth
1979	Jody Scheckter	Ferrari
1980	Alan Jones	Williams Ford-Cosworth
1981	Nelson Piquet	Brabham Ford-Cosworth
1982	Keke Rosberg	Williams Ford-Cosworth
1983	Nelson Piquet	Brabham BMW
1984	Niki Lauda	McLaren TAG-Porsche
1985	Alain Prost	McLaren TAG-Porsche
1986	Alain Prost	McLaren TAG-Porsche
1987	Nelson Piquet	Williams-Honda

Formel 1

Gültigkeit:	Bis 31. Dezember 1987 In Auszügen die wesentlichen Reglement-Paragraphen:
Zugelassene Fahrzeuge:	Einsitzige Rennwagen mit Viertakt-Hubkolbenmotoren bis 1500 cm^3 (aufgeladen mit max. 4 bar) oder 3500 cm^3 ohne Aufladung sowie Wagen der Formel 3000, max. 12 Zylinder, max. 4 Räder, Turbinen, Wankel-, Diesel- und Zweitaktmotoren sowie Vierradantrieb verboten
Gewicht:	540 kg (Turbo-Autos), 500 kg (Saugmotor-Autos), Mindestnettogewicht ohne Fahrer, das bei jeder Kontrolle nach Training und Rennen erreicht werden muß
Vorgeschriebene Ausrüstung:	Überlebenszelle (Monocoque nach FISA-Spezifikation), Lebensrettungssystem (Luftflasche mit feuerfester Zuleitung zum Fahrerhelm), Feuerlöscher (5 kg Löschmittel für Cockpit, 2,5 kg für Motor/Getriebebereich), 2 Überrollbügel, Stromkreisunterbrecher, Rückwärtsgang, Ölsammler (min. 3 l)

Karosserie- und Fahrgestellabmessungen:

max. Breite zwischen Vorder- und Hinterachse:	1400 mm
max. Bugüberhang:	1200 mm
max. Hecküberhang:	600 mm
max. Radbreite:	457,2 mm
max. Raddurchmesser:	660,4 mm
max. Gesamtbreite:	2150 mm
max. Höhe (ohne Überrollbügel):	1000 mm

Abmessungen der aerodynamischen Hilfsmittel:

max. Frontspoiler-Breite	1500 mm
max. Heckspoiler-Breite	1000 mm

Zugelassener Kraftstoff:	max. 102 RON, max. 2% O, 1% N (Gewichtsprozent); bei außereuropäischen Rennen, mit Sondergenehmigung der FISA, auch Flugbenzin
Kraftstoffmenge:	max. 195 l, Nachtanken verboten
Tanks:	Gummi-Sicherheitstanks nach FTA/FT3-Spezifikation
Cockpitöffnung:	Mindestlänge 600 mm, über die halbe Länge mindestens 450 mm breit. Ohne Demontage des Lenkrades muß der Fahrer das Cockpit in längstens fünf Sekunden verlassen können
Renndistanz:	min. 300 km, max. 320 km einschließlich Einführungsrunde
Renndauer:	max. 2 Stunden, die laufende Runde muß beendet werden

Einführung

Durch die Begrenzung des zuvor unlimitierten Ladedrucks der Turbo-Autos auf vier bar wurde im Jahr 1987 das Ende der Ära aufgeladener Motoren eingeläutet, die im Juli 1977 mit dem Auftritt des Renault-Sechszylinders – zunächst recht erfolglos – begonnen hatte. Im Vergleich mit den leistungsmäßig unterlegenen, aber um 40 Kilogramm leichteren, Saugmotor-Wagen stellten die Turbos zwar immer noch die überlegene Technik dar, doch das wird sich spätestens 1988 ändern, wenn der maximal zulässige Ladedruck auf 2,5 bar festgelegt ist und der zulässige Spritverbrauch der Turbos gleichzeitig von 195 auf 150 Liter gesenkt wird.

Die Einführung der Ladedruck-Begrenzung traf die diversen Motoren-Hersteller bedauerlicherweise unterschiedlich hart: Auf der Suche nach zusätzlichen PS, die jetzt über den Weg gesteigerter Motor-Drehzahlen führte, hatten die Produzenten der Vierzylinder-Reihenmotoren die deutlich schlechteren Karten. Im Sinne einer größeren Fairneß hätte die Automobilsport-Hoheit FISA den drehfauleren Vierzylindern einige Zehntel Ladedruck mehr zugestehen müssen. Eine unvorhergesehene Entwicklung ließ die – technisch durch Montage geeichter pop off-Ventile möglich gemachte – Ladedruck-Begrenzung über die fehlende Gleichbehandlung hinaus zum Problemfall werden. Obwohl die Funktionäre der FISA wiederholt mündlich und schriftlich das Gegenteil beteuerten, war es offenbar – wenn auch letztlich von Außenstehenden unbeweisbar – möglich, die Lader zu »überdrücken«, das heißt, den Ladedruck trotz des vorgeschriebenen Ventils über das festgelegte Limit hinaus zu steigern. Aufgrund der verschärften Spritbestimmungen wird dieser »Trick« in der kommenden Saison allerdings auch auf den verbrauchsfreundlichsten Pisten keine Anwendung mehr finden können.

Sportlich gesehen verlief die 38. Formel 1-Weltmeisterschafts-Saison so, wie es die Experten bereits vor dem Grand Prix von Brasilien prophezeit hatten. Es war ein offenes Geheimnis, daß der neue Champion der »Viererbande«, bestehend aus Alain Prost, Nelson Piquet, Nigel Mansell und Ayrton Senna, angehören würde. Diese Piloten beherrschten dann tatsächlich die Meisterschaft und teilten sich die Siege der ersten 14 von insgesamt 16 Wertungsläufen. Mit dem Ferrari-Fahrer Gerhard Berger konnte erst in Japan ein »Außenstehender« in diesen kleinen Kreis eindringen und einen Grand Prix gewinnen. Als sei ein Knoten geplatzt, triumphierte der Tiroler dann auch zwei Wochen später in Australien und meldete mit diesem herbstlichen Doppelschlag seine Ambitionen für 1988 an. Als sich herausstellte, daß der zwischen 1984 und 1986 so überaus erfolgreiche McLaren-Porsche viel von seiner Zuverlässigkeit eingebüßt hatte und daß Ayrton Sennas »aktiver« Lotus nur auf langsamen Kursen mit in die Entscheidung eingreifen konnte, reduzierte sich die Anzahl der Titelaspiranten entsprechend auf zwei Fahrer: Die beiden Williams-Piloten Nigel Mansell und Nelson Piquet. Team-Chef Frank Williams verzichtete – wie bereits im Vorjahr – auf jede Form von Stallregie. Das Duell um den Titel sollte mit sportlichen Mitteln auf den Pisten ausgetragen werden. Dieser sympathische Anachronismus – der das Team 1986 den Fahrer-WM-Titel gekostet hatte – war mit der erfolgsorientierten Strategie des Motoren-Partners Honda so wenig in Einklang zu bringen, daß es im Spätsommer zum Bruch zwischen Williams und den Japanern kam. Der Vertrag wurde zum Saison-Ende gekündigt, und anstelle von Williams wird ab 1988 McLaren neben Lotus mit Honda-Motoren ausgerüstet werden.

Hinter vorgehaltener Hand wurde der Verdacht geäußert, daß Honda-Rennleiter Yoshitoshi Sakurai das vermißte Eingreifen von außen in die eigenen Hände nahm. In Monza und Estoril fühlte sich Nigel Mansell jedenfalls hinter's Licht geführt und äußerte die Befürchtung, daß Sabotage im Spiel gewesen sei. Nach dieser Kritik siegte der Brite nicht unerwartet in Spanien und Mexiko – in dieser Phase konnte Honda getrost den rufschädigenden Verdachtsmomenten entgegenwirken, da Nelson Piquet über einen beruhigenden Punkte-Vorsprung verfügte. Bevor es dann zur Nagelprobe in den Final-Grand Prix von Japan und Australien kam, wurde den »geheimen Regisseuren« die Arbeit abgenommen, als sich Nigel Mansell während des Trainings in Suzuka verletzte und nicht mehr antreten konnte.

Die von Jahr zu Jahr zunehmende aktive und passive Sicherheit im Formel 1-Sport machte sich in der abgelaufenen Saison erneut sehr positiv bemerkbar. Die Trainingsunfälle von Nelson Piquet in Imola und Nigel Mansell verliefen ebenso ohne ernsthafte Folgen für die Fahrer wie die

Karambolage der beiden Tyrrell-Piloten Philippe Streiff und Jonathan Palmer in Spa oder der spektakuläre Startunfall in Zeltweg. Trotzdem beeinflußten die Unfälle der zwei Williams-Fahrer die Meisterschaft. Der Brasilianer mußte – gegen seinen erklärten Willen – auf die Teilnahme am Grand Prix von San Marino verzichten, weil ihm die Ärzte ein Startverbot auferlegten. Auch wenn er schon in Spa-Francorchamps wieder am Steuer saß, litt Piquet bis zum Saisonende unter den Nachwirkungen des Unfalls. Konzentrationsschwächen und Schlafstörungen plagten den Südamerikaner noch im November, während allerdings die Schmerzen im Bereich der Nackenmuskulatur bereits im Juni abklangen. Nigel Mansells Unfall entschied schließlich sogar den Kampf um den Titel, da der Brite nach dem Trainings-Sturz in Suzuka gleich für zwei volle Monate krankgeschrieben werden mußte und sich sofort nach Hause absetzte, um neue Kräfte für das kommende Rennjahr zu sammeln.

Dem Franzosen Alain Prost, der erstmals im Verlauf seiner Karriere seinen Platz im Endklassement der Weltmeisterschaft nicht verbessern oder zumindest halten konnte, blieb ein kleiner Trost. Mit seinem Sieg in Portugal entthronte der McLaren-Fahrer den Schotten Jackie Stewart als siegreichsten Formel 1-Piloten aller Zeiten. 28 GP-Erfolge hat Prost nun auf seinem Konto, einen mehr als Stewart, dessen »Rekord« 14 Jahre lang unangetastet blieb. Weitere Verbesserungen in den ewigen Bestenlisten waren zum Greifen nahe, wurden dann allerdings verfehlt. Williams verpaßte den Punkterekord der Konstrukteurs-Weltmeisterschaft, gehalten von McLaren mit 143,5 Punkten (1984) nur knapp, weil die britische Truppe in Japan und Australien unerwartet leer ausging. Weltmeister Nelson Piquet fehlte unterm Strich ein einziges Pünktchen, um Alain Prosts Leistung aus dem Jahr 1985 – ebenfalls 73 (76) Punkte – zu überbieten. Achtmal startete Nigel Mansell von der Pole-Position und mußte dann in Japan und Australien pausieren. Dieser Umstand hinderte ihn daran, Niki Lauda (1974/75), Ronnie Peterson (1973) und Nelson Piquet (1984) zu überflügeln, die in den genannten Jahren jeweils neunmal vom besten Startplatz aus ins Rennen gingen.

Erstmals vergab der Automobil-Weltverband FIA 1987 »doppelte Punkte«. Als Motivation für die technisch benachteiligten Teilnehmer der »Sauger-Klasse« wurde die Jim Clark-Trophy, für den besten Sauger-Piloten, und die Colin Chapman-Trophy, für das erfolgreichste Sauger-Team, ausgelobt. Entsprechend dem WM-Schema wurden die Punkte nach dem System neun, sechs, vier, drei, zwei, eins vergeben. Die gesonderte Fahrer-Wertung sah Jonathan Palmer vorn, gefolgt von seinem Tyrrell-Kollegen Philippe Streiff und dem Lola-Piloten Philippe Alliot. Die Konstrukteurs-Trophäe sicherte sich Tyrrell. Die Engländer verwiesen Lola, AGS und March überlegen auf die Plätze zwei bis vier.

Während das Establishment der Szene seine Qualitäten untermauern konnte, stach aus der Basis kaum jemand hervor. Auf die Liste der Grand Prix-Sieger in spe muß allerdings zwingend der Belgier Thierry Boutsen aufgenommen werden. Wenn er 1987 noch nicht als erster abgewinkt wurde, so lag dies nicht an seinen fahrerischen Qualitäten, sondern allein an der Unzuverlässigkeit des Benetton-Ford, der sich zwar für einige schnelle Runden als tauglich erwies, nicht aber für die volle Renn-Distanz. Als »neues Talent« sollte Stefano Modena im Auge behalten werden, der sich das Formel 3000-Championat sicherte und in Adelaide sein Formel 1-Debüt gab.

Mit dem Ausstieg von Porsche und BMW aus dem Grand Prix-Sport endete die Saison 1987 aus deutscher Sicht betrüblich. Erfreulich ist hingegen, daß sich 1988 die Anzahl heimischer F1-Rennställe verdoppeln wird: Neben Zakspeed wird sich wieder Günter Schmid an der Weltmeisterschaft beteiligen, der bereits zwischen 1977 und 1984 das Team ATS einsetzte.

Rennställe

	1986	1987
AGS	Ivan Capelli	Pascal Fabre (Roberto Moreno)
Arrows Racing Team Ltd.	Marc Surer, Christian Danner, Thierry Boutsen	Derek Warwick, Eddie Cheever
Benetton Racing	Teo Fabi, Gerhard Berger	Teo Fabi, Thierry Boutsen
Coloni Racing Car System	–	Nicola Larini
Equipe Larrousse Calmels	–	Philippe Alliot, (Yannick Dalmas)
Equipe Ligier	René Arnoux, Jacques Laffite, Philippe Alliot	René Arnoux, Piercarlo Ghinzani
March Engineering Ltd.	–	Ivan Capelli
McLaren International Ltd.	Alain Prost, Keke Rosberg	Alain Prost, Stefan Johansson
Minardi Team	Andrea de Cesaris, Alessandro Nannini	Adrian Campos, Alessandro Nannini
Motor Racing Developments Ltd. (Brabham)	Riccardo Patrese, Elio de Angelis, Derek Warwick	Riccardo Patrese, Andrea de Cesaris (Stefano Modena)
Osella Squadra Corse	Piercarlo Ghinzani, Christian Danner, Allen Berg, (Alex Caffi)	Alex Caffi, (Gabriele Tarquini, Franco Forini)
Sefac Automobili Ferrari S.p.A.	Michele Alboreto, Stefan Johansson	Michele Alboreto, Gerhard Berger
Team Haas USA Ltd.	Alan Jones, Patrick Tambay, (Eddie Cheever)	–
Team Lotus Ltd.	Johnny Dumfries, Ayrton Senna	Satoru Nakajima, Ayrton Senna
Tyrrell Racing Organisation Ltd.	Martin Brundle, Philippe Streiff	Jonathan Palmer, Philippe Streiff
Williams Grand Prix Engineering Ltd.	Nigel Mansell, Nelson Piquet	Nigel Mansell, Nelson Piquet (Riccardo Patrese)
Zakspeed Formula Racing GmbH	Jonathan Palmer, Huub Rothengatter	Martin Brundle, Christian Danner

(–) gelegentlich eingesetzte Fahrer

Fahrer

Michele Alboreto, geb. 23. 12. 1956 in Mailand, Italiener, 105 GP seit 1981 auf Tyrrell und Ferrari, 5 Siege

Philippe Alliot, geb. 27. 7. 1954 in Voves, Franzose, 48 GP seit 1984 auf RAM, Ligier und Lola

René Arnoux, geb. 4. 7. 1948 in Grenoble, Franzose, 127 GP seit 1978 auf Martini, Surtees, Renault, Ferrari und Ligier, 7 Siege

Gerhard Berger, geb. 27. 8. 1959 in Wörgl, Österreicher, 52 GP seit 1984 auf ATS, Arrrows, Benetton und Ferrari, 3 Siege

Thierry Boutsen, geb. 13. 7. 1957 in Brüssel, Belgier, 73 GP seit 1983 auf Arrows und Benetton

Martin Brundle, geb. 1. 6. 1959 in Kings Lynn, Engländer, 54 GP seit 1984 auf Tyrrell und Zakspeed

Alex Caffi, geb. 18. 3. 1964 in Rovato, Italiener, 15 GP seit 1986 auf Osella

Adrian Campos, geb. 17. 6. 1960 in Alcira, Spanier, 15 GP seit 1987 auf Minardi

Ivan Capelli, geb. 24. 5. 1963 in Mailand, Italiener, 19 GP seit 1985 auf Tyrrell, AGS und March

Andrea de Cesaris, geb. 31. 5. 1959 in Rom, Italiener, 104 GP seit 1980 auf Alfa Romeo, McLaren, Ligier, Minardi und Brabham

Eddie Cheever, geb. 10. 1. 1958 in Phoenix, Amerikaner, 102 GP seit 1978 auf Hesketh, Osella, Tyrrell, Ligier, Renault, Alfa Romeo, Lola und Arrows

Yannick Dalmas, geb. 28. 7. 1961 in Le Beausset, Franzose, 3 GP seit 1987 auf Lola

Christian Danner, geb. 4. 4. 1958 in München, Deutscher, 32 GP seit 1985 auf Osella, Arrows und Zakspeed

Teo Fabi, geb. 9. 3. 1955 in Mailand, Italiener, 64 GP seit 1982 auf Toleman, Brabham und Benetton

Pascal Fabre, geb. 27. 1. 1960 in Lyon, Franzose, 11 GP seit 1987 auf AGS

Franco Forini, geb. 22. 9. 1958 in Locarno, Schweizer, 2 GP seit 1987 auf Osella

Piercarlo Ghinzani, geb. 16. 1. 1952 in Bergamo, Italiener, 65 GP seit 1981 auf Toleman, Osella und Ligier

Stefan Johansson, geb. 8. 9. 1956 in Växjö, Schwede, 58 GP seit 1983 auf Spirit, Tyrrell, Toleman, Ferrari und McLaren

Nicola Larini, geb. 19. 3. 1964 in Camaiore, Italiener, 1 GP seit 1987 auf Coloni

Nigel Mansell, geb. 8. 8. 1954 in Upton-on-Seven, Engländer, 104 GP seit 1980 auf Lotus und Williams, 13 Siege

Stefano Modena, geb. 12. 5. 1963 in Modena, Italiener, 1 GP seit 1987 auf Brabham

Roberto Moreno, geb. 11. 2. 1959 in Rio de Janeiro, Brasilianer, 2 GP seit 1987 auf AGS

Satoru Nakajima, geb. 23. 2. 1953 in Okazaki, Japaner, 16 GP seit 1987 auf Lotus

Alessandro Nannini, geb. 7. 7. 1959 in Siena, Italiener, 31 GP seit 1986 auf Minardi

Dr. Jonathan Palmer, geb. 7. 11. 1956 in London, Engländer, 55 GP seit 1983 auf Williams, RAM, Zakspeed und Tyrrell

Riccardo Patrese, geb. 17. 4. 1954 in Padua, Italiener, 160 GP seit 1977 auf Shadow, Arrows, Alfa Romeo, Brabham und Williams, 2 Siege

Nelson Piquet, geb. 17. 8. 1952 in Rio de Janeiro, Brasilianer, 141 GP seit 1978 auf Ensign, McLaren, Brabham und Williams, 19 Siege, Weltmeister 1981 und 1983 auf Brabham, Weltmeister 1987 auf Williams

Alain Prost, geb. 24. 2. 1955 in St. Chamond, Franzose, 121 GP seit 1980 auf Renault und McLaren, 28 Siege, Weltmeister 1985 und 1986 auf McLaren

Ayrton Senna, geb. 21. 3. 1960 in Sao Paulo, Brasilianer, 62 GP seit 1984 auf Toleman und Lotus, 6 Siege

Philippe Streiff, geb. 26. 6. 1955 in Grenoble, Franzose, 38 GP seit 1984 auf Renault, Ligier und Tyrrell

Gabriele Tarquini, geb. 2. 3. 1962 in Giulianova (Lido), Italiener, 1 GP seit 1987 auf Osella

Derek Warwick, geb. 27. 8. 1954 in Alresford, Engländer, 84 GP seit 1981 auf Toleman, Renault, Brabham und Arrows

Gesamtzahl der gefahrenen Grand Prix, incl. nachträglicher Disqualifikation

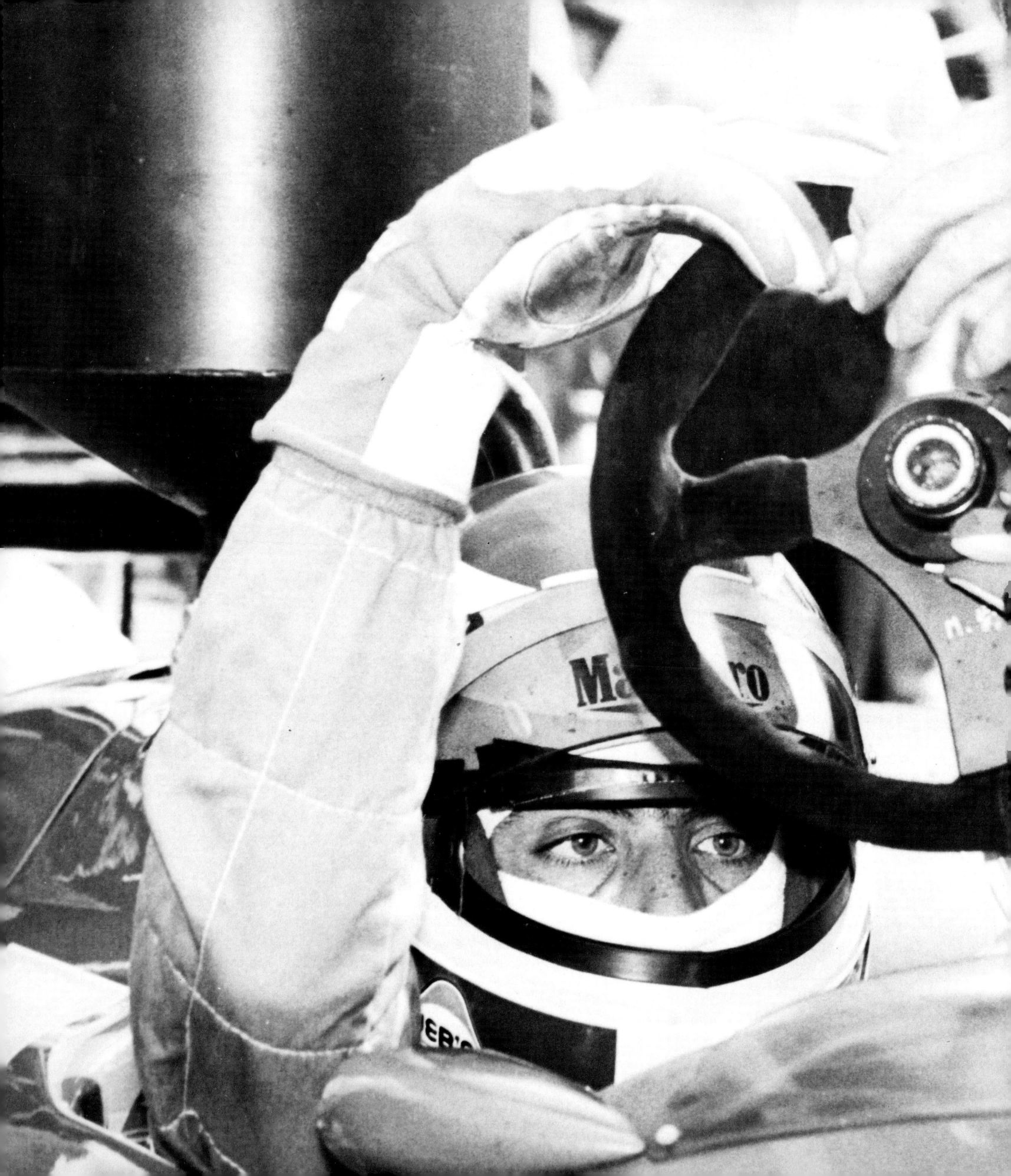

Michele Alboreto reicht das Lenkrad aus dem Cockpit

AGS

Der französische Rennstall »Automobiles Gonfaronaise Sportive«, kurz AGS, bestritt 1987 seine erste komplette Formel 1-Saison und riß dabei keine Bäume aus. Im kleinen Lager der Sauger-Fahrzeuge – in der Winterpause 1986/87 hatte das Team von italienischen Motori Moderni-Turbos auf den Cosworth-Achtzylinder umgerüstet – stellte der rot-weiß gestreifte Bolide keine ernsthafte Konkurrenz zu Tyrrell, Lola oder March dar. Mit dem Franzosen Pascal Fabre stand allerdings auch zunächst nur ein Formel 1-unerfahrener Pilot zur Verfügung, was unterm Strich die Beurteilung des tatsächlichen Potentials recht schwer machte. Nachdem er, besonders auffällig in Jacarepaguá und Imola, zu Saisonbeginn seine Kollegen ziemlich unbeholfen blockiert hatte, lernte Fabre sehr schnell hinzu und fiel letztlich, wenn schon nicht durch Tempo, immerhin durch große Zuverlässigkeit auf. Bereits vom Spätsommer an begann Konstrukteur Christian van der Pleyn mit dem Bau des Autos für 1988. Nach dem Aufgalopp in der Saison 1986, AGS startete nur in Monza und Estoril, und dem Lehrjahr 1987 soll die »überdimensionale Zahnpasta-Tube« in Zukunft nicht mehr nur hinterherfahren. Diesen Traum könnte möglicherweise der brasilianische Formel 3000-Star Roberto Moreno verwirklichen, der die französische Equipe 1988 verstärken soll, nachdem er bereits in Mexiko und Australien anstelle Fabres eingesetzt wurde.

AGS JH 22

Pascal Fabre

Roberto Moreno

Fahrgestell: Monocoque aus Kohlefaser, hergestellt von der Firma MOC, Kohlefaser-bodywork in honeycomb-Bauweise, Motor selbsttragend, zentraler 190 l-Kraftstofftank, Hewland-Getriebe in Renault-Gehäuse mit wahlweise fünf oder sechs Gängen, push rod-Radaufhängung vorn und hinten, Radstand 2870 mm, Spurweite vorn/hinten 1700/1560 mm, Kohlefaser-Bremsscheiben, Gewicht laut Werksangabe 515 kg, Reifen Goodyear, zwei Chassis wurden gebaut, verantwortlicher Konstrukteur: Christian van der Pleyn

Ford Cosworth DFZ

Motor: Selbsttragender wassergekühlter Achtzylinder-V-Saugmotor im Winkel von 90°, Leichtmetall-Gehäuse und -Zylinderköpfe, vier Ventile pro Zylinder, elektronische Benzineinspritzung von Cosworth, Verdichtung 12,0:1, Leistung ca. 580 PS bei 10 200 U/min, max. Drehmoment 407 Nm bei 8500 U/min, max. Drehzahl 11 000 U/min, Bohrung × Hub: 90,0 × 68,6 mm, Hubraum 3489 cm³, geschmiedete Kurbelwelle, elektro-mechanische Cosworth/Lucas-Benzinpumpe, vorbereitet und gewartet durch Heini Mader

Arrows Racing Team Ltd.

Das zehnte Rennjahr startete der einstige »Shadow-Ableger« Arrows mit einem Neubeginn. Die US-Firma USF&G rückte zum Hauptsponsor auf und stellte soviel Geld zur Verfügung, daß das Katastrophen-Jahr 1986 schnell vergessen wurde. Mit Ross Brawn verpflichtete das Team endlich wieder einen Konstrukteur, der mit dem Typ A10 ein voll taugliches Rennauto konzipieren konnte. Als Antriebsquelle diente unverändert der BMW-Vierzylinder-Turbo. Von dem bayerischen Automobil-Hersteller an Arrows-Sponsor USF&G verkauft, kamen die deutschen Motoren jetzt allerdings mit dem Schriftzug »Megatron«, dem Namen einer USF&G-Tochterfirma, auf den Ventildeckeln zum Einsatz. Team-Chef Jackie Oliver und Manager Alan Rees nahmen mit Derek Warwick und Eddie Cheever eine ebenso schnelle wie ausgeglichene neue Fahrer-Kombination unter Vertrag. Wohl kein anderes Pärchen stand in den Startaufstellungen so oft einträchtig in unmittelbarer Nachbarschaft, wie die beiden Arrows-Piloten. Mangelnde Standfestigkeit des Arrows-Megatron verhinderte jedoch meistens eine Wiederholung der guten Leistungen im Rennen. Auf dem Hungaroring machte sich zudem die starke Team-interne Rivalität zwischen den Fahrern negativ bemerkbar, was zu einem Rempler führte, der nach dem Grand Prix eine ausgedehnte Krisensitzung bei Arrows zur Folge hatte.

Arrows A10

Derek Warwick

Eddie Cheever

Fahrgestell: Monocoque in honeycomb-Bauweise aus kohlefaserverstärktem Komposit-Kunststoff, Kohlefaser/Nomex-Verkleidung, zentraler 195 l-Kraftstofftank, Motor mittragend, Arrows/Hewland-Sechsganggetriebe, push rod-Radaufhängung vorn und hinten, Radstand 2743 mm, Spurweite vorn/hinten 1803/1625 mm, Kohlefaser-Bremsscheiben, Gewicht laut Werksangabe 540 kg, Reifen Goodyear, fünf Chassis wurden gebaut, verantwortlicher Konstrukteur: Ross Brawn

Motor: Mittragender wassergekühlter Vierzylinder-Reihenmotor, konstruiert von BMW, vorbereitet und gewartet von Heini Mader, Kurbelgehäuse in legierter Graugußausführung, in Grundabmessungen und Konstruktionsmerkmalen der Motorblock, der 1962 für den BMW 1500 gebaut wurde, fünffach gelagerte, gasnitrierte Kurbelwelle, vier hängende, über Tassenstößel betätigte Ventile pro Zylinder, digitale Motorelektronik mit mechanischer Bosch-Einspritzanlage, ein Garrett-Abgasturbolader, zwei obenliegende, über Stirnräder getriebene Nockenwellen, Trockensumpfschmierung, Bohrung×Hub: 89,2×60,0 mm, Hubraum 1499 cm^3, Leistung laut Werksangabe ca. 940 PS, Nenndrehzahl ca. 11 400 U/min

Megatron M 12/13

Benetton Racing

Nach der Trennung von BMW vertraute der – aus dem britischen Toleman-Team hervorgegangene – Rennstall Benetton 1987 exklusiv auf den Ford-Turbomotor. Thierry Boutsen und Teo Fabi beklagten zu Beginn der Saison das schlechte Ansprechverhalten des Sechszylinders, ein Mangel, der durch gründliche Überarbeitung der Lader-Anlage im Juni abgestellt werden konnte. Die von Rory Byrne gezeichneten Wagen gehörten zu den wenigen, die sich zuweilen in die Phalanx der absoluten Top-Teams vorkämpfen konnten, ohne aber letztlich die Klasse der Williams, McLaren oder Lotus zu erreichen. Damit kam Benetton nicht über die Rolle eines Außenseiters der ersten Garnitur hinaus. Wenn der Vorjahressieg – 1986 gewann Gerhard Berger in Mexiko – nicht wiederholt werden konnte, so lag dies wohl auch an der veränderten Reifensituation. Pirelli, im abgelaufenen Rennjahr in der Formel 1 nicht mehr mit von der Partie, hatte für den Grand Prix in Mittelamerika 1986 exzellente Gummis parat, welche die wesentliche Grundlage für den Sieg des Tirolers darstellten. Einen solchen Joker hatte Team-Chef Peter Collins 1987 nicht im Ärmel. Den Auto-Giganten Ford im Rücken, dürfte der Sprung in die Erstklassigkeit aber nur eine Frage der Zeit sein, falls das unauffällige Genie Rory Byrne in Benettons Diensten bleibt.

Benetton B 187

Teo Fabi

Thierry Boutsen

Fahrgestell: Kohlefaser-Verbundkonstruktion, zentraler 195 l-Kraftstofftank, Motor selbsttragend, Benetton-Fünfgang- oder Sechsganggetriebe, push rod-Vorder- und Hinterradaufhängung, Kohlefaser-Bremsscheiben (in Adelaide Stahl-Bremsscheiben), Radstand 2690 mm, Spurweite vorn/hinten 1816/1682 mm, Gewicht laut Werksangabe 540 kg, neun Chassis wurden gebaut, verantwortlicher Konstrukteur: Rory Byrne, Reifen Goodyear, obwohl das Team in italienischem Besitz ist, liegt die Basis des Rennstalls in Witney, England

Ford TEC F1

Motor: Selbsttragender wassergekühlter Sechszylinder-V-Motor im Winkel von 120°, gemeinsam von Ford und Cosworth Engineering, Northampton, entwickelt und gebaut, Aluminium-Gehäuse und Aluminium-Zylinderköpfe, vier Ventile pro Zylinder, Ketten-gesteuerte Nockenwellen, Magneti Marelli-Zündung, Management-System: Ford EEC-IV, zwei Garrett-Abgasturbolader, Hubraum 1497 cm^3, Angaben über Verhältnis Bohrung/Hub werden vom Hersteller geheimgehalten, Leistung laut Werk 900 PS bei 11 500 U/min

Coloni Racing Car System

Der Rennstall des Italieners Enzo Coloni darf guten Gewissens als Vorreiter einer »Springflut« neuer Formel 1-Teams angesehen werden, die im Lauf der nächsten Jahre die Grand Prix-Szene bereichern und – möglicherweise – verändern werden. Die Hubraum-Differenz zwischen den Wagen der Formel 3000 (3 Liter) und den – ab 1989 ausschließlich zugelassenen – Saugmotor-Formel 1 (3,5 Liter) ist so gering, daß viele der 3000er Teams diesen kleinen Sprung von der »zweiten« zur »ersten« Liga wagen werden. Coloni ging 1987 den beliebten Weg der Probe-Saison, die ganz gezielt nur zwei Einsätze, in Monza und Jerez, vorsah. Wie schwierig der Einstieg in die Grand Prix-Klasse ist, wurde dem jüngsten aller F1-Teams in Italien schnell deutlich: Zum ersten freien Training wollte der Cosworth-Achtzylinder im Heck des schlichten, aber sauber verarbeiteten, Monoposto nicht anspringen. Verbitterung über die Nichtqualifikation anläßlich des ersten Auftritts wollte bei Enzo III. nicht aufkommen: »Einige Kleinigkeiten hinderten Nicola daran, genügend Runden zu drehen, um sich qualifizieren zu können. Für uns ist es wichtig, festgestellt zu haben, daß die Grundkonstruktion funktioniert.« Schon im spanischen Jerez de la Frontera fuhr Larini dann tatsächlich seine ersten Rennrunden.

Coloni CF 187

Nicola Larini

Fahrgestell: Monocoque und Verkleidung aus Kohlefaser, Kevlar und Nomex gemäß den Fertigungsbestimmungen für militärische Kampfflugzeuge, Motor selbsttragend, zentraler 185 l-Kraftstofftank, Hewland/Coloni-Sechsganggetriebe, Stahlbremsscheiben, pull rod-Vorderradaufhängung, push rod-Hinterradaufhängung, Radstand 2800 mm, Spurweite vorn/hinten 1750/1550 mm, Gewicht laut Werksangabe 509 kg, Reifen Goodyear, ein Chassis wurde gebaut, verantwortlicher Konstrukteur: Roberto Ori

Motor: Selbsttragender wassergekühlter Achtzylinder-V-Saugmotor im Winkel von 90°, Leichtmetall-Gehäuse und -Zylinderköpfe, vier Ventile pro Zylinder, elektronische Benzineinspritzung von Cosworth, Verdichtung 12,0:1, Leistung ca. 580 PS bei 10 200 U/min, max. Drehmoment 407 Nm bei 8500 U/min, Bohrung×Hub: 90,0×68,6 mm, Hubraum 3489 cm³, geschmiedete Kurbelwelle, elektro-mechanische Cosworth/Lucas-Benzinpumpe, vorbereitet und gewartet durch Heini Mader

Erste Gehversuche

Ford Cosworth DFZ

Equipe Larrousse Calmels

Gérard Larrousse, 1986 noch Manager im Team seines Freundes Guy Ligier, entschloß sich bereits im Vorjahr zur Gründung eines Rennstalls. Um erste Erfahrungen auf eigenen Beinen zu sammeln, plante er – gemeinsam mit seinem Freund Didier Calmels – den Einstieg in die Formel 3000. Als die Automobilsport-Hoheit FISA im Herbst 1986 jedoch die Wiederzulassung halbwegs konkurrenzfähiger Sauger-Fahrzeuge in die Formel 1 für das Jahr 1987 ankündigte, machten die beiden Franzosen kurz entschlossen Nägel mit Köpfen und stiegen ohne den beabsichtigten Umweg in die Grand Prix-Klasse ein. Chassis wurden bei dem britischen Rennwagen-Hersteller Lola in Auftrag gegeben, der im Vorjahr noch GP-Autos für den Amerikaner Carl Haas gebaut hatte. Weil das Auto nicht fristgerecht einsatzbereit war, konnte die neue Equipe in Brasilien nicht antreten, was eine Buße von 50 000 US-Dollar nach sich zog. Philippe Alliot fuhr den Wagen mehrmals unter die ersten sechs des Gesamtklassements, und Yannick Dalmas brachte dieses Kunststück in Adelaide fertig! Während der letzten drei Rennen probten Gérard Larrousse und sein Kompagnon bereits für das Jahr 1988 und setzten zwei Fahrer ein. Der große Coup für die kommende Saison, die Verpflichtung des ehemaligen Ferrari-Piloten Didier Pironi, platzte leider Mitte August, da der Franzose am Steuer seines 780 PS starken Offshore-Boots »Colibri« vor der Kanal-Insel Wight tödlich verunglückte.

Lola LC-87

Philippe Alliot

Yannick Dalmas

Fahrgestell: Monocoque aus Kohlefaser, Kevlar und Aluminium in honeycomb-Bauweise, Kevlar-bodywork, zentraler Kraftstofftank, dessen Fassungsvermögen vom Team geheimgehalten wird, Motor selbsttragend, Lola/Hewland-Sechsganggetriebe, pull rod-Vorderradaufhängung, push rod-Hinterradaufhängung, Kohlefaser-Bremsscheiben, Radstand 2603 mm, Spurweite vorn/hinten 1714/1600 mm, Gewicht laut Werksangabe 500 kg, drei Chassis wurden gebaut, verantwortlicher Konstrukteur: Ralph Bellamy, Reifen Goodyear, Bau der Chassis in England, Sitz des Teams in Frankreich

Ford Cosworth DFZ

Motor: Selbsttragender wassergekühlter Achtzylinder-V-Saugmotor im Winkel von 90°, Leichtmetall-Gehäuse und -Zylinderköpfe, vier Ventile pro Zylinder, elektronische Benzineinspritzung von Cosworth – später auch von Magneti Marelli, Verdichtung 12,0:1, Leistung 580 PS bei 10 200 U/min, max. Drehmoment 407 Nm bei 8500 U/min, max. Drehzahl 11 000 U/min, Bohrung × Hub: 90,0 × 68,6 mm, Hubraum 3489 cm^3, geschmiedete Kurbelwelle, elektro-mechanische Cosworth/Lucas-Benzinpumpe, vorbereitet und gewartet durch Heini Mader

Equipe Ligier

Das französische Team des Ex-Formel 1-Piloten Guy Ligier war der große Verlierer der Saison. Bereits vor dem Auftakt-Rennen in Brasilien geriet der Rennstall in die Mühlen der Wirtschaftspolitik. Ein Motoren-Kontrakt mit Alfa Romeo wurde noch während der Testphase annuliert, weil die Firma von Fiat übernommen wurde und die Formel 1-Interessen unter diesem Dach schon von Ferrari wahrgenommen werden. Aus der französisch-italienischen Ehe blieb als einziges Relikt der Fahrer-Vertrag mit Piercarlo Ghinzani bestehen. Mangels Antriebsquelle mußte der Grand Prix von Brasilien aus Guy Ligiers Programm gestrichen werden. Hilfe kam dann unerwartet aus Amerika: In einer Blitzaktion entwickelte Konstrukteur Michel Tétu den JS 29 B, eine mit Megatron-Motor bestückte Variante des für den Alfa-Turbo konzipierten JS 29. Ohne auch nur einen einzigen Testkilometer zurückgelegt zu haben, tauchte der Ligier-Megatron erstmals in Imola auf. Der übergewichtige und aerodynamisch wenig gelungene Wagen konnte nicht überzeugen und wurde im Juli vom hastig entstandenen C-Typ abgelöst, der nur einen kleinen Schritt nach vorn darstellte. Zusätzliche Probleme gab es mit dem knappen Megatron-Kontingent, das die Trainingsmöglichkeiten stark einschränkte. Bereits im August kündigte Ligier für 1988 den Umstieg auf Saugmotoren des Briten John Judd an.

Ligier JS 29 C

René Arnoux

Piercarlo Ghinzani

Fahrgestell: Monocoque in honeycomb-Bauweise aus Kohlefaser und Kevlar, Kohlefaser/Kevlar-Verkleidung, zentraler 195 l-Kraftstofftank, Motor mittragend, längslaufendes Ligier/Hewland-Sechsganggetriebe, push rod-Radaufhängung vorn und hinten, Radstand 2835 mm, Spurweite vorn/hinten 1790/1665 mm, Kohlefaser-Bremsscheiben 280 mm Durchmesser, 28 mm stark, Gewicht laut Werksangabe 550 kg, Reifen Goodyear, sechs Chassis wurden gebaut, verantwortlicher Konstrukteur: Michel Tétu

Megatron M 12/13

Motor: Mittragender wassergekühlter Vierzylinder-Reihenmotor, konstruiert von BMW, vorbereitet und gewartet von Heini Mader, Kurbelgehäuse in legierter Graugußausführung, in Grundabmessungen und Konstruktionsmerkmalen der Motorblock, der 1962 für den BMW 1500 gebaut wurde, fünffach gelagerte, gasnitrierte Kurbelwelle, vier hängende, über Tassenstößel betätigte Ventile pro Zylinder, digitale Motorelektronik mit mechanischer Bosch-Einspritzanlage, ein Garrett-Abgasturbolader, zwei obenliegende, über Stirnräder getriebene Nockenwellen, Trockensumpfschmierung, Bohrung × Hub: 89,2 × 60,0 mm, Hubraum 1499 cm³, Leistung laut Werksangabe ca. 940 PS, Nenndrehzahl ca. 11 400 U/min

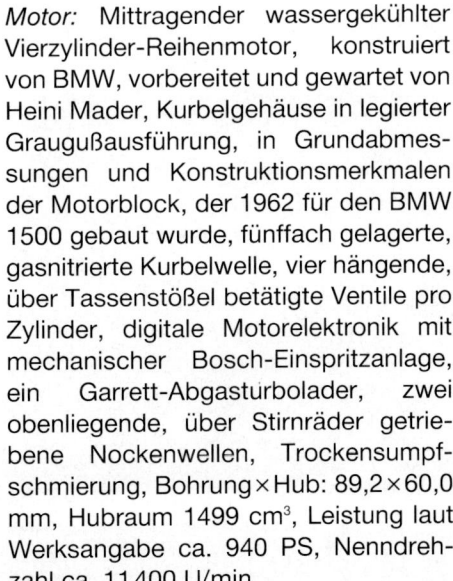

René Arnoux mit zwei Konkurrenten im Windschatten

March Engineering Ltd.

1987 brachte die zweite Rückkehr des 1970 erstmals in der Formel 1 aufgetauchten Herstellers March, der seit der Firmengründung durch Jackie Stewart (1970, GP Spanien), Vittorio Brambilla (1975, GP Österreich) und Ronnie Peterson (1976, GP Italien) drei WM-Läufe gewinnen konnte. Weil sich die Produktion des neuen Formel 1-Autos vom Typ 871 verzögerte, stellte March für das Saison-Auftaktrennen in Rio de Janeiro einen modifizierten Formel 3000 auf die Räder, der wegen unerklärlicher Motorschäden dann allerdings nicht zum Einsatz kam. Als Pilot des von einer japanischen Makler-Firma gesponserten Formel 1-Projektes wurde der Italiener Ivan Capelli verpflichtet, der seit 1985 während sporadischer Einsätze für Tyrrell und AGS bereits erste Grand Prix-Erfahrung hatte sammeln können. Der Pilot des in einem sensationellen Grün lackierten Wagens konnte sich schnell Respekt verschaffen. Wie seine Sauger-Kollegen Philippe Streiff, Jonathan Palmer und Philippe Alliot taucht auch der March-Fahrer in der Abschluß-Tabelle des Formel 1-Championats auf – eine Leistung, derer sich bei weitem nicht alle Piloten der generell überlegenen Turbo-Boliden rühmen dürfen. Nach dem »Lehrjahr« 1987 will March in der kommenden Saison grundsätzlich mit zwei Fahrern antreten, die anstelle der »Cossies« dann allerdings auf die japanisch-britischen Judd-Motoren vertrauen können.

March 871

Ivan Capelli

Fahrgestell: Monocoque und Verkleidung aus Kohlefaser, Motor selbsttragend, zentraler 190 l-Kraftstofftank, March-Sechsganggetriebe, pull rod-Vorderradaufhängung, push rod-Hinterradaufhängung, Kohlefaser-Bremsscheiben, Radstand 2742 mm, Spurweite vorn/hinten 1798/1669 mm, Gewicht laut Werksangabe 500 kg, drei Chassis wurden gebaut, Reifen Goodyear, verantw. Konstrukteur: Gordon Coppuck, zu Beginn der Saison wurde ein modifiziertes F3000-Auto verwendet, das jedoch nicht zum Renn-Einsatz kam

Motor: Selbsttragender wassergekühlter Achtzylinder-V-Saugmotor im Winkel von 90°, Leichtmetall-Gehäuse und -Zylinderköpfe, vier Ventile pro Zylinder, elektronische Benzineinspritzung von Cosworth, Verdichtung 12,0:1, Leistung ca. 580 PS bei 10 200 U/min, max. Drehmoment 407 Nm bei 8500 U/min, max. Drehzahl 11 000 U/min, Bohrung×Hub: 90,0×68,6 mm, Hubraum 3489 cm³, geschmiedete Kurbelwelle, elektro-mechanische Cosworth/Lucas-Benzinpumpe, gewartet durch Heini Mader

Ford Cosworth DFZ

McLaren International Ltd.

Nachdem die Titelverteidigung Alain Prosts im Vorjahr bereits am seidenen Faden gehangen hatte und letztlich wohl nur deshalb möglich war, weil es die Konkurrenz – in Gestalt von Frank Williams – versäumte, Stallregie auszuüben, konnte McLaren in der abgelaufenen Saison erstmals seit 1984 nicht das Weltmeister-Auto stellen. Nach der langen, überaus erfolgreichen Siegesserie holten die Hunde den Hasen ein. Der McLaren-Porsche, kombiniert mit Alain Prosts ungebrochener Motivation, war zwar unverändert für Siege gut, was nur von vier der 15 regelmäßig teilnehmenden Konstruktionen gesagt werden kann. Um im Titelkampf aber ein entscheidendes Wort mitreden zu können, waren die Materialmängel zu groß. Probleme mit der Elektronik und mysteriöse Keilriemenschäden raubten dem Wagen die Zuverlässigkeit. Der unter Verantwortung von Ex-Brabham-Konstrukteur Gordon Murray entworfene Bolide zeigte zudem aerodynamische Schwächen. Alain Prost und Stefan Johansson beklagten sich über mangelnden Abtrieb ihrer Autos, sobald sie im Windschatten anderer Teilnehmer fahren mußten. Schon früh stellte Team-Chef Ron Dennis die Weichen für eine Rückkehr auf den Erfolgsweg, schloß für die Zukunft einen Vertrag mit Honda und verpflichtete gleichzeitig Ayrton Senna als Ersatz für Stefan Johansson.

McLaren MP 4/3

Alain Prost

Stefan Johansson

Fahrgestell: Monocoque in honeycomb-Bauweise aus kohlefaserverstärktem Komposit-Kunststoff, einteilige Verkleidung für Cockpit und Motor, zentraler 195 l-Kraftstofftank, Motor selbsttragend, längslaufendes McLaren-Sechsganggetriebe, push rod-Radaufhängung vorn und hinten, Radstand 2768 mm, Spurweite vorn/hinten 1816/1676 mm, Kohlefaser-Bremsscheiben, Reifen Goodyear, fünf Chassis wurden gebaut, Gewicht laut Werksangabe 540 kg, verantwortlicher Konstrukteur: Gordon Murray

Porsche/TAG TTE-P01

Motor: Selbsttragender wassergekühlter Sechszylinder-V-Motor im Winkel von 80°, Leichtmetall-Gehäuse, fünffach gelagerte Kurbelwelle, Leichtmetall-Zylinderköpfe, vier zahnradgetriebene obenliegende Nockenwellen, vier über Tassenstößel betätigte Ventile pro Zylinder, vollelektronische Bosch-Zündung und -Einspritzanlage, Trockensumpfschmierung, zwei KKK-Abgasturbolader, Einbaugewicht (incl. Abgasturbolader und Ladeluftkühler) 150 kg, Bohrung×Hub: 82,0×47,3 mm, Hubraum 1498 cm³, Leistung laut Werksangabe ca. 970 PS, Nenndrehzahl ca. 11 600 U/min

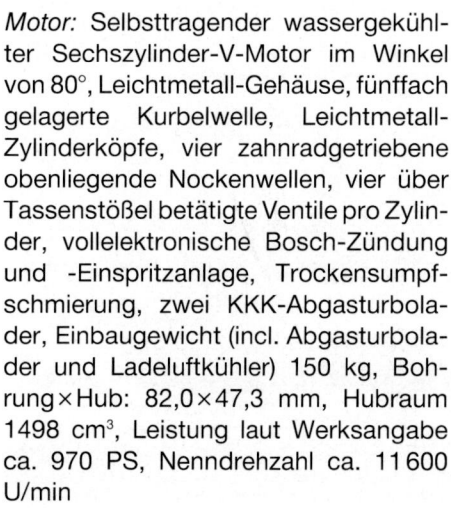

Minardi-Team

Mit dem erst im August 1986 fertiggestellten Vorjahrsauto bestritt Minardi die komplette 87er Saison, da es an den für den Bau eines Nachfolge-Modells notwendigen finanziellen Mitteln fehlte. Der Wagen, gepaart mit dem nur bedingt zuverlässigen Sechszylinder Carlo Chitis, mag das richtige Vehikel gewesen sein, um den spanischen Grand Prix-Neuling Adrian Campos an die Szene zu gewöhnen, reichte aber für Alessandro Nannini, dessen Talent unterdessen auch von der Konkurrenz neidlos bestätigt wird, nicht aus, sein Können zu entfalten. Wenn Team-Chef Giancarlo Minardi die Begabung Nanninis erkannte und ihm den Einstieg in die Formel 1 ermöglichte, so ist diese Tatsache das Positivste, was das italienische Team in drei Formel 1-Jahren erreichte. Minardi zählte zu jenen Teams, die im Kampf um Weltmeisterschaftspunkte derart schlechte Karten hatten, daß sie – zumindest rückblickend – besser schon während der Winterpause den Schritt ins »Sauger-Lager« hätten vollziehen sollen, der für 1988 bereits vor Saisonende offen diskutiert wurde. Erste Zeichnungen eines Motori Moderni Saugmotors präsentierte Konstrukteur Chiti schon im August, machte jedoch unmißverständlich deutlich, daß sich der Bau dieses Aggregates nur dann rentiere, wenn sich neben Minardi mindestens ein zweiter Abnehmer finden sollte.

Minardi M 186

Adrian Campos

Alessandro Nannini

Fahrgestell: Monocoque aus Kohlefaser und Kevlar, bodywork aus Kevlar, zentraler 195 l-Kraftstofftank, Motor selbsttragend, längslaufendes Minardi/Hewland-Fünfganggetriebe, pull rod-Vorderradaufhängung, push rod-Hinterradaufhängung, Radstand 2690 mm, Spurweite vorn/hinten 1812/1661 mm, Kohlefaser-Bremsscheiben, Gewicht laut Werksangabe 550 kg, Reifen Goodyear, vier Chassis wurden gebaut, verantwortlicher Konstrukteur: Giacomo Caliri

Motori Moderni MM V6

Motor: Selbsttragender wassergekühlter Sechszylinder-V-Motor im Winkel von 90°, konstruiert von Carlo Chiti, Leichtmetall-Gehäuse, vierfach gelagerte Kurbelwelle, Leichtmetall-Zylinderköpfe, vier zahnriemengetriebene obenliegende Nockenwellen, vier über Tassenstößel betätigte Ventile pro Zylinder, elektronische Marelli-Zündung, Weber/Marelli-Einspritzanlage, zwei KKK-Abgasturbolader, Trockensumpfschmierung, Leistung laut Werksangabe ca. 900 PS, Nenndrehzahl ca. 11 500 U/min

Motor Racing Developments Ltd. (Brabham)

Seit dem 7. Juli 1985 wartet Brabham vergeblich auf den 36. Grand Prix-Sieg. Das Team des immer stärker in organisatorische und politische Angelegenheiten des internationalen Automobilrennsports verwickelten »Machers« Bernie Ecclestone ist tief in die Mittelmäßigkeit abgesunken. Der Boß schien weder Zeit noch ausreichendes Interesse zu haben, um dem absteigenden Kurs entgegenzuwirken. Der logische nächste Schritt, der Verkauf des Teams durch Bernie Ecclestone, zeichnete sich schon vor Saisonmitte ab, ohne daß er bis zum Final-Grand Prix in Adelaide vollzogen wurde. »Ich verkaufe«, ließ Ecclestone jeden wissen, »sobald mir der richtige Preis geboten wird«. Der schwammige Begriff des »richtigen Preises« wurde allerdings niemals öffentlich genau definiert. Interessenten meldeten sich aus Spanien und Australien, Einigung konnte aber nicht erzielt werden. Die ungewisse Zukunft des traditionsreichen Teams vor Augen, vermittelte Ecclestone seinem Fahrer Riccardo Patrese im September einen Vertrag mit Frank Williams, der dann überraschend bereits in Adelaide wirksam wurde. Für Sponsoren bereits recht uninteressant geworden, sinkt das Image des Rennstalls unaufhaltsam und Ecclestone sollte sich bemühen, das offensichtlich lästige Geschäft, dem er entwachsen ist, abzustoßen, so lange sich potentielle Käufer an einstige Erfolge erinnern können.

Brabham BT 56

Riccardo Patrese **Andrea de Cesaris**  **Stefano Modena**

Fahrgestell: Monocoque aus Kohlefaser, Kevlar/Aluminium-bodywork in honeycomb-Bauweise, zentraler 195 l-Kraftstofftank, Motor mittragend, Brabham/Weismann-Sechsganggetriebe, pull rod-Vorderradaufhängung, push rod-Hinterradaufhängung, Radstand 2794 mm, Spurweite vorn/hinten 1803/1676 mm, Kohlefaser-Bremsscheiben, Gewicht laut Werksangabe 540 kg, Reifen Goodyear, fünf Chassis wurden gebaut, verantwortlicher Konstrukteur: John Baldwin

Motor: Mittragender wassergekühlter Vierzylinder-Reihenmotor, Kurbelgehäuse in legierter Graugußausführung, fünffach gelagerte, gasnitrierte Kurbelwelle, vier hängende, über Tassenstößel betätigte Ventile pro Zylinder, digitale Motorelektronik mit mechanischer Bosch-Einspritzanlage, ein Garrett-Abgasturbolader, zwei obenliegende, über Stirnräder getriebene Nockenwellen; der für den senkrechten Betrieb konstruierte Motorblock wurde zur Anpassung von Wasserkreislauf und Ölsystem im fast waagerechten Betrieb (Neigung um 72°) verändert; Trockensumpfschmierung, Bohrung × Hub: 89,2 × 60,0 mm, Hubraum 1499 cm³, Leistung ca. 950 PS, Nenndrehzahl ca. 11 500 U/min

BMW M 12/13-1

Osella Squadra Corse

Allen Unkenrufen zum Trotz trat »Überlebenskünstler« Enzo Osella auch 1987 wieder mit seinen blauen Fossilien an. Alex Caffi bestritt das komplette WM-Programm, daneben wurden Gabriele Tarquini (GP San Marino) und Franco Forini (GP Italien, Portugal und Spanien) eingesetzt. Die überwiegende Konzentration auf nur einen Fahrer verbesserte die Situation des Teams nicht. Caffi bemühte sich zwar redlich – was von aufmerksamen Beobachtern durchaus erkannt wurde und Ende September zu Testfahrten für Benetton führte – mußte sich jedoch generell unter Wert geschlagen geben. Der absolute Tiefpunkt wurde in Jerez erreicht, als sich weder Caffi noch Forini qualifizieren konnten. Der harte Kritikerspruch, daß bei Osella allein die Wurstschneidemaschine problemlos funktioniere, hatte zumindest in Spanien einen dramatischen Realitätsbezug. Der Mißerfolg muß allerdings vor dem Hintergrund einer extrem dünnen Finanzdecke gesehen werden, welche insbesondere die im eigenen Haus durchgeführten Modifikationen an den durstigen und betagten Alfa Romeo-Turbomotoren wie ein kleines Wunder erscheinen läßt. Ohne die durch Enzo Ferrari diskret geleistete Hilfe, der seinem Namensvetter in bescheidenem Umfang Know-How und Material zukommen läßt, wären Osellas Tage in der Formel 1 vermutlich bereits gezählt.

Osella FA1I

Alex Caffi

Gabriele Tarquini

Franco Forini

Fahrgestell: Monocoque in Kohlefaser-honeycomb-Bauweise, einteilige Kevlar-Verkleidung für Cockpit und Motor, zentraler 195 l-Kraftstofftank, Motor selbsttragend, längslaufendes Hewland DGB-Fünfganggetriebe, push rod-Vorderradaufhängung, pull rod-Hinterradaufhängung, Radstand 2830 mm, Spurweite vorn/hinten 1800/1670 mm, Stahl-Bremsscheiben, Gewicht laut Werksangabe 570 kg, Reifen Goodyear, zwei Chassis wurden gebaut, häufig wurde der modifizierte Vorjahrstyp eingesetzt, verantwortlicher Konstrukteur: Ingnazio Lunetta

Motor: Selbsttragender wassergekühlter Alfa Romeo-Achtzylinder-V-Motor im Winkel von 90°, weiterentwickelt von Osella Squadra Corse, Leichtmetall-Gehäuse, fünffach gelagerte Kurbelwelle, Leichtmetall-Zylinderköpfe, vier zahnradgetriebe obenliegende Nockenwellen, vier über Tassenstößel betätigte Ventile pro Zylinder, elektronische Marelli-Zündung, elektronische Weber-Einspritzanlage, Trockensumpfschmierung, zwei KKK-Abgasturbolader, Bohrung×Hub: 74,0×43,5 mm, Hubraum 1497 cm³, Leistung laut Werksangabe ca. 800 PS, Nenndrehzahl ca. 11300 U/min

Alfa Romeo T 890

Sefac Automobili Ferrari S.p.A.

John Barnard, Konstrukteur der Weltmeister-Autos in den Jahren 1984, 1985 und 1986, sollte die Durststrecke des ältesten aller Formel 1-Teams beenden: Zu Saison-Schluß konnten die roten Renner aus Maranello wieder siegen. Als Star unter den Designern konnte sich der Brite bisher einmalige Sonderrechte sichern, als er den Vertrag in Maranello unterzeichnete. Wichtigster Bestandteil des Kontraktes: Barnards Zeichentisch steht in England! So bleibe, argumentierte der Meistermacher, sein Kopf frei von störenden Alltagsproblemen im Werk. Barnard fand einen fertigen Wagen Gustav Brunners vor, den er bis zum Saisonende in Details veränderte, ohne in die Grundkonstruktion einzugreifen. Der Österreicher Brunner sah seine Konstruktion in die falsche Richtung weiterentwickelt und kündigte im Juli, nachdem ihm Barnard zuvor jegliche Mitarbeit am Formel 1-Projekt untersagt hatte. Materialdefekte, die sich in Aufhängungsschäden zeigten, und ein gestörter Betriebsfrieden – Barnard und Berger contra Alboreto und die Maranello-Ingenieure – trübten die Arbeit über Wochen. Ruhe kehrte erst mit ersten Anzeichen der Leistungssteigerung ein. Während das Chassis perfektioniert wurde, konnte der Motor das Honda-Niveau nicht erreichen. »Aber das«, so Gerhard Berger, »glaubt einem im Werk niemand – der Motor ist über jeden Zweifel erhaben und darf nicht kritisiert werden.«

Ferrari F1-87

Michele Alboreto

Gerhard Berger

Fahrgestell: Monocoque und bodywork aus Kohlefaser und Kevlar in honeycomb-Bauweise, Motor selbsttragend, zentraler 195 l-Kraftstofftank, Ferrari-Sechsganggetriebe, ZF-Sperrdifferential, Kohlefaser-Bremsscheiben, pull rod-Radaufhängung vorn und hinten, Radstand 2800 mm, Spurweite vorn/hinten 1791/1673 mm, Reifen Goodyear, Gewicht laut Werksangabe 542 kg, sieben Chassis wurden gebaut, verantwortlicher Konstrukteur: John Barnard (Konzept: Gustav Brunner)

1500 Ferrari

Motor: Selbsttragender wassergekühlter Sechszylinder-V-Motor im Winkel von 90°, vier über Tassenstößel betätigte Ventile pro Zylinder, digitale elektronische Weber/Marelli-Benzineinspritzung, statische Magneti Marelli-Zündung, zwei Garrett-Abgasturbolader, Verhältnis Bohrung×Hub 81,0×48,4 mm, Hubraum 1496,4 cm³, Leistung laut Werksangabe 880 PS (realistisch gesehen dürften es ca. 960 PS sein), max. Drehzahl laut Werksangabe 11500 U/min

Team Lotus Ltd.

Die »Wunderwaffe«, der neue Lotus-Honda 99T mit aktiver Radaufhängung, sollte Ayrton Senna nach dem Wunsch seines Freundes, Lotus-Konstrukteur Gérard Ducarouge, zum Nachfolger Alain Prosts auf dem Thron des Weltmeisters machen. Team-Chef Peter Warr, der die Lotus-Geschicke seit dem Tod des Firmengründers Colin Chapman leitet, versuchte das Funktionieren dieses Systems durch ein verständliches Bild deutlich zu machen: »Die im wesentlichen aus den Komponenten Computer, Sensoren und Hydraulik bestehende Konstruktion der aktiven Aufhängung ist im Vergleich zum menschlichen Körper zu erklären, wo die entsprechenden Funktionen durch Gehirn, Nerven und Muskeln übernommen werden.« Sensoren informieren den Bordcomputer ständig über Geschwindigkeit und Pistenbeschaffenheit, was das »Elektrogehirn« zu entsprechenden Kommandos an die Hydraulik veranlaßt. Das System, an dem Ducarouge 1988 in jedem Fall festhalten will, funktionierte zwar von Ausnahmen abgesehen fehlerfrei und war für Siege gut, Hoffnungen auf die Weltmeisterschaft mußte Ayrton Senna jedoch bereits vor Ende der Saison aufgeben. Mit einem zweiten Top-Fahrer im Team hätte möglicherweise mehr positive Entwicklungsarbeit betrieben werden können. Sennas »Leutnant« Satoru Nakajima kam über die Rolle der notgedrungen akzeptierten »Honda-Mitgift« jedoch nicht hinaus.

Lotus 99T

Satoru Nakajima

Ayrton Senna

Fahrgestell: Monocoque aus Kohlefaser, Kevlar und Aluminium in honeycomb-Bauweise, Kevlar-bodywork, zentraler 195 l-Kraftstofftank, Motor selbsttragend, Lotus-Sechsganggetriebe, pull rod-Vorder- und Hinterradaufhängung, vordere Stabilisatoren vom Fahrer justierbar, Kohlefaser-Bremsscheiben, Radstand 2720 mm, Spurweite vorn/hinten 1800/1650 mm, Gewicht laut Werksangabe 540 kg, sechs Chassis wurden gebaut, verantwortlicher Konstrukteur: Gérard Ducarouge, Reifen Goodyear

Honda RA 167 E

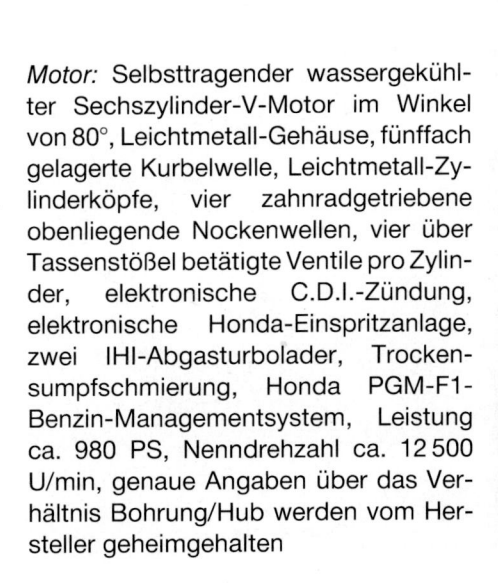

Motor: Selbsttragender wassergekühlter Sechszylinder-V-Motor im Winkel von 80°, Leichtmetall-Gehäuse, fünffach gelagerte Kurbelwelle, Leichtmetall-Zylinderköpfe, vier zahnradgetriebene obenliegende Nockenwellen, vier über Tassenstößel betätigte Ventile pro Zylinder, elektronische C.D.I.-Zündung, elektronische Honda-Einspritzanlage, zwei IHI-Abgasturbolader, Trockensumpfschmierung, Honda PGM-F1-Benzin-Managementsystem, Leistung ca. 980 PS, Nenndrehzahl ca. 12 500 U/min, genaue Angaben über das Verhältnis Bohrung/Hub werden vom Hersteller geheimgehalten

Tyrrell Racing Organisation Ltd.

Mit dem vorläufigen Ausstieg Renaults aus der Formel 1 endete 1986 die kurze Turbo-Phase für die Truppe Ken Tyrrells: Als erstes der etablierten Teams entschieden sich die Briten zum Umstieg auf Saugmotoren. Offiziell wurde dabei aus der Not eine Tugend gemacht. »Durch die zeitige Rückkehr zum Sauger«, verkündete Ken Tyrrell, »haben wir die Möglichkeit, im Bereich dieser Technologie einen Vorsprung zu erarbeiten, der sich auszahlen wird, wenn ab 1989 die Turbos verboten sein werden.« Ob diese Theorie des alten Haudegens tatsächlich Früchte tragen wird, darf allerdings bezweifelt werden, da letztlich wieder die Höhe der eingesetzten Budgets über Erfolg und Niederlage entscheiden wird. Der mit Computer-Hilfe entwickelte, für ein Saugmotor-Auto ungewöhnlich plump wirkende, Tyrrell 016 erfüllte seine Aufgabe 1987 jedoch voll. Im Kampf um Punkte für die in die Weltmeisterschaft integrierten Sauger-Championate setzten der anfangs nur widerwillig verpflichtete Jonathan Palmer und Philippe Streiff die Maßstäbe. Die beiden Tyrrell-Piloten erwiesen sich dabei als etwa gleich stark. Um die Rundenzeiten seines Kollegen zu erzielen, mußte der Franzose allerdings mehrfach die Grenzen seines Könnens überschreiten, weshalb er fahrerisch unterhalb des ehemaligen Zakspeed-Fahrers Dr. Jonathan Palmer einzustufen ist.

Tyrrell 016

Jonathan Palmer

Philippe Streiff

Fahrgestell: Monocoque aus Kohlefaser-Komposit-Kunststoff und Aluminium, Kohlefaser/Nomex-bodywork in honeycomb-Bauweise, Motor selbsttragend, zentraler 190 l-Kraftstofftank, Tyrrell/Hewland-Getriebe mit wahlweise fünf oder sechs Gängen, Kohlefaser-Bremsscheiben, push rod-Radaufhängung vorn und hinten, Angaben über Radstand sowie die vordere und hintere Spurweite werden vom Team geheimgehalten – es wurde mit unterschiedlichen Radständen und Spurweiten gefahren, Gewicht laut Werksangabe 500 kg, Reifen Goodyear, sieben Chassis wurden gebaut, verantwortlicher Konstrukteur: Brian Lisles

Ford Cosworth DFZ

Motor: Selbsttragender wassergekühlter Achtzylinder-V-Saugmotor im Winkel von 90°, Leichtmetall-Gehäuse und -Zylinderköpfe, vier Ventile pro Zylinder, elektronische Benzineinspritzung von Cosworth, Verdichtung 12,0:1, Leistung ca. 580 PS bei 10 200 U/min, max. Drehmoment 407 Nm bei 8500 U/min, Bohrung×Hub: 90,0×68,6 mm, Hubraum 3489 cm³, geschmiedete Kurbelwelle, elektro-mechanische Cosworth/Lucas-Benzinpumpe, vorbereitet und gewartet durch Brian Hart, Cosworth Engineering

Williams Grand Prix Engineering Ltd.

An der Dominanz des Teams von Frank Williams änderte sich 1987 nichts. In Training und Rennen waren Nelson Piquet und Nigel Mansell die tonangebenden Piloten, die praktisch nur in Ausnahmefällen von Fahrern anderer Rennställe geschlagen werden konnten. Im Unterschied zur Vorsaison, als sich die Williams-Fahrer mit neun von 16 WM-Läufen ebenfalls bereits mehr als 50 Prozent aller Rennen sichern konnten, stellte Williams GP Engineering diesmal auch den Champion – erstmals seit Keke Rosberg im Jahr 1982. Wie Lotus setzte auch Williams Fahrzeuge mit aktiver Radaufhängung ein: Nelson Piquet fuhr die aktive Variante in Monza – als er dieses System beim Debüt zum Sieg führte – Estoril und Jerez, Nigel Mansell lediglich in Estoril. Anders als das Lotus-Produkt stellte die aktive Williams-Aufhängung nicht mehr als eine computergesteuerte, hydraulische Niveau-Regulierung dar: Unabhängig vom Gewicht der Wagen, die mit zunehmender Renndauer aufgrund des Benzinverbrauchs leichter werden, bleibt der Bodenabstand über die volle Distanz konstant. Während der drei Übersee-Grand Prix zu Saisonende verzichtete das Team auf den Einsatz dieser modernen Technik – Frank Williams und Konstrukteur Patrick Head befürchteten zunächst, daß ihr »Geheimnis« auf den langen Transportwegen ausspioniert werden könnte. Nach der Schlappe in Suzuka wurde ein aktives Auto dann überraschend in Adelaide eingeflogen, kam aber nicht zum Renn-Einsatz.

Williams FW 11 B

Nigel Mansell

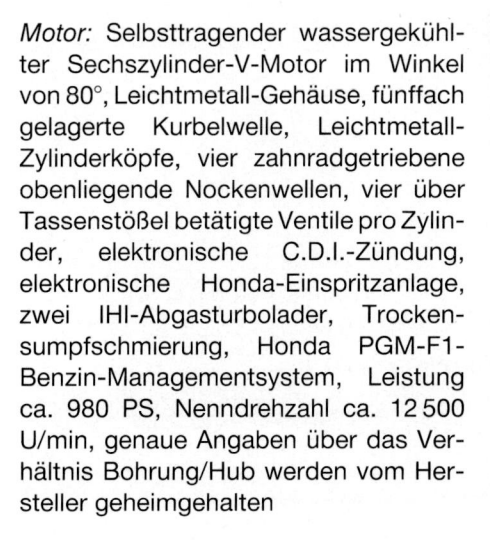

Riccardo Patrese

Nelson Piquet

Fahrgestell: Monocoque aus Kohlefaser-Komposit-Kunststoff, Kohlefaser/Kevlar-bodywork, zentraler 195 l-Kraftstofftank, Motor selbsttragend, Wiliams/Hewland-Sechsganggetriebe, push rod-Vorderradaufhängung, pull rod-Hinterradaufhängung, Radstand 2794 mm, Spurweite vorn/hinten 1803/1651 mm, Kohlefaser-Bremsscheiben, Gewicht laut Werksangabe 540 kg, Reifen Goodyear, acht Chassis wurden gebaut, verantwortlicher Konstrukteur: Patrick Head

Honda RA 167 E

Motor: Selbsttragender wassergekühlter Sechszylinder-V-Motor im Winkel von 80°, Leichtmetall-Gehäuse, fünffach gelagerte Kurbelwelle, Leichtmetall-Zylinderköpfe, vier zahnradgetriebene obenliegende Nockenwellen, vier über Tassenstößel betätigte Ventile pro Zylinder, elektronische C.D.I.-Zündung, elektronische Honda-Einspritzanlage, zwei IHI-Abgasturbolader, Trockensumpfschmierung, Honda PGM-F1-Benzin-Managementsystem, Leistung ca. 980 PS, Nenndrehzahl ca. 12 500 U/min, genaue Angaben über das Verhältnis Bohrung/Hub werden vom Hersteller geheimgehalten

Zakspeed Formula Racing GmbH

Mit der Neukonstruktion 871 und der Fahrerpaarung Martin Brundle/Christian Danner versuchte das deutsche Formel 1-Team aus dem Eifelort Niederzissen sein Glück. Schnell bewahrheiteten sich jedoch alle Theorien über die seit dem 1. Januar 1987 gültige Ladedruckbegrenzung der Turbos auf vier bar. Die Vierzylinder-Aggregate wurden von dieser Regel – weil ihnen in bezug auf die Drehzahl engere Grenzen gesetzt sind – weit härter getroffen als die Motoren mit sechs oder gar acht Töpfen. Damit standen die Weichen für Zakspeed von Saisonbeginn an schlecht, auch wenn der neue Wagentyp eine deutliche Verbesserung darstellte und in Imola sensationell debütierte. Schwächen der Hinterachse und der Aerodynamik konnten allerdings nur langsam abgebaut werden, und es fiel der Truppe nicht leicht, sich im Mittelfeld zu etablieren. Eine Leistungssteigerung gegenüber dem Vorjahr wird aber bei einer genauen Saisonanalyse deutlich, und ist keineswegs nur am erklärten Saisonziel des Team-Chefs – erste WM-Punkte heimzufahren – erkennbar. Mit der Verpflichtung Christian Danners neben Martin Brundle gelang Erich Zakowski ein guter Griff, denn der Münchner erwies sich während der Trainingssitzungen dem unverändert als hochklassig anerkannten Engländer als nahezu ebenbürtig.

Zakspeed 871

Martin Brundle

Christian Danner

Fahrgestell: Zakspeed-Verbundkonstruktion unter Verwendung von Kohlefaser und Kevlar sowie Aluminium und Nomex-honeycombs, zentraler 195 l-Kraftstofftank, Motor mittragend, Zakspeed-Sechsganggetriebe unter Verwendung von Hewland- und Klingelnberg-Innenteilen, pull rod-Vorder- und Hinterradaufhängung, Kohlefaser-Bremsscheiben, Radstand 2840 mm, Spurweite vorn/hinten 1800/1600 mm, Gewicht laut Werksangabe 550 kg, drei Chassis wurden gebaut, verantwortliche Konstrukteure: Chris Murphy und Heinz Zöllner, Reifen Goodyear

Zakspeed Turbo

Motor: Mittragender wassergekühlter Zakspeed-Vierzylinder-Reihenmotor, Leichtmetall-Gehäuse, fünffach gelagerte Kurbelwelle, Leichtmetall-Zylinder-Kopf, vier über Tassenstößel betätigte Ventile pro Zylinder, Management-System: Bosch-Motronic, ein Garrett-Abgasturbolader, Bohrung × Hub: 90,4 × 58,25 mm, Hubraum 1495 cm³, Trockensumpfschmierung, Leistung laut Werk 900 PS, je nach Ladedruck, Nenndrehzahl ca. 11000 U/min, Kennfeldgesteuertes Zünd- und Einspritzsystem, Zweischeibenkupplung

Linke Seite:
Die Formel 1 interpretiert den Begriff »Motorhaube« recht eigenwillig

Farbseite:
Weltmeister Nelson Piquet in Zeltweg – wohlbehütet, aber noch skeptisch

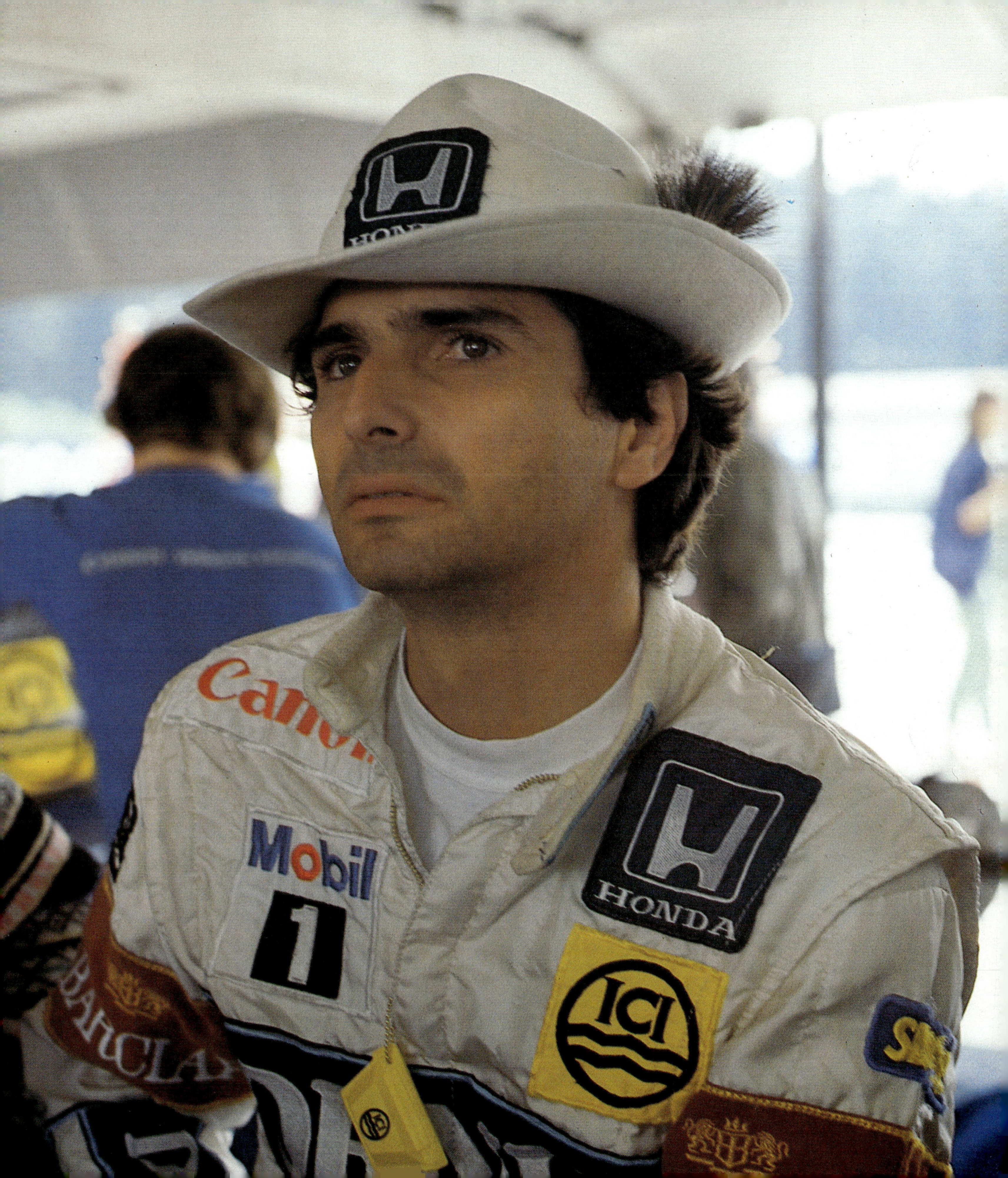

Canon
Mobil
1
HONDA
ICI

Monte Carlo:
Rennwagen und
Szenerie locken
gleichermaßen

50

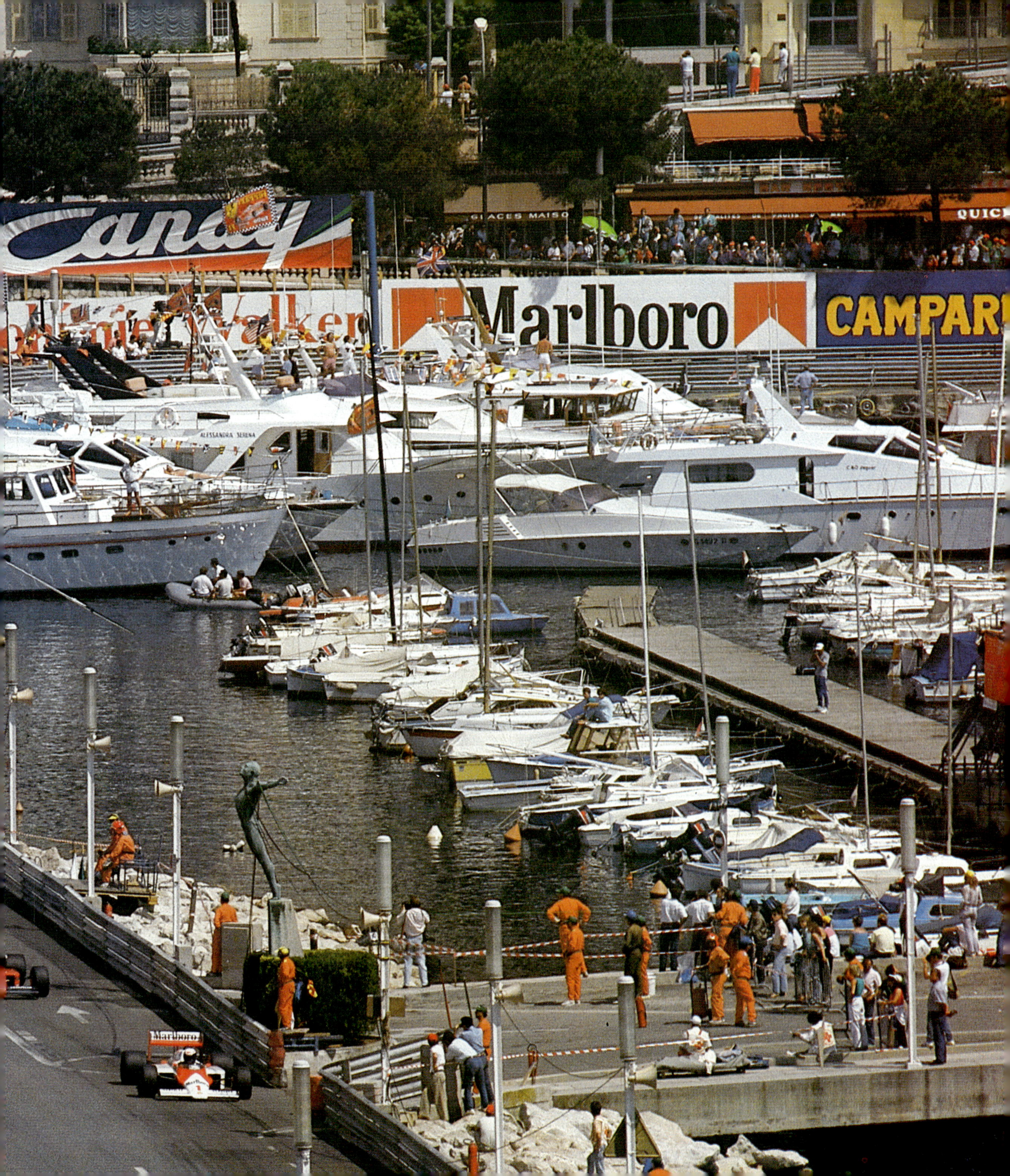
Candy
Marlboro
CAMPAR

Ayrton Senna auf der Waage. Die Helfer heben die Hände, um zu zeigen, daß nicht manipuliert wird

Nigel Mansell – schmiedete Honda finstere Pläne gegen den Briten?

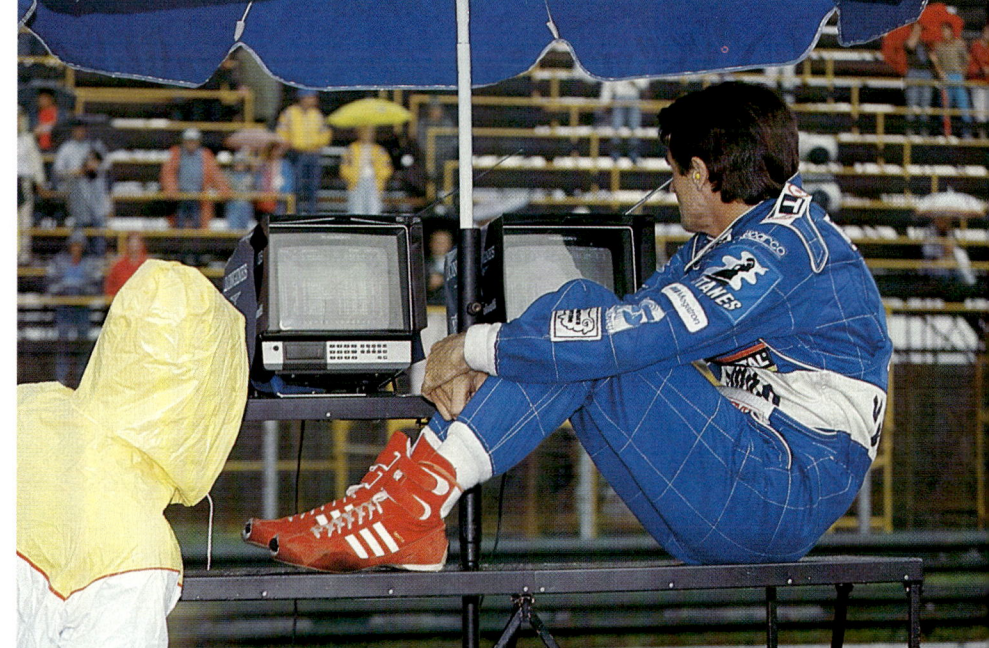

Oben: Im Land der unbegrenzten Möglichkeiten entspannt sich Gerhard Berger auf dem Asphalt. Permanente Boxen suchte man in Detroit erneut vergeblich

Mitte: Während des verregneten Trainings in Zeltweg schonte Piercarlo Ghinzani Wagen und Motor

Unten: Diskussion über Aquaplaning? Alain Prost und Super-Schwimmer Michael Groß

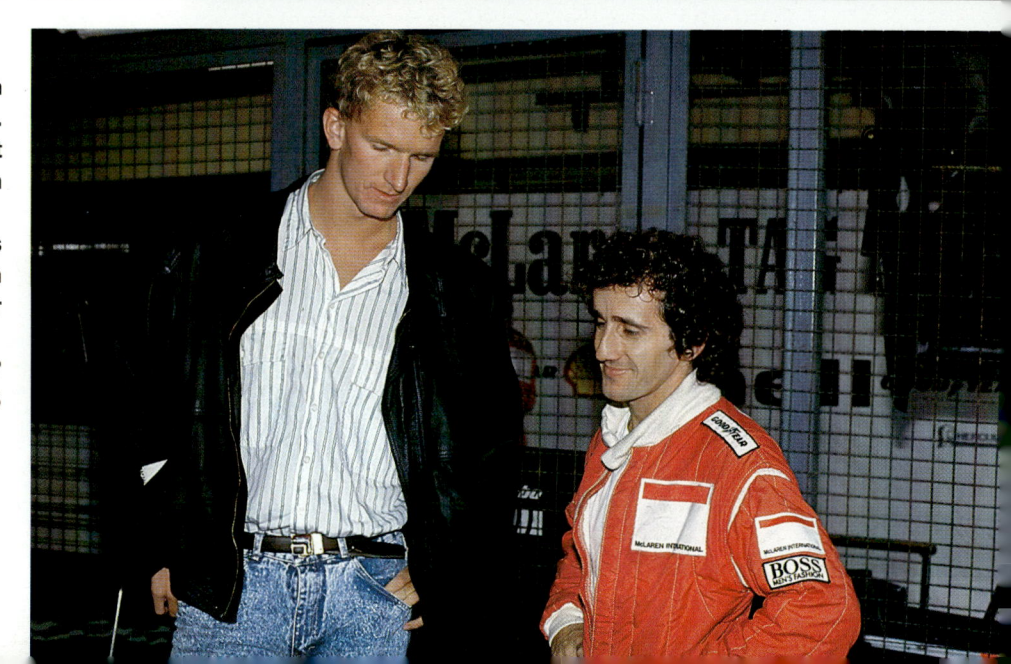

vetti
Marlboro
Marlboro
Canon
GOODYEAR
27

BIOPOINT
LKRON
SEINE MARTIME
HECHTER
GOODYEAR
EAGLE

Der zweite Startversuch auf dem Österreichring. Nach Riccardo Patreses (7) Tiefflug (oben links) bricht das Chaos aus. Sekunden später (unten rechts) kletterten alle Crash-Piloten unverletzt aus ihren Wracks

55

Farbbild: Fragend hebt Martin Brundle den Kopf, während die Zakspeed-Mannen überlegen, was zu tun ist. Von links: Motoren-Ingenieur Norbert Kreyer, Manager Helmut Barth, Boss »Zak« Zakowski und Chefmechaniker Bruno Bunk

Rechte Seite: Nachdenkliche Gesichter bei den McLaren-Neulingen Gordon Murray (Mitte) und Stefan Johansson (rechts)

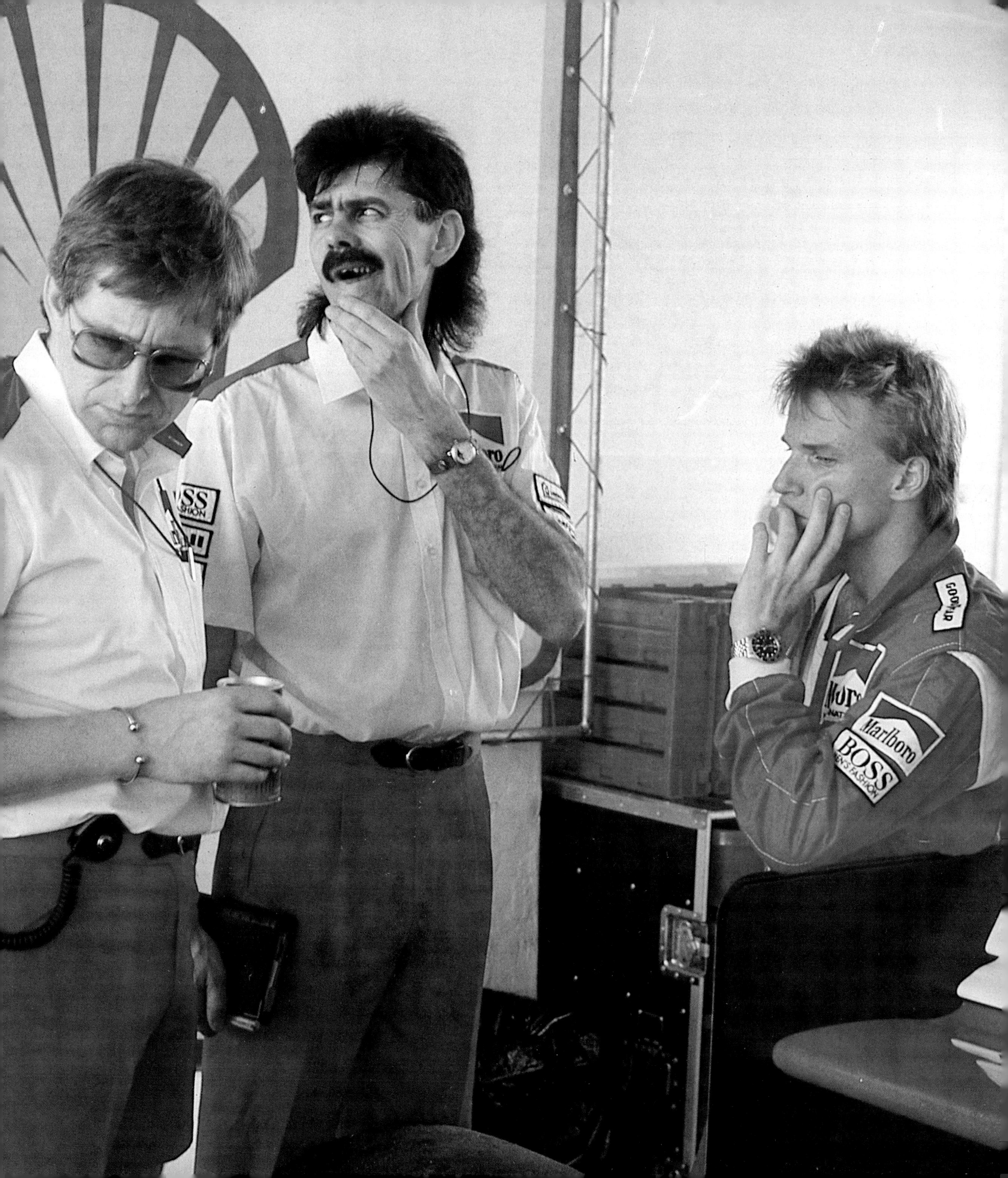
Marlboro
BOSS

Großer Preis von Brasilien

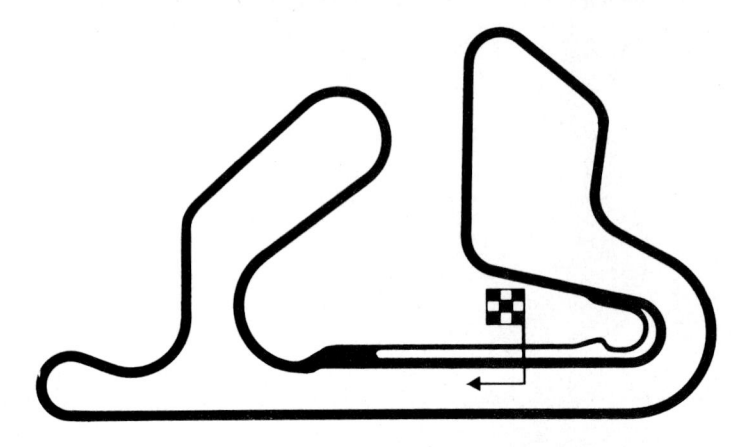

STRECKE

Ort und Datum	Jacarepaguá, 12. April
Wetter	sehr heiß, starke Bewölkung, leicht windig
Streckenlänge	5,031 km
Runden	61
Renndistanz	306,891 km
Bestehender Rundenrekord	1.33,546 = 193,612 km/h
	Nelson Piquet, Williams-Honda FW 11; GP 1986
GP-Sieger 1986	Nelson Piquet, Williams-Honda FW 11
	1:39.32,583 = 184,980 km/h

TRAININGSZEITEN

			10. April	11. April
1.	Nigel Mansell	Williams-Honda FW 11B	1.27,901	1.26,128 ◄
2.	Nelson Piquet	Williams-Honda FW 11B	1.27,822	1.26,567 ◄
3.	Ayrton Senna	Lotus-Honda 99T	1.29,002	1.28,408 ◄
4.	Teo Fabi	Benetton-Ford B 187	1.30,439	1.28,417 ◄
5.	Alain Prost	McLaren-Porsche MP 4/3	1.29,522	1.29,175 ◄
6.	Thierry Boutsen	Benetton-Ford B 187	1.30,166	1.29,450 ◄
7.	Gerhard Berger	Ferrari F1-87	1.31,444	1.30,357 ◄
8.	Derek Warwick	Arrows-Megatron A 10	1.32,531	1.30,467 ◄
9.	Michele Alboreto	Ferrari F1-87	1.31,218	1.30,468 ◄
10.	Stefan Johansson	McLaren-Porsche MP 4/3	1.31,343	1.30,476 ◄
11.	Riccardo Patrese	Brabham-BMW BT56	1.32,001	1.31,179 ◄
12.	Satoru Nakajima	Lotus-Honda 99T	1.34,445	1.32,276 ◄
13.	Andrea de Cesaris	Brabham-BMW BT56	1.32,402 ◄	1.34,115
14.	Eddie Cheever	Arrows-Megatron A 10	1.33,084	1.32,769 ◄
15.	Alessandro Nannini	Minardi-Motori Moderni M 186	1.33,980	1.33,729 ◄
16.	Adrian Campos	Minardi-Motori Moderni M 186	–	1.33,825 ◄
17.	Christian Danner	Zakspeed 861	1.36,178	1.35,212 ◄
18.	Jonathan Palmer	Tyrrell-Cosworth 016	1.37,488	1.36,091 ◄
19.	Martin Brundle	Zakspeed 861	1.37,235	1.36,160 ◄
20.	Philippe Streiff	Tyrrell-Cosworth 016	1.38,822	1.36,274 ◄
21.	Alex Caffi	Osella-Alfa Romeo FA1 G	1.39,931	1.38,770 ◄
22.	Pascal Fabre	AGS-Cosworth JH22	1.44,126	1.39,816 ◄
23.	Ivan Capelli	March-Cosworth 87 P	1.43,580 ◄	2.02,966

Erstmals seit 1985 trat die Formel 1 als mit dem Ohr erkennbare Zwei-Klassen-Gesellschaft an: Auf der einen Seite die Autos mit Turbomotoren, daneben die vom Reglement her wieder zugelassenen Saugmotor-Wagen. Während die Traditionalisten schon beim ersten Klang der konventionellen Achtzylinder Marke Cosworth feuchte Augen bekamen, empfanden die Vertreter der modernen Denkrichtung die fauchenden Aggregate nur als Schritt zurück in die »Steinzeit« des Grand Prix-Sports.

Doch bevor die in der Szene fast vergessenen Geräusche der umstrittenen Cossies die Gehörgänge reizen konnten, galt es, die sportpolitischen Wogen zu glätten. Dem mit Spannung und Vorfreude erwarteten Auftakt zur 38. Saison der Fahrer-Weltmeisterschaft drohte nämlich die Absage, weil sich die Fahrer weigerten, die überraschend von der Automobilsport-Hoheit FISA geforderten Gebühren für die Super-Lizenzen zu zahlen. Um ihre Interessen besser durchsetzen zu können, riefen die Piloten ihre vor Jahren sanft entschlafene Vereinigung GPDA, Grand Prix Drivers' Association, unter Vorsitz von Weltmeister Alain Prost ins Leben zurück. Erst nachdem die GPDA glaubhaft mit einem Streik gedroht hatte, wurde ein Kompromiß gefunden, der die Veranstaltung im Sinne des Sports – und sicherlich auch der Sponsoren – rettete.

Obwohl die Trainingssitzungen unter der schlechten Qualität der für 1987 vorgeschriebenen pop off-valves – Ventile, die den Ladedruck der Turbos auf maximal vier bar begrenzen – litten, belegten Nigel Mansell, Nelson Piquet und Ayrton Senna wie erwartet die besten Startplätze.

Der Renntag brachte zunächst eine böse Überraschung für das March Team. Nach dem zweiten mysteriösen Motorschaden des Wochenendes, der Ivan Capelli im warm-up heimsuchte, verzichtete der englische Stall auf den Start. Während der zierliche Formel 3000-Renner bereits für den Rückflug

Zum Saisonauftakt posiert Nelson Piquet vor den internationalen Renn-Fotografen

STARTAUFSTELLUNG

6	Nelson Piquet 1.26,567	5	Nigel Mansell 1.26,128
19	Teo Fabi 1.28,417	12	Ayrton Senna 1.28,408
20	Thierry Boutsen 1.29,450	1	Alain Prost 1.29,175
17	Derek Warwick 1.30,467	28	Gerhard Berger 1.30,357
2	Stefan Johansson 1.30,476	27	Michele Alboreto 1.30,468
11	Satoru Nakajima 1.32,276	7	Riccardo Patrese 1.31,179
18	Eddie Cheever 1.32,769	8	Andrea de Cesaris 1.32,402
23	Adrian Campos 1.33,825	24	Alessandro Nannini 1.33,729
3	Jonathan Palmer 1.36,091	10	Christian Danner 1.35,212
4	Philippe Streiff 1.36,274	9	Martin Brundle 1.36,160
14	Pascal Fabre 1.39,816	21	Alex Caffi 1.38,770
		16	Ivan Capelli* 1.43,580

* Nicht am Start

nach Europa verpackt wurde, erklärte Manager Ian Phillips: »Wir müssen erst einmal die Gründe für die Pannen ermitteln. Jetzt zu starten, wäre ein sinnloses, teures Opfer.«

So rollten nur 22 Wagen der Startampel entgegen, und man muß bis ins Jahr 1977 zurückblicken, um ein zahlenmäßig noch schwächer besetztes Saison-Eröffnungsrennen aufzuspüren. Damals waren es am 9. Januar in Buenos Aires gerade 20 Aktive.

Die beiden Williams-Piloten Nigel Mansell und Nelson Piquet hatten vor dem Start aus ihren Siegesabsichten kein Hehl gemacht. In Erinnerung an seine zwei Startrunden-Unfälle 1985 und 1986 sinnierte Mansell, während er ein frisches Visier an seinen Helm montierte: »Ich glaube, daß ich hier viel gutzumachen habe.«

Titelverteidiger Alain Prost hingegen ging ohne große Erwartungen in das Rennen. Glaubhaft versicherte der Franzose: »Chassis und Motor sind noch nicht auf dem für 1987 geplanten Stand. Für mich ist dieses Rennen nicht mehr als ein weiterer wichtiger Test – richtig los geht es erst in Imola, dann ist die Saison immer noch lang genug.« Porsche-Ingenieur Ralf Hahn wollte diese pessimistische Haltung nicht teilen: »Letztes Jahr war Alain hier nach dem Training Neunter, und dann lag er schon nach 20 Runden an der Spitze. Diesmal steht er auf dem fünften Startplatz...«

Die unausgesprochene schwäbische Hochrechnung sollte eintreffen. Zunächst übernahm jedoch Nelson Piquet das Kommando. Ayrton Senna, Teo Fabi, Thierry Boutsen und – aufgrund eines Schaltfehlers zurückgefallen – Nigel Mansell folgten. Weltmeister Alain Prost lauerte auf Platz sechs, und damit reichte das Potential seines »unausgereiften« McLaren-TAG, die Ferrari-Fahrer Gerhard Berger und Michele Alboreto auf Distanz zu halten.

Nach nur sieben Runden bog Nelson Piquet in die Boxengasse ab. Das Publikum verdaute diesen kleinen Schock problemlos, da die Führung dank Ayrton Senna unverändert in brasilianischen Händen blieb. Auf Platz Zwölf zurückgeworfen, reihte sich Piquet in das auf 21 Wagen geschrumpfte Feld ein. Neuling Adrian Campos hatte zwischenzeitlich die schwarze Flagge gezeigt bekommen und daraufhin seinen Minardi gehorsam abgestellt. Vorausgegangen war ein Überholmanöver des Spaniers im Verlauf der Einführungsrunde – ein Vergehen, das den Funktionären keine andere Wahl als die Disqualifikation ließ.

Nur eine Runde später mußte mit Nigel Mansell auch der zweite Williams-Fahrer die Boxen ansteuern: Wie bei Piquet war der Honda-Motor überhitzt, weil umherfliegende Papierfetzen die Kühleröffnung »abgedichtet« hatten. Auch wenn sich die Williams-Piloten letztlich in den Punkterängen klassierten, wurden sie nach diesen Zwischenfällen des Rennens nicht mehr froh. Zuviel Kühlflüssigkeit, deren Nachfüllen während des Grand Prix untersagt ist, war bereits verlorengegangen. Lokal-

ERGEBNISSE UND AUSFÄLLE

1.	Alain Prost	McLaren-Porsche MP 4/3-3	1:39.45,141 = 184,592 km/h
2.	Nelson Piquet	Williams-Honda FW 11 B-02	40,547 Sekunden zurück
3.	Stefan Johansson	McLaren-Porsche MP 4/3-2	56,758 Sekunden zurück
4.	Gerhard Berger	Ferrari F1-87 095	1.39,235 Minuten zurück
5.	Thierry Boutsen	Benetton-Ford B 187-03	1 Runde zurück
6.	Nigel Mansell	Williams-Honda FW 11 B-03	1 Runde zurück
7.	Satoru Nakajima	Lotus-Honda 99T/1	2 Runden zurück
8.	Michele Alboreto*	Ferrari F1-87 096	3 Runden zurück
9.	Christian Danner	Zakspeed 861-03	3 Runden zurück
10.	Jonathan Palmer	Tyrrell-Cosworth 016-02	3 Runden zurück
11.	Philippe Streiff	Tyrrell-Cosworth 016-01	4 Runden zurück
12.	Pascal Fabre	AGS-Cosworth JH22 032	6 Runden zurück
13.	Eddie Cheever	Arrows-Megatron A 10-02	53. Runde, Motor
14.	Ayrton Senna	Lotus-Honda 99T/4	51. Runde, Motor
15.	Riccardo Patrese	Brabham-BMW BT 56 3	49. Runde, Kühler durch lose Batterie leckgeschl.
16.	Andrea de Cesaris	Brabham-BMW BT 56 2	22. Runde, Getriebe
17.	Derek Warwick	Arrows-Megatron A 10-01	21. Runde, Motor
18.	Alex Caffi	Osella-Alfa Romeo FA 1G 02	21. Runde, Erschöpfung
19.	Alessandro Nannini	Minardi-Motori Moderni M 186 03	18. Runde, Hinterradaufhängung
20.	Martin Brundle	Zakspeed 861-02	16. Runde, Turbolader
21.	Teo Fabi	Benetton-Ford B 187-04	10. Runde, Motor überhitzt
22.	Adrian Campos	Minardi-Motori Moderni M 186 02	4. Runde, Disqualifikation

* Nicht im Ziel, aber aufgrund der zurückgelegten Distanz gewertet

Schnellste Runde:

(42. Runde) – Nelson Piquet, Williams-Honda FW 11 B, 1.33,861 = 192,962 km/h

matador Piquet haderte später mit dem Schicksal: »Es ist für mich keine Frage, daß ich dieses Rennen gewonnen hätte, wenn die Temperatur des Motors nicht so extrem angestiegen wäre.« Nigel Mansell suchte hingegen zum eigenen Trost einen positiven Blickwinkel. Der Brite freute sich, die Ziellinie überhaupt erreicht zu haben: »Nach all' meinen Erfahrungen hätte der Motor bei diesen Hitzewerten kollabieren müssen.« Wie unglücklich das Rennen für den verhinderten Champion des Vorjahrs verlief, machte ein zweiter Zwischenfall deutlich: Die 45. Runde wurde für ihn mit der Zeit von 2.52,189 Minuten gestoppt – das Ergebnis einer Kriechfahrt, die er einem völlig zerstörten linken Hinterreifen »verdankte«.

Auch wenn Nelson Piquet nach toller Aufholjagd noch einmal für vier Runden die Spitze übernehmen konnte, weil Alain Prost sich gerade neue Reifen holte, waren aufgrund des Kühlerpechs die Weichen schon frühzeitig für den Franzosen gestellt. Weder Ayrton Senna, der am Steuer seines Lotus mit der noch unausgereiften aktiven Radaufhängung nicht wie gewohnt Gas geben konnte, noch die Benetton – oder Ferrari-Fahrer gefährdeten Alain Prost ernsthaft. Nach seinem vierten Jacarepaguá-Sieg seit 1982 äußerte sich der Weltmeister bescheiden: »Ich hatte wirklich nicht mit neun Punkten gerechnet, und wenn es hier wieder einmal geklappt hat, dann verdanke ich das wohl dem, was man Erfahrung nennt.«

RUNDENTABELLE

	Fahrer	Wagen	1	2	3	4	5	6	7	8	9	10	11	12	13	14	15	16	17	18	19	20	21	22	23	24	25	26	27
5	Nigel Mansell	Williams-Honda FW 11 B	6	6	6	6	6	6	6	12	12	12	12	1	1	1	1	6	6	6	6	1	1	1	1	1	1	1	1
6	Nelson Piquet	Williams-Honda FW 11 B	12	12	12	12	12	12	12	5	5	5	1	12	20	20	20	20	20	5	5	12	12	12	12	12	12	12	12
12	Ayrton Senna	Lotus-Honda 99T	19	19	5	5	5	5	5	1	1	1	5	20	20	28	6	6	5	5	5	1	12	5	2	2	2	2	2
19	Teo Fabi	Benetton-Ford B 187	20	5	19	19	19	19	19	19	20	20	20	28	28	6	28	28	28	1	1	12	2	2	6	6	6	6	6
1	Alain Prost	McLaren-Porsche MP 4/3	5	20	1	1	1	1	1	20	⑲	28	28	2	2	2	5	5	1	12	12	20	6	6	5	5	5	5	5
20	Thierry Boutsen	Benetton-Ford B 187	1	1	20	20	20	20	20	28	28	27	27	6	6	5	17	12	12	28	2	2	28	28	28	28	28	28	28
28	Gerhard Berger	Ferrari F1-87	28	28	28	28	28	28	28	27	27	2	2	27	5	17	12	17	18	2	28	28	7	7	7	7	7	7	7
17	Derek Warwick	Arrows-Megatron A 10	27	27	27	27	27	27	27	2	2	7	6	17	17	12	18	18	2	18	7	7	27	27	27	27	27	27	27
27	Michele Alboreto	Ferrari F1-87	7	7	7	7	7	7	7	7	6	17	5	18	18	18	2	2	7	7	27	27	20	20	20	20	20	18	
2	Stefan Johansson	McLaren-Porsche MP 4/3	2	2	17	2	2	7	7	17	17	17	18	8	8	8	7	27	27	17	18	18	18	18	18	18	18	20	
7	Riccardo Patrese	Brabham-BMW BT 56	17	17	2	17	17	17	17	18	18	18	7	24	24	7	27	7	17	27	17	⑰	⑧	11	11	11	11	11	11
11	Satoru Nakajima	Lotus-Honda 99T	18	18	18	18	18	18	18	6	6	24	24	8	7	27	27	8	㉔	8	8	8	⑪	3	3	10	10	10	
8	Andrea de Cesaris	Brabham-BMW BT 56	24	24	24	24	24	24	24	24	11	8	7	27	24	11	8	⑨	8	⑪	11	11	3	10	3	3	3	3	
18	Eddie Cheever	Arrows-Megatron A 10	11	11	11	11	11	11	11	11	8	11	11	11	9	3	3	3	3	3	3	10	14	14	14	14	4	4	
24	Alessandro Nannini	Minardi-Motori Moderni M 186	23	23	9	9	9	8	8	8	8	9	9	9	9	24	11	11	10	10	10	4	4	4	4	4	4	14	
23	Adrian Campos	Minardi-Motori Moderni M 186	9	9	3	8	8	9	9	9	9	10	10	10	3	3	3	4	10	4	4	4	14						
10	Christian Danner	Zakspeed 861	3	3	8	3	10	10	10	10	10	3	3	3	10	4	4	10	4	14	14	14							
3	Jonathan Palmer	Tyrrell-Cosworth 016	4	10	10	10	3	3	3	3	3	21	21	4	4	14	14	14	14	21	21	㉑							
9	Martin Brundle	Zakspeed 861	21	21	21	21	21	21	21	21	4	4	21	21	21	10	21	21											
4	Philippe Streiff	Tyrrell-Cosworth 016	8	8	㉓	4	4	4	4	4	14	14	14	14	10	21													
21	Alex Caffi	Osella-Alfa Romeo FA 1G	10	4	4	14	14	14	14	14																			
14	Pascal Fabre	AGS-Cosworth JH22	14	14	14																								

Nelson Piquet – Platz zwei zu Beginn einer erfolgreichen Saison

Stefan Johanssons dritter Platz hinter Piquet rundete den McLaren-Erfolg ab. Der Schwede blickte auf ein für ihn extrem schwieriges Rennen zurück: »Heiße Motorluft strömte in mein Cockpit und ich hatte das Gefühl zu ersticken. Es war wirklich grausam, zumal meine Trinkanlage nicht funktionierte.«

Auch Gerhard Berger wußte von einem Vorfall zu berichten, der vom Pistenrand her nicht erkennbar war. Der Tiroler hatte vergessen, seinen Helm korrekt festzuschnallen und wollte später kaum daran denken, welche Folgen dies bei einem Unfall hätte haben können.

Als einziger Fahrer eines Vierzylinder-Autos wurde Christian Danner abgewinkt, was an den Mundwinkeln von Teamchef Erich Zakowski deutlich als Erfolg abzulesen war. Hinter dem Deutschen kreuzte Jonathan Palmer die Linie und ließ sich als schnellster Sauger-Fahrer neun Punkte für die Jim Clark-Trophäe gutschreiben.

Erklärung zur Rundentabelle

Die Rundentabelle liest sich wie folgt: In den senkrechten Spalten (unter den Rundenziffern 1 bis x) sind von oben nach unten die Startnummern der Teilnehmer – in der Reihenfolge, die jeweils bei Start-und-Ziel am Ende der Runde registriert wurde – aufgelistet.

Zeichenerklärung: ——— = überrundet
○ = Ausfall

WERTUNGSPUNKTE

Fahrer: Prost 9, Piquet 6, Johansson 4, Berger 3, Boutsen 2, Mansell 1

Konstrukteure: McLaren 13, Williams 7, Ferrari 3, Benetton 2

61

Großer Preis von San Marino

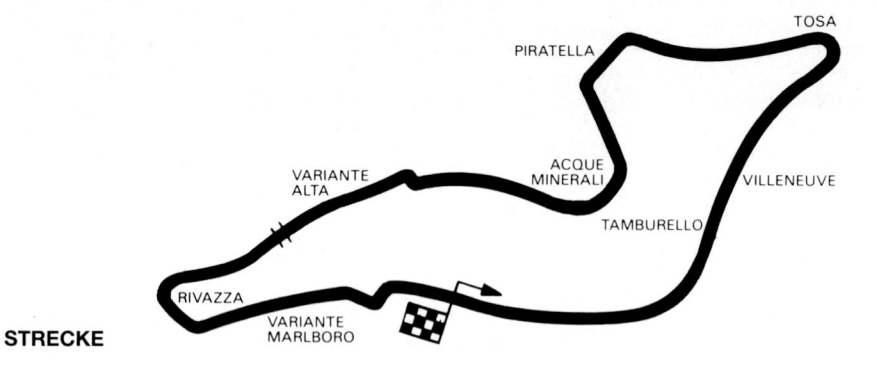

STRECKE

Ort und Datum	Imola, 3. Mai
Wetter	sehr warm, mit zunehmender Bewölkung abkühlend, vereinzelte Regentropfen ab Runde 52
Streckenlänge	5,004 km
Runden	59 – nach einem Startabbruch und einer zweiten Einführungsrunde wurde die ursprünglich vorgesehene Distanz von 60 Runden um einen Umlauf gekürzt
Renndistanz	295,236 km
Bestehender Rundenrekord	1.28,667 = 204,631 km/h Nelson Piquet, Williams-Honda FW 11; GP 1986
GP-Sieger 1986	Alain Prost, McLaren-Porsche MP 4/2 C 1:32.28,408 = 196,208 km/h

TRAININGSZEITEN

			1. Mai	2. Mai
1.	Ayrton Senna	Lotus-Honda 99T	1.27,543	1.25,826◄
2.	Nigel Mansell	Williams-Honda FW 11B	1.26,204	1.25,946◄
3.	Alain Prost	McLaren-Porsche MP 4/3	1.29,317	1.26,135◄
4.	Teo Fabi	Benetton-Ford B 187	1.27,801	1.27,270◄
5.	Gerhard Berger	Ferrari F1-87	1.28,229	1.27,280◄
6.	Michele Alboreto	Ferrari F1-87	1.29,653	1.28,074◄
7.	Riccardo Patrese	Brabham-BMW BT56	1.28,447	1.28,421◄
8.	Stefan Johansson	McLaren-Porsche MP 4/3	1.30,416	1.28,708◄
9.	Eddie Cheever	Arrows-Megatron A 10	1.30,379	1.28,848◄
10.	Derek Warwick	Arrows-Megatron A 10	1.28,887◄	1.29,236
11.	Thierry Boutsen	Benetton-Ford B 187	1.28,929	1.28,908◄
12.	Satoru Nakajima	Lotus-Honda 99T	1.29,579◄	1.30,545
13.	René Arnoux	Ligier-Megatron JS 29B	1.31,078	1.29,861◄
14.	Andrea de Cesaris	Brabham-BMW BT56	1.30,627	1.30,382◄
15.	Martin Brundle	Zakspeed 871	1.31,931	1.31,094◄
16.	Alessandro Nannini	Minardi-Motori Moderni M 186	1.31,789◄	–
17.	Adrian Campos	Minardi-Motori Moderni M 186	1.41,520	1.31,818◄
18.	Christian Danner	Zakspeed 861	1.32,977	1.31,903◄
19.	Piercarlo Ghinzani	Ligier-Megatron JS 29B	1.32,873	1.32,248◄
20.	Alex Caffi	Osella-Alfa Romeo FA1I	1.32,308◄	1.33,298
21.	Philippe Streiff	Tyrrell-Cosworth 016	1.35,001	1.33,155◄
22.	Philippe Alliot	Lola-Cosworth LC-87	1.34,458	1.33,846◄
23.	Ivan Capelli	March-Cosworth 871	1.37,463	1.33,872◄
24.	Jonathan Palmer	Tyrrell-Cosworth 016	1.34,632◄	1.36,127
25.	Pascal Fabre	AGS-Cosworth JH22	1.39,747	1.36,159◄
26.	Gabriele Tarquini	Osella-Alfa Romeo FA1 G	1.43,446◄	–

Seit Einführung der Benzin-Limitierung in der Formel 1 gilt das Autodromo Dino Ferrari in Imola als besonders heißes Pflaster der Branche. Drei langsame Schikanen, die die Hochgeschwindigkeits-Passagen unterbrechen, bestimmen den »durstigen Charakter« des Kurses.

Alle Diskussionen darüber, welches Team wohl die effektivste Motoreinstellung austüfteln könnte, fanden dann allerdings bereits am ersten Trainingstag vorübergehend ein jähes Ende, als um 13.19 Uhr ein spektakulärer Zwischenfall an die Kehrseite der Formel 1-Medaille erinnerte: Vermutlich aufgrund eines Reifendefektes geriet Nelson Piquets Williams-Honda im Streckenabschnitt »Villeneuve« ins Schleudern. Mit mehr als 300 km/h schoß der bunte Bolide rückwärts auf die Tosa-Kurve zu, die außen durch eine stabile Mauer abgegrenzt ist. Ohne jede Möglichkeit, den Kurs seines Autos selbst zu bestimmen, war Piquet jetzt auf die Laune des Schicksals angewiesen, und das meinte es gut mit dem Brasilianer. Nach einem Dreher auf dem unbefestigten Randstreifen schlug der Rennwagen breitseits gegen das feste Hindernis, wurde zurückgeschleudert, drehte sich erneut und schlug noch einmal gegen die Mauer.

Drei Minuten lang war Nelson Piquet bewußtlos. Als ein Rennarzt nach der Unfallursache fragte, stellte sich heraus, wie verwirrt der Pilot war. Nelson Piquet wußte nicht, daß er Rennfahrer ist, geschweige denn, daß er im Training zum Grand Prix von San Marino verunglückt war! Erst langsam kehrte die Erinnerung zurück, doch die Sekunden des Unfalls blieben im dunkeln. Nach einer Nacht im Bologneser Bellaria Hospital berichtete der humpelnde Rennfahrer samstags im Fahrerlager: »Ich weiß noch, daß man mir an den Boxen die Signaltafel mit meiner letzten Rundenzeit im Vorbeifahren zeigte. Das ist alles, dann reißt der Film.«

Trotz Prellungen am linken Fußknöchel

Nahkampf in der Startrunde

STARTAUFSTELLUNG

12 Ayrton Senna 1.25,826	5 Nigel Mansell 1.25,946
1 Alain Prost 1.26,135	19 Teo Fabi 1.27,270
28 Gerhard Berger 1.27,280	27 Michele Alboreto 1.28,074
7 Riccardo Patrese 1.28,421	2 Stefan Johansson 1.28,708
18 Eddie Cheever 1.28,848	17 Derek Warwick 1.28,887
20 Thierry Boutsen 1.28,908	11 Satoru Nakajima 1.29,579
8 Andrea de Cesaris 1.30,382	9 Martin Brundle 1.31,094
24 Alessandro Nannini 1.31,789	23 Adrian Campos 1.31,818
10 Christian Danner 1.31,903	26 Piercarlo Ghinzani 1.32,248
21 Alex Caffi 1.32,308	4 Philippe Streiff 1.33,155
30 Philippe Alliot 1.33,846	16 Ivan Capelli 1.33,872
3 Jonathan Palmer 1.34,632	14 Pascal Fabre 1.36,159
22 Gabriele Tarquini 1.43,446	

Nach Trainingsunfall nicht am Start:
Nelson Piquet, Williams-Honda FW 11 B, 1.25,997 Minuten

Nach Aufhängungsschaden im warm-up nicht am Start:
René Arnoux, Ligier-Megatron JS 29 B, 1.29,861 Minuten

und rechten Knie sowie einer Gehirnerschütterung wollte Piquet das Training wieder aufnehmen. Er scheiterte jedoch am Veto der Ärzte, die ihm die Renntauglichkeit nicht attestierten. Der Einspruch der Mediziner war sicherlich richtig, denn noch bis zum Grand Prix von Monaco sollte der Williams-Fahrer unter den Unfallverletzungen leiden.

Piquets Ausfall reduzierte das Startfeld auf 26 Teilnehmer, aber letztlich nahmen nur 25 Fahrer das ursprünglich auf 60 Runden angesetzte Rennen auf. Nichtstarter Nummer Zwei war René Arnoux, der nach einem Aufhängungsbruch im sonntäglichen warm-up ohne Auto dastand. Ein Fiasko für das tapfere Ligier-Team, das sein Saison-Debüt gab.

Der Start des Großen Preises von San Marino gelang erst im zweiten Anlauf. Einen ersten Versuch hatte der Starter abgebrochen, weil mehrere Piloten noch vor Aufflammen des Rotlichtes durch Handzeichen signalisiert hatten, daß die Motoren ihrer Wagen abgestorben waren. Unter denen, die den Neustart notwendig machten, war auch Zakspeed-Pilot Martin Brundle, der im Eifer des Gefechtes den Elektrik-Hauptschalter berührt hatte und damit den Kollaps seines Vierzylinders verursachte.

Elf Minuten später – im Anschluß an eine zweite Einführungsrunde – klappte die Startprozedur. Nur 59 Runden lagen vor den Aktiven, denn mit Blick auf den Spritverbrauch hatte die Rennleitung die Distanz gekürzt – eine unverständliche Maßnahme, da die unerwartete Verzögerung von den Teams zum Auffüllen der Tanks genutzt worden war.

Schon in der zweiten Runde mußte Ayrton Senna, der zunächst die Pole-Position optimal in die Führung umgesetzt hatte, dem Druck Nigel Mansells weichen. Im Rücken des Briten tauschten nur drei Umläufe darauf Alain Prost und Ayrton Senna die Plätze, und der Franzose machte schnell deutlich, daß er Nigel Mansell nicht davonziehen lassen wollte. 3,6 Sekunden trennten den Spitzenreiter nach zehn Runden von seinem Verfolger. Dahinter klaffte eine Zehnsekunden-Lücke zu einem beinhart kämpfenden Quartett: Ayrton Senna, Michele Alboreto, Gerhard Berger und Riccardo Patrese. Piercarlo Ghinzani hatte zu diesem Zeitpunkt bereits als erster Fahrer die Segel streichen müssen. Der Italiener bezeichnete seinen Rennwagen als »unfahrbar« und stellte ihn in den Boxen einem enttäuschten Guy Ligier vor die Füße.

Der zweite Ausfall traf mit Alain Prost einen der Favoriten. Ein lächerlicher Defekt stoppte den ganz auf Sieg eingestellten Titelverteidiger: Der Keilriemen der Lichtmaschine erwies sich als schwächstes Teil des sonst so zuverlässigen Systems. Auch eine Untersu-

ERGEBNISSE UND AUSFÄLLE

1.	Nigel Mansell	Williams-Honda FW 11 B-03	1:31.24,076 = 193,807 km/h
2.	Ayrton Senna	Lotus-Honda 99T/4	27,545 Sekunden zurück
3.	Michele Alboreto	Ferrari F1-87 096	39,144 Sekunden zurück
4.	Stefan Johansson	McLaren-Porsche MP 4/3-2	1.00,588 Minuten zurück
5.	Martin Brundle	Zakspeed 871-01	2 Runden zurück
6.	Satoru Nakajima	Lotus-Honda 99T/3	2 Runden zurück
7.	Christian Danner	Zakspeed 861-03	2 Runden zurück
8.	Philippe Streiff	Tyrrell-Cosworth 016-01	2 Runden zurück
9.	Riccardo Patrese	Brabham-BMW BT 56 1	2 Runden zurück
10.	Philippe Alliot	Lola-Cosworth LC-87 02	3 Runden zurück
11.	Derek Warwick	Arrows-Megatron A 10-01	4 Runden zurück
12.	Alex Caffi*	Osella-Alfa Romeo FA1I 01	5 Runden zurück
13.	Pascal Fabre	AGS-Cosworth JH22 032	6 Runden zurück
14.	Teo Fabi	Benetton-Ford B 187-04	52. Runde, Turbo
15.	Thierry Boutsen	Benetton-Ford B 187-03	49. Runde, Motor
16.	Eddie Cheever	Arrows-Megatron A 10-02	49. Runde, Motor
17.	Jonathan Palmer	Tyrrell-Cosworth 016-02	49. Runde, Kupplung
18.	Andrea de Cesaris	Brabham-BMW BT 56 2	40. Runde, Unfall
19.	Adrian Campos	Minardi-Motori Moderni M 186 02	31. Runde, Getriebe
20.	Gabriele Tarquini	Osella-Alfa Romeo FA 1 G 01	27. Runde, Getriebe
21.	Alessandro Nannini	Minardi-Motori Moderni M 186 03	26. Runde, Motor
22.	Ivan Capelli	March-Cosworth 871-01	19. Runde, Zündverteiler
23.	Gerhard Berger	Ferrari F1-87 097	17. Runde, Ladedruck-Kontrolle
24.	Alain Prost	McLaren-Porsche MP 4/3-3	15. Runde, Antrieb der Lichtmaschine
25.	Piercarlo Ghinzani	Ligier-Megatron JS 29 B 03	8. Runde, Handling

* Nicht im Ziel, aber aufgrund der zurückgelegten Distanz gewertet

Schnellste Runde:
(51. Runde) – Teo Fabi, Benetton-Ford B 187, 1.29,246 = 201,851 km/h

chung durch die Porsche-Ingenieure in Weissach konnte anschließend den Grund für diesen Bagatelle-Schaden nicht aufdecken. Der geheimnisvolle Defekt sollte in den nächsten Wochen noch öfter auftreten.

Das Ausscheiden des Franzosen verschaffte Nigel Mansell etwas Luft. Gejagt wurde er jetzt zur Begeisterung der Tifosi von Ferrari-Fahrer Michele Alboreto, der eine Schwäche von Sennas Lotus hatte nutzen können. »Die aktive Radaufhängung«, berichtete der Brasilianer später, »verschlechterte das Fahrverhalten meines Autos in dieser Phase – zu meinem Glück erholte sie sich im weiteren Verlauf des Rennens auf wundersame Weise.« Alboretos gute Plazierung tröstete die Zuschauer über den Ausfall von Gerhard Berger am Steuer des zweiten Ferrari hinweg. Rundenlang hatte der Tiroler den Frontspoiler seines Wagens unter das Getriebe seines Teamkollegen geschoben. Fast unmerklich war Alboretos lästiger Schatten dann langsamer geworden und schließlich in die Boxengasse abgebo-

RUNDENTABELLE

Gerhard Berger auf dem Weg zur Direktübertragung des Grand Prix...

gen. Als auch ein Tausch des pop off valve das Auto des Tirolers nicht mehr flottmachte, mußte Gerhard Berger enttäuscht aufgeben.

Am Fernsehschirm verfolgte der Österreicher in der Ferrari-Box das weitere Renngeschehen. Dort wurde er zunächst Zeuge eines Führungswechsels: Als sich Nigel Mansell neue Reifen holte, kam Michele Alboreto für drei Runden in Front. Als dann auch der Italiener neues Gummi brauchte, kam die Reihe wieder an Ayrton Senna – jetzt war bei den Protokollführern der Rundentabellen Konzentration gefragt. Erst nachdem auch der Brasilianer seinen Routine-Stopp eingelegt hatte, war die alte Ordnung wieder hergestellt: Nigel Mansell hatte seinen Spitzenplatz kampflos zurück erhalten.

Die Serie der Reifen-Stopps hatte Riccardo Patrese unaufhaltsam nach vorn gespült. Der einheimische Brabham-Pilot war unverändert auf dem ersten Pneu-Satz unterwegs und lag nach 30 Runden 2,5 Sekunden hinter Mansell auf Platz Zwei. Während der Passagen bei Start-und-Ziel war den Laufflächen der Reifen keine Ermüdungserscheinung anzusehen, und wenn der Italiener nach 36 Umläufen dann doch »schwarzes Gold« fassen mußte, so nur deshalb, weil sich an den Flanken der Reifen Blasen gebildet hatten. Vor Stefan Johansson kam der Italiener auf Rang Vier auf die Piste zurück. Pech für den Schweden, denn der Frontspoiler seines McLaren zerbrach in den Luftwirbeln des Brabham.

Patrese fuhr sich noch einmal auf den zweiten Platz vor, dann verschlechterten sich seine Rundenzeiten plötzlich auf Werte von mehr als zwei Minuten, und er fiel hoffnungslos zurück. Jonathan Palmer, Eddie Cheever, Thierry Boutsen und Teo Fabi erwischte es noch schlimmer – ihre Autos blieben in den Schlußrunden stehen. Nutznießer dieser turbulenten Phase waren Martin Brundle und Satoru Nakajima, die durch die Ausfallserie noch auf die beiden letzten Punkteränge vorrückten. Diese Plazierungen bedeuteten die ersten WM-Punkte für das deutsche Zakspeed-Team und den Japaner. Der Jubel über diese Erfolge übertraf noch die Freude von Sieger Nigel Mansell, der gelassen berichtete: »Windig war's da draußen – ja, und einmal wollten meine Bremsen nicht so richtig, bei »Acque Minerali« mußte ich deshalb über's Gras.«

Das befürchtete Benzindrama blieb aus – ein Beweis dafür, daß es die Motoren-Ingenieure verstehen, den Sprit immer effektiver zu verbrennen.

30	31	32	33	34	35	36	37	38	39	40	41	42	43	44	45	46	47	48	49	50	51	52	53	54	55	56	57	58	59
5	5	5	5	5	5	5	5	5	5	5	5	5	5	5	5	5	5	5	5	5	5	5	5	5	5	5	5	5	5
7	7	7	7	7	7	7	12	12	12	12	12	12	12	27	7	7	7	7	7	12	12	12	12	12	12	12	12	12	12
12	12	12	12	12	12	12	27	27	27	27	27	27	27	7	27	27	27	27	12	27	27	27	27	27	27	27	27	27	27
27	27	27	27	27	27	27	7	7	7	7	7	12	12	12	12	12	12	27	⑲	2	2	2	2	2	2	2	2	2	2
2	2	2	2	2	2	2	2	2	2	2	20	20	20	20	20	⑳	19	19	7	7	17	17	17	17	9	9			
17	17	17	17	17	20	20	20	20	20	20	20	19	19	19	19	19	19	2	2	17	7	7	9	11	11				
20	20	20	20	17	8	8	8	8	17	17	17	17	17	17	17	2	17	17	17	9	9	9	11	10	10				
8	8	8	8	8	17	17	17	17	19	19	19	19	2	2	2	2	2	17	9	9	9	11	11	11	7	7	4		
18	18	19	19	19	19	19	19	19	⑧	18	18	18	18	18	18	18	18	18	⑱	21	21	21	21	21	21	10	4	7	
19	19	18	18	18	18	18	18	18	9	9	9	9	9	9	9	9	9	9	11	11	11	10	10	10	4	30			
9	9	9	9	9	9	9	9	9	21	21	21	21	21	21	21	21	10	10	10	10	4	4	4	30					
21	21	21	21	21	21	21	21	21	10	10	10	10	10	10	10	10	11	4	4	4	30	30	30						
10	10	10	10	10	10	10	10	10	10	3	11	11	11	11	11	11	11	11	10	30	30	30	14	14					
3	3	3	3	3	3	3	3	3	3	11	3	3	3	3	3	3	4	4	14	14	14								
4	4	4	4	4	4	4	4	4	4	4	4	4	4	4	4	4	3	③											
30	11	11	11	11	11	11	11	11	11	30	30	30	30	30	30	30	30												
11	30	14	30	30	30	30	30	30	30	14	14	14	14	14	14	14	14												
14	14	30	14	14	14	14	14	14	14																				
㉓																													

WERTUNGSPUNKTE

Fahrer: Mansell 10, Prost 9, Johansson 7, Senna 6, Piquet 6, Alboreto 4, Berger 3, Boutsen 2, Brundle 2, Nakajima 1

Konstrukteure: McLaren 16, Williams 16, Lotus 7, Ferrari 7, Zakspeed 2, Benetton 2

Großer Preis von Belgien

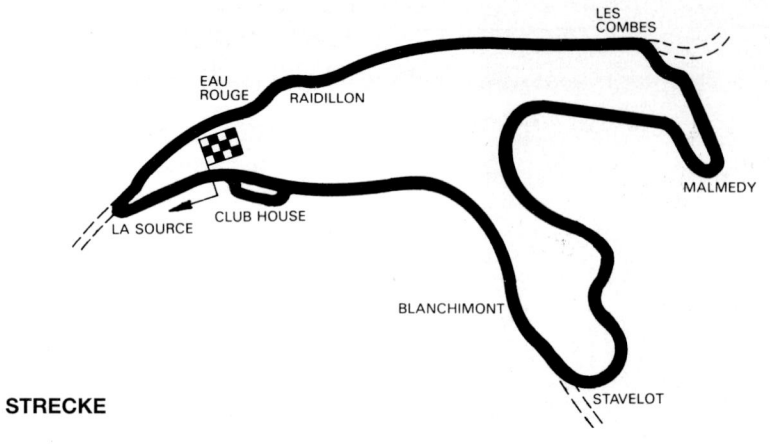

STRECKE

Ort und Datum	Spa-Francorchamps, 17. Mai
Wetter	kalt, leicht windig, zunehmend bewölkt
Streckenlänge	6,940 km
Runden	43
Renndistanz	298,420 km
Bestehender Rundenrekord	1.59,282 = 209,453 km/h
	Alain Prost, McLaren-Porsche MP 4/2 C; GP 1986
GP-Sieger 1986	Nigel Mansell, Williams-Honda FW 11
	1:27.57,925 = 203,548 km/h

TRAININGSZEITEN

			15. Mai	16. Mai
1.	Nigel Mansell	Williams-Honda FW 11B	2.06,965	1.52,026◄
2.	Nelson Piquet	Williams-Honda FW 11B	2.08,143	1.53,416◄
3.	Ayrton Senna	Lotus-Honda 99T	2.08,450	1.53,426◄
4.	Gerhard Berger	Ferrari F1-87	2.06,216	1.53,451◄
5.	Michele Alboreto	Ferrari F1-87	2.07,459	1.53,511◄
6.	Alain Prost	McLaren-Porsche MP 4/3	2.11,203	1.54,186◄
7.	Thierry Boutsen	Benetton-Ford B 187	2.08,752	1.54,300◄
8.	Riccardo Patrese	Brabham-BMW BT 56	2.12,914	1.55,064◄
9.	Teo Fabi	Benetton-Ford B 187	2.12,358	1.55,339◄
10.	Stefan Johansson	McLaren-Porsche MP 4/3	2.12,063	1.55,781◄
11.	Eddie Cheever	Arrows-Megatron A 10	2.15,321	1.55,899◄
12.	Derek Warwick	Arrows-Megatron A 10	2.10,946	1.56,359◄
13.	Andrea de Cesaris	Brabham-BMW BT 56	2.13,871	1.57,101◄
14.	Alessandro Nannini	Minardi-Motori Moderni M 186	2.09,650	1.58,132◄
15.	Satoru Nakajima	Lotus-Honda 99T	2.11,441	1.58,649◄
16.	René Arnoux	Ligier-Megatron JS 29B	2.15,012	1.59,117◄
17.	Piercarlo Ghinzani	Ligier-Megatron JS 29B	2.15,339	1.59,291◄
18.	Martin Brundle	Zakspeed 871	2.14,432	2.00,433◄
19.	Adrian Campos	Minardi-Motori Moderni M 186	2.14,945	2.00,763◄
20.	Christian Danner	Zakspeed 871	2.20,610	2.01,072◄
21.	Ivan Capelli	March-Cosworth 871	2.13,355	2.02,036◄
22.	Philippe Alliot	Lola-Cosworth LC-87	2.13,082	2.02,347◄
23.	Philippe Streiff	Tyrrell-Cosworth 016	2.18,900	2.03,098◄
24.	Jonathan Palmer	Tyrrell-Cosworth 016	2.14,931	2.04,677◄
25.	Pascal Fabre	AGS-Cosworth JH 22	2.26,498	2.07,361◄
26.	Alex Caffi	Osella-Alfa Romeo FA 1I	2.16,268	2.12,086◄

Während des Trainings zeigten sich die Ardennen von ihrer berüchtigsten Seite. Bei Temperaturen um sieben Grad wechselten Regen und Sonnenschein unberechenbar. Kurze Hagelschauer machten aber deutlich, daß längst nicht alle Register gezogen waren, und so freuten sich alle Beteiligten über jeden Wassertropfen, der ungefroren den kalten Asphalt erreichte. Benzinverbrauchsmessungen durchzuführen oder die Rennwagen für einen – immer noch erhofften – Grand Prix auf trockenem Pflaster abzustimmen, war damit unmöglich.

Nach starken Regenfällen am Samstagmorgen nahm die kalte Mittelgebirgsluft dann rechtzeitig zum zweiten Qualifying alle Nässe der Piste in sich auf, und damit stand einer richtigen Zeitenjagd überraschend nichts im Weg. Dunkle Wolken hingen jedoch am Himmel, und kein Teamchef traute dem Wetter-Frieden. Um die Gunst der augenscheinlich kurzen Trockenperiode zu nutzen, gingen 23 (!) der 26 Fahrer innerhalb der ersten Minute auf die Bahn. Nach kurzer Pause folgte René Arnoux als 24. Abgesehen von den beiden Zakspeed-Piloten – nach Motorschäden am Morgen mußten ihre Autos mit neuen Vierzylindern bestückt werden – kämpften damit alle Teilnehmer um die besten Startplätze. Das Ergebnis dieser Superhatz war eine mittlere Sensation: Erstmals seit Einführung der Ladedruck-Begrenzung wurde die im Vorjahr mit »offenem Druck« erzielte Bestzeit pulverisiert. Gleich sieben Fahrer unterboten den Wert von 1.54,331 Minuten, der Nelson Piquet 1986 noch die Pole-Position gebracht hatte. Verbesserungen des Chassis, der Aerodynamik und der Nutzdrehzahl können einen PS-Verlust also mehr als nur ausgleichen.

Wohl selten wurden vergeblich so viele Regencapes und Schirme an einem Grand Prix-Kurs getragen wie am 17. Mai in Belgien. Allen Befürchtungen zum Trotz fiel kein Tropfen, und nachdem das Thermometer auf über zehn Grad

Die Startampel ist auf Grün gesprungen

Das Feld in der Senke von »Eau Rouge«

STARTAUFSTELLUNG

	5 Nigel Mansell 1.52,026
6 Nelson Piquet 1.53,416	
	12 Ayrton Senna 1.53,426
28 Gerhard Berger 1.53,451	
	27 Michele Alboreto 1.53,511
1 Alain Prost 1.54,186	
	20 Thierry Boutsen 1.54,300
7 Riccardo Patrese 1.55,064	
	19 Teo Fabi 1.55,339
2 Stefan Johansson 1.55,781	
	18 Eddie Cheever 1.55,899
17 Derek Warwick 1.56,359	
	8 Andrea de Cesaris 1.57,101
24 Alessandro Nannini 1.58,132	
	11 Satoru Nakajima 1.58,649
25 René Arnoux 1.59,117	
	26 Piercarlo Ghinzani 1.59,291
9 Martin Brundle 2.00,433	
	23 Adrian Campos* 2.00,763
10 Christian Danner 2.01,072	
	16 Ivan Capelli 2.02,036
30 Philippe Alliot 2.02,347	
	4 Philippe Streiff 2.03,098
3 Jonathan Palmer* 2.04,677	
	14 Pascal Fabre 2.07,361
21 Alex Caffi 2.12,086	

* Nach Abbruch nicht wieder gestartet

gestiegen war, erschien der Renntag fast wie ein Vorbote der Hundstage.
Ein schwerer Unfall zu Beginn der zweiten Runde ließ die Rennleitung schnell und richtig reagieren: Das Rennen wurde abgebrochen. Der Franzose Philippe Streiff hatte seinen Tyrrell im Streckenabschnitt Raidillon ohne erkennbaren Grund aus der Kontrolle verloren und an den Leitplanken buchstäblich zerlegt. Ausgerechnet sein Teamkollege Jonathan Palmer war im Dunkel des aufgewirbelten Staubes über Wrackteile gefahren und ebenfalls vom rechten Weg abgekommen. Glücklicherweise kam keiner der Akteure zu Schaden.
Begünstigt wurden von der Beinah-Katastrophe Gerhard Berger, Thierry Boutsen und Ivan Capelli. Berger und Boutsen waren Ende der ersten Runde ausgefallen, weil sich der Tiroler ausgangs der Bus-Stop-Schikane gedreht hatte und der Belgier dabei den roten Kreisel streifte. Zum Neustart nach 45 Minuten – über die volle Distanz – durften beide Fahrer auf ihre Reservewagen umsteigen. March nutzte die Pause zwischen Abbruch und Neustart, um einen Elek-

ERGEBNISSE UND AUSFÄLLE

1.	Alain Prost	McLaren-Porsche MP4/3-3	1:27.03,217 = 205,680 km/h
2.	Stefan Johansson	McLaren-Porsche MP4/3-2	24,764 Sekunden zurück
3.	Andrea de Cesaris*	Brabham-BMW BT56 2	1 Runde zurück
4.	Eddie Cheever	Arrows-Megatron A10-02	1 Runde zurück
5.	Satoru Nakajima	Lotus-Honda 99T/1	1 Runde zurück
6.	René Arnoux	Ligier-Megatron JS29B/05	2 Runden zurück
7.	Piercarlo Ghinzani*	Ligier-Megatron JS29B/03	3 Runden zurück
8.	Philippe Alliot	Lola-Cosworth LC-87 02	3 Runden zurück
9.	Philippe Streiff	Tyrrell-Cosworth 016-03	4 Runden zurück
10.	Pascal Fabre*	AGS-Cosworth JH22 033	5 Runden zurück
11.	Teo Fabi	Benetton-Ford B187-04	35. Runde, Motor
12.	Martin Brundle	Zakspeed 871-01	20. Runde, Motor
13.	Thierry Boutsen	Benetton-Ford B187-05	19. Rd., Gelenk einer Antriebswelle
14.	Nigel Mansell	Williams-Honda FW11B-03	18. Runde, Elektronik
15.	Ivan Capelli	March-Cosworth 871-01	15. Runde, Öldruck
16.	Nelson Piquet	Williams-Honda FW11B-04	12. Runde, Elektronik
17.	Alex Caffi	Osella-Alfa Romeo FA1I-01	12. Runde, Turbo
18.	Michele Alboreto	Ferrari F1-87 096	10. Rd., Gelenk einer Antriebswelle
19.	Christian Danner	Zakspeed 871-02	10. Rd., Unfall nach Bremsdefekt
20.	Derek Warwick	Arrows-Megatron A10-01	9. Runde, Wasserschlauch gerissen
21.	Riccardo Patrese	Brabham-BMW BT56 3	6. Runde, Kupplung
22.	Gerhard Berger	Ferrari F1-87 095	3. Runde, Turbo
23.	Alessandro Nannini	Minardi-Motori Moderni M186 03	2. Runde, Turbo
24.	Ayrton Senna	Lotus-Honda 99T/4	1. Runde, Unfall

* Nicht im Ziel, aber aufgrund der zurückgelegten Distanz gewertet

Schnellste Runde:

(26. Runde) – Alain Prost, McLaren-Porsche MP4/3, 1.57,153 = 213,260 km/h
Neuer Rundenrekord

RUNDENTABELLE

#	Fahrer	Wagen	1	2	3	4	5	6	7	8	9	10	11	12	13	14	15	16	17	18	19	20	21	22	23	24	25	26	27
5	Nigel Mansell	Williams-Honda FW11B	6	6	6	6	6	6	6	6	1	1	1	1	1	1	1	1	1	1	1	1	1	1	1	1	1	1	1
6	Nelson Piquet	Williams-Honda FW11B	27	27	27	27	27	27	27	27	(27)	19	19	19	19	19	19	19	2	2	2	19	2	2	2	2	2	2	2
12	Ayrton Senna	Lotus-Honda 99T	1	1	1	1	1	1	1	1	2	2	2	2	2	2	2	19	19	19	19	2	19	19	19	19	19	19	19
28	Gerhard Berger	Ferrari F1-87	20	20	20	20	20	19	19	19	19	20	20	20	20	20	20	8	8	8	8	8	8	8	8	8	8	8	8
27	Michele Alboreto	Ferrari F1-87	28	19	19	19	19	20	2	2	8	8	8	8	8	8	20	18	18	18	18	18	18	18	18	18	18	18	18
1	Alain Prost	McLaren-Porsche MP4/3	19	7	2	2	2	2	20	20	18	18	18	18	18	18	18	25	25	11	26	26	26	11	11	11	11	11	11
20	Thierry Boutsen	Benetton-Ford B187	7	2	7	18	18	8	8	8	8	25	25	25	25	25	25	11	11	25	11	11	11	26	26	26	26	26	25
7	Riccardo Patrese	Brabham-BMW BT56	2	18	18	8	8	18	18	18	9	9	9	9	9	9	9	9	9	26	25	25	25	25	25	25	25	25	26
19	Teo Fabi	Benetton-Ford B187	18	17	17	17	17	17	17	25	11	11	11	11	11	11	11	11	11	11	30	30	30	30	30	30	30	30	
2	Stefan Johansson	McLaren-Porsche MP4/3	17	8	8	25	25	25	9	9	26	26	26	26	26	26	26	30	30	30	30	(9)	4	4	4	4	4	14	14
18	Eddie Cheever	Arrows-Megatron A10	8	(28)	25	7	9	9	9	11	11	16	16	16	16	(16)	30	30	30	(20)	4	4	14	14	14	14	14	4	4
17	Derek Warwick	Arrows-Megatron A10	(24)	25	9	9	11	11	11	26	26	30	30	30	30	30	5	5	(5)	4	14								
8	Andrea de Cesaris	Brabham-BMW BT56	11	9	11	11	26	26	26	10	(10)	6	5	5	5	5	4	4	4	14									
24	Alessandro Nannini	Minardi-Motori Moderni M186	25	11	26	26	10	10	10	16	16	5	4	4	4	14	14	14											
11	Satoru Nakajima	Lotus-Honda 99T	9	26	10	10	16	21	21	30	30	4	14	14	14	14													
25	René Arnoux	Ligier-Megatron JS29B	26	10	16	16	21	16	16	5	5	14	(6)																
26	Piercarlo Ghinzani	Ligier-Megatron JS29B	10	16	30	30	30	30	30	21	4	21	(21)																
9	Martin Brundle	Zakspeed 871	16	30	21	21	(7)	5	5	4	14																		
10	Christian Danner	Zakspeed 871	30	21	14	14	14	4	4	14	21																		
16	Ivan Capelli	March-Cosworth 871	21	14	4	4	4	14	14	(17)																			
30	Philippe Alliot	Lola-Cosworth LC-87	14	4	5	5	5																						
4	Philippe Streiff	Tyrrell-Cosworth 016	4	5																									
14	Pascal Fabre	AGS-Cosworth JH22	5																										
21	Alex Caffi	Osella-Alfa Romeo FA1I																											

trikschaden am Formel 1-Auto des Teams zu beheben. Der von Ivan Capelli beim ersten Start eingesetzte modifizierte March-Formel 3000 – der mit seinem kleinen 120-Liter-Tank dem Italiener keine Chance gegeben hätte – konnte so wieder in die Boxen gerollt werden. Jonathan Palmer, weil der Ersatz-Tyrrell Philippe Streiff anvertraut wurde, und – wegen eines Getriebeschadens – Adrian Campos, traten zum Neustart nicht mehr an.

Als die Startampel zum zweiten Mal innerhalb einer Stunde auf Grün sprang, schnellte Ayrton Senna an Nelson Piquet und Nigel Mansell vorbei in Front. Wer glaubte, das einst für Startrunden-Crashs bekannte Duo Senna-Mansell sei nervlich gereift, irrte. »Waffenstillstand« herrschte nur für wenige Kilometer, dann griff Mansell seinen brasilianischen Vordermann an. Die Attacke erfolgte ausgerechnet vor der S-Kurve oberhalb des Rechtshänders Stavelot – nach Auskunft aller Piloten eine ausgesprochen ungeeignete Stelle, um die Plätze zu tauschen. Beide Autos berührten sich, als Mansell in die Kurve stach

Die Idylle der frühen Jahre des Rennsports blieb erhalten

und dem innen liegenden Lotus-Fahrer kein Platz zum Ausweichen blieb, und kreiselten in fast synchroner Eintracht von der Bahn. Während der gelbe Renner im Sand der Auslaufzone stecken-blieb, tauchte Mansells Williams mit fast 70 Sekunden Verspätung wieder bei Start-und-Ziel auf.

Über die Schuldfrage gingen die Meinungen weit auseinander. Während der Brasilianer glaubhaft beteuerte, daß er sich nicht hätte »in Luft auflösen können«, fühlte sich Mansell im Recht, da die Schnauze seines Wagens unmittelbar vor dem Einlenken vorn gelegen habe. Später fiel der Brite in der Lotus-Box mit Faustschlägen über Senna her, um seinen Standpunkt zu untermauern. Der Angegriffene nahm volle Deckung, und dann trennten beherzte Mechaniker die Hitzköpfe.

Auf der Piste tobte unterdessen die 18. Runde. Weltmeister Alain Prost, durch Ausfälle Nelson Piquets und Michele Alboretos kampflos an die Spitze gelangt, hatte das Heft fest in der Hand. Platz Zwei hielt Stefan Johansson und unterstrich damit die Überlegenheit der McLaren. Noch konnte zwar Teo Fabi halbwegs mithalten, doch ein abgerissener Auspuff am Fordmotor des Benetton ließ den Italiener immer weiter zurückfallen.

Obwohl klar in Führung, gab Alain Prost weiter munter Gas und stellte im 26. Umlauf einen neuen Rundenrekord auf. Später, auf die unverminderte Gangart angesprochen, begründete der Franzose sein scheinbar grundlos hohes Tempo: »Also erstens weiß man ja nie, was in einem Rennen alles passieren kann – gerät man in Not, ist das schönste Polster schnell abgetragen. Zweitens hatte ich Angst, meine Konzentration zu verlieren. Je langsamer man fährt, um so größer ist die Gefahr, einen Flüchtigkeitsfehler zu machen.« Die scheinbar lockere Siegesfahrt sah Prost vor Problemen, die er nach dem Rennen verriet: »Ich machte mir wegen des Spritverbrauchs Sorgen, da meine Benzinanzeige nach ungefähr 15 Runden den Geist aufgab. Zum Glück haben wir bei McLaren seit Rio auch Sprechfunk an Bord, und das brachte mich in der Not auf die Idee, Auskunft bei Stefan Johansson einzuholen. Ich fragte also bei meiner Box nach, ob sie sich bei Stefan erkundigen können, wie's mit dem Sprit bei ihm aussieht. Leider konnte ich die Antwort nicht richtig verstehen, aber der Tonfall der Auskunft war auffallend ruhig. Mir wurde sofort klar, daß kein Grund zur Panik bestand.«

Mit seinem Sieg stellte Alain Prost Jakkie Stewarts Rekord von 27 Grand Prix-Erfolgen aus dem Jahr 1973 ein, was dem Franzosen Erleichterung verschaffte. »Seit meinem Sieg in Rio«, gestand der McLaren-Fahrer, »fühlte ich mich unter Druck gesetzt, weil jeder von mir die Rekordeinstellung erwartete.«

Eine sensationelle Leistung Philippe Alliots ging im Trubel nach dem Rennen fast unter. Der Sauger-Fahrer kämpfte bereits um Platz sechs (!), als sein Schalthebel brach. Mit diesem Handicap – nur der vierte Gang stand ihm noch zur Verfügung – drehte er sich zweimal und fiel wieder zurück. Trotzdem hätte er fast doch noch Renngeschichte geschrieben, denn bei einer der Pirouetten verpaßte er Spitzenreiter Alain Prost nur knapp…

30	31	32	33	34	35	36	37	38	39	40	41	42	43
1	1	1	1	1	1	1	1	1	1	1	1	1	1
2	2	2	2	2	2	2	2	2	2	2	2	2	2
8	8	8	8	8	8	8	8	8	8	8	8	8	8
19	19	19	19	⑲	18	18	18	18	18	18	18	18	18
18	18	18	18	18	11	11	11	11	11	11	11	11	11
11	11	11	11	11	25	25	25	25	25	25	25		
25	25	25	25	25	30	30	26	26	26	26			
26	26	26	26	30	26	26	30	30	30	30			
30	30	30	30	26	14	14	14	14	4				
14	14	14	14	14	4	4	4	4					
4	4	4	4	4									

WERTUNGSPUNKTE

Fahrer: Prost 18, Johansson 13, Mansell 10, Senna 6, Piquet 6, Alboreto 4, de Cesaris 4, Berger 3, Cheever 3, Nakajima 3, Boutsen 2, Brundle 2, Arnoux 1

Konstrukteure: McLaren 31, Williams 16, Lotus 9, Ferrari 7, Brabham 4, Arrows 3, Zakspeed 2, Benetton 2, Ligier 1

Großer Preis von Monaco

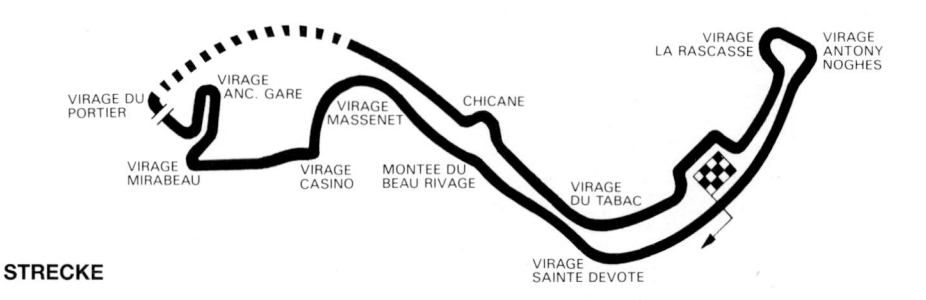

STRECKE

Ort und Datum	Monte Carlo, 31. Mai
Wetter	leicht bewölkt, sehr warm
Streckenlänge	3,328 km
Runden	78
Renndistanz	259,584 km
Bestehender Rundenrekord	1.26,607 = 138,335 km/h
	Alain Prost, McLaren-Porsche MP 4/2 C; GP 1986
GP-Sieger 1986	Alain Prost, McLaren-Porsche MP 4/2 C
	1:55.41,060 = 134,634 km/h

TRAININGSZEITEN

			28. Mai	30. Mai
1.	Nigel Mansell	Williams-Honda FW 11 B	1.24,514	1.23,039 ◄
2.	Ayrton Senna	Lotus-Honda 99 T	1.25,255	1.23,711 ◄
3.	Nelson Piquet	Williams-Honda FW 11 B	1.25,917	1.24,755 ◄
4.	Alain Prost	McLaren-Porsche MP 4/3	1.25,574	1.25,083 ◄
5.	Michele Alboreto	Ferrari F1-87	1.27,017	1.26,102 ◄
6.	Eddie Cheever	Arrows-Megatron A 10	1.27,716	1.26,175 ◄
7.	Stefan Johansson	McLaren-Porsche MP 4/3	1.27,701	1.26,317 ◄
8.	Gerhard Berger	Ferrari F1-87	1.29,281	1.26,323 ◄
9.	Thierry Boutsen	Benetton-Ford B 187	1.27,082	1.26,630 ◄
10.	Riccardo Patrese	Brabham-BMW BT 56	1.26,957	1.26,763 ◄
11.	Derek Warwick	Arrows-Megatron A 10	1.27,685	1.27,294 ◄
12.	Teo Fabi	Benetton-Ford B 187	1.29,264	1.27,622 ◄
13.	Alessandro Nannini	Minardi-Motori Moderni M 186	1.28,517	1.27,731 ◄
14.	Martin Brundle	Zakspeed 871	1.29,801	1.27,894 ◄
15.	Jonathan Palmer	Tyrrell-Cosworth 016	1.30,307	1.28,088 ◄
16.	Alex Caffi	Osella-Alfa Romeo FA1 I	1.36,267	1.28,233 ◄
17.	Satoru Nakajima	Lotus-Honda 99 T	1.30,606	1.28,890 ◄
18.	Philippe Alliot	Lola-Cosworth LC-87	1.29,114 ◄	1.29,459
19.	Ivan Capelli	March-Cosworth 871	1.31,589	1.29,147 ◄
20.	Piercarlo Ghinzani	Ligier-Megatron JS 29 B	1.31,098	1.29,258 ◄
21.	Andrea de Cesaris	Brabham-BMW BT 56	1.32,643	1.29,827 ◄
22.	René Arnoux	Ligier-Megatron JS 29 B	1.31,270	1.30,000 ◄
23.	Philippe Streiff	Tyrrell-Cosworth 016	1.30,765	1.30,143 ◄
24.	Pascal Fabre	AGS-Cosworth JH 22	1.35,179	1.31,667 ◄

Seit 1973 von der klassischen Streckenführung des Zwergstaat-Grand Prix Abschied genommen wurde, sind beinahe jährlich durchgeführte Modifikationen der Piste zur Regel geworden. Diesmal betrafen die Änderungen die Rechtskurve vor Start-und-Ziel, die sich noch enger als zuvor präsentierte, sowie die Casino-Steigung, die in Teilbereichen verbreitert wurde, ohne damit allerdings ihren ursprünglichen Charakter deutlich zu verändern.

Wichtiger als die Retuschen an der Piste war aber die Entscheidung, erstmals 26 Piloten zum Start zuzulassen. Ein für Monaco geradezu inflationär anmutendes Teilnehmer-Feld, denkt man daran zurück, daß bis 1970 bereits der 17. (!) des Trainings zum Sicherheits-Risiko erklärt wurde und nicht starten durfte. Obwohl dann 1972, 1973 und 1974 25 Fahrer zum Rennen zugelassen wurden, ließ das neue Limit nun die Sicherheitsapostel Massenkarambolagen katastrophaler Dimensionen prophezeien, noch bevor die Transporter der 15 Teams die bunten Rennwagen am Industrie-Kai des monegassischen Hafens angeliefert hatten.

Die Unkenrufe verunsicherten die Verantwortlichen, und noch vor Trainingsbeginn war es ein offenes Geheimnis, daß die Funktionäre jede sich bietende Gelegenheit zu Disqualifikationen nutzen würden, um auf diesem Weg das Rekordfeld zu stutzen.

Das erwartete Exempel wurde dann an Christian Danner statuiert. Der deutsche Zakspeed-Fahrer hatte zu Beginn des ersten Zeittrainings eine Kollision mit Michele Alboretos Ferrari, als er langsam fahrend die Casino-Steigung nahm und den Weg des Italieners kreuzte, der sich am Grenzbereich bewegte. Während der seinem Ferrari-Wrack unverletzt entstiegene Alboreto an den Mass-Villeneuve-Unfall vom 8. Mai 1982 erinnerte und Christian Danner die Schuld zusprach, fühlte sich der Münchner zu unrecht angegriffen: »Wohin hätte ich denn ausweichen sollen? Ich kann mich

schließlich nicht in Nichts auflösen...«
Die Funktionäre jedoch teilten die Auffassung des Ferrari-Fahrers und disqualifizierten den einzigen deutschen Teilnehmer. Alboreto sprach anschließend von einer »politischen Entscheidung«, die er mit seiner Aussage nicht hatte auslösen wollen und entschuldigte sich bei Danner.

Auch 25 potentielle Starter erschienen den Verantwortlichen offenbar noch nicht geheuer: Als Adrian Campos seinen Minardi im freien Samstagstraining am Casino in die Leitplanken setzte und Minuten später in den Boxen einen Schwächeanfall erlitt, wurde der Spanier in ein Krankenhaus abgeschoben. Bereits vor einer gründlichen Untersuchung wurde festgelegt, daß Campos bis montags nach dem Rennen in ärztlicher Obhut bleiben müsse... Hinter vorgehaltener Hand verriet einer der Rennärzte: »Campos ist völlig o.k., sein Kreislauf brach nur deshalb zusammen, weil er morgens nicht gefrühstückt hatte.«

Als Trainingsschnellster blieb Nigel Mansell um vier Zehntelsekunden über Alain Prosts Pole-Position-Zeit aus dem Vorjahr – ein qualitativer Rückschritt, der auf den extrem eng gewordenen Ausgang der Antony Noghes-Kurve zurückzuführen ist. Andrea de Cesaris, der als Dritter in Spa noch Champagner versprühen durfte, René Arnoux, Philippe Streiff und Pascal Fabre mag nach dem Training ein kalter Schauer den Rücken hinunter gelaufen sein: Bei der in den vergangenen Jahren üblichen Begrenzung des Startfeldes auf 20 Fahrer wären diese vier Piloten an der Qualifikationshürde gescheitert! Gelassene Zufriedenheit hingegen bei Jonathan Palmer, Philippe Alliot und Ivan Capelli, die ihre schmalbrüstigen Sauger in die Top-Twenty fahren konnten!

Spekulationen über den Verlauf des Duells Nigel Mansell contra Ayrton Senna beherrschten die Stunden vor dem Start. Das kampflustige Duo, dessen Auseinandersetzung auf und neben der Piste von Spa noch in guter Erinnerung

Der Amerikaner Eddie Cheever auf dem Rückweg an die Boxen

war, teilte die erste Startreihe. Doch allen Befürchtungen zum Trotz passierten Mansell und Senna das gefährliche Nadelöhr in Höhe der kleinen Kapelle Ste. Devote ohne »Feindkontakt«. Der fast schon klassische Startrunden-Rempler in der engen Schikane ereignete sich erst, als Spitzenreiter Mansell in der Casino-Steigung bereits den fünften Gang einlegte. Ivan Capelli, Satoru Nakajima und Philippe Alliot überforderten das Fassungsvermögen der schmalen Fahrrinne erheblich, als sie die tückische Klippe zu dritt nebeneinander zu meistern versuchten. Während Capelli auf der Innenseite der Kurve unbehelligt entkam, landeten der Japaner und sein französischer Konkurrent vorübergehend in der Auslaufzone.

Piercarlo Ghinzani, der alle Register ziehen mußte, um seinen übergewichtigen Ligier an dem Dreierpack vorbeizulenken, kam bei diesem Manöver seinem Teamgefährten René Arnoux in die Quere. Der Franzose bezahlte den Zwischenfall mit einem Plattfuß hinten links,

STARTAUFSTELLUNG

12 Ayrton Senna 1.23,711	5 Nigel Mansell 1.23,039
1 Alain Prost 1.25,083	6 Nelson Piquet 1.24,755
18 Eddie Cheever 1.26,175	27 Michele Alboreto 1.26,102
28 Gerhard Berger 1.26,323	2 Stefan Johansson 1.26,317
7 Riccardo Patrese 1.26,763	20 Thierry Boutsen 1.26,630
19 Teo Fabi 1.27,622	17 Derek Warwick 1.27,294
9 Martin Brundle 1.27,894	24 Alessandro Nannini 1.27,731
21 Alex Caffi 1.28,233	3 Jonathan Palmer 1.28,088
30 Philippe Alliot 1.29,114	11 Satoru Nakajima 1.28,890
26 Piercarlo Ghinzani 1.29,258	16 Ivan Capelli 1.29,147
25 René Arnoux 1.30,000	8 Andrea de Cesaris 1.29,827
14 Pascal Fabre 1.31,667	4 Philippe Streiff 1.30,143

Nach Trainingsunfall nicht am Start:
Adrian Campos, Minardi-Motori Moderni M 186, 1.30,805 Min.

der Italiener mit einem Frontspoiler-Schaden – beide konnten ihre Fahrt jedoch nach kurzen Reparaturstopps fortsetzen.

Die große Schwäche des atmosphärisch so eindrucksvollen Kurses wurde auch bei der 45. Auflage des traditionsreichen Rennens wieder schnell deutlich: Die in der Startrunde gefundene Reihenfolge änderte sich in der knapp zweistündigen Schlacht nicht aufgrund von Überholvorgängen, sondern fast ausschließlich durch Ausfälle oder technische Probleme. Überholen kann man in Monaco unverändert nur, wenn der Vordermann mitspielt und dazu war im Kampf um Weltmeisterschafts-Punkte,

ERGEBNISSE UND AUSFÄLLE

1.	Ayrton Senna	Lotus-Honda 99T/4	1:57.54,085 = 132,102 km/h
2.	Nelson Piquet	Williams-Honda FW 11 B-04	33,212 Sekunden zurück
3.	Michele Alboreto	Ferrari F1-87 098	1.12,839 Minuten zurück
4.	Gerhard Berger	Ferrari F1-87 095	1 Runde zurück
5.	Jonathan Palmer	Tyrrell-Cosworth 016-02	2 Runden zurück
6.	Ivan Capelli	March-Cosworth 871-02	2 Runden zurück
7.	Martin Brundle	Zakspeed 871-01	2 Runden zurück
8.	Teo Fabi	Benetton-Ford B 187-04	2 Runden zurück
9.	Alain Prost*	McLaren-Porsche MP 4/3-3	3 Runden zurück
10.	Satoru Nakajima	Lotus-Honda 99T/1	3 Runden zurück
11.	René Arnoux	Ligier-Megatron JS 29 B 05	4 Runden zurück
12.	Piercarlo Ghinzani	Ligier-Megatron JS 29 B 03	4 Runden zurück
13.	Pascal Fabre	AGS-Cosworth JH22 032	7 Runden zurück
14.	Eddie Cheever	Arrows-Megatron A 10-02	60. Runde, Motor
15.	Derek Warwick	Arrows-Megatron A 10-01	59. Runde, Schaltgestänge
16.	Stefan Johansson	McLaren-Porsche MP 4/3-2	58. Runde, Motor
17.	Philippe Alliot	Lola-Cosworth LC-87 02	43. Runde, Motor
18.	Riccardo Patrese	Brabham-BMW BT56 3	42. Runde, Elektronik
19.	Alex Caffi	Osella-Alfa Romeo FA 11 01	40. Runde, Motor
20.	Andrea de Cesaris	Brabham-BMW BT56 1	39. Runde, Radaufhängung vorn links
21.	Nigel Mansell	Williams-Honda FW 11 B-03	30. Runde, Turbo
22.	Alessandro Nannini	Minardi-Motori Moderni M 186 03	22. Runde, Elektrik
23.	Philippe Streiff	Tyrrell-Cosworth 016-04	10. Runde, Unfall
24.	Thierry Boutsen	Benetton-Ford B 187-06	6. Runde, Antriebswelle

* Nicht im Ziel, aber aufgrund der zurückgelegten Distanz gewertet

Schnellste Runde:
(72. Runde) – Ayrton Senna, Lotus-Honda 99T, 1.27,685 = 136,635 km/h

Geld und Ruhm verständlicherweise wieder einmal niemand bereit.

Vorn enteilte Nigel Mansell seinem Verfolger Ayrton Senna unaufhaltsam. Immer kleiner wurde der gelbe Lotus in den Rückspiegeln des Briten, und nach zehn Runden betrug der Abstand bereits glatte acht Sekunden. Weitere fünf Sekunden hatte Nelson Piquet verloren. Damit belegten drei Honda-Fahrer die ersten Ränge! Erst knappe vier Sekunden hinter Ex-Weltmeister Piquet folgte mit Michele Alboreto der erste Pilot, dessen Gasfuß europäische PS dirigierte. Der Italiener hatte alle Hände voll zu tun, sich einer drängenden Meute angriffslustiger Verfolger zu erwehren. Alain Prost, Eddie Cheever, Gerhard Berger, Derek Warwick und Riccardo Patrese jagten die Startnummer 27 als dicht gedrängte Kolonne. Der Sechserpulk war ein typisch monegassischer Fahrzeug-Knäuel, der auf die verständliche Sturheit Michele Alboretos zurückzuführen war, die Ideallinie für sich selbst zu beanspruchen.

20 Runden später war Nigel Mansells Galavorstellung beendet. Kraftlos rollte

RUNDENTABELLE

			1	2	3	4	5	6	7	8	9	10	11	12	13	14	15	16	17	18	19	20	21	22	23	24	25	26	27	28
5	Nigel Mansell	Williams-Honda FW 11 B	5	5	5	5	5	5	5	5	5	5	5	5	5	5	5	5	5	5	5	5	5	5	5	5	5	5	5	5
12	Ayrton Senna	Lotus-Honda 99T	12	12	12	12	12	12	12	12	12	12	12	12	12	12	12	12	12	12	12	12	12	12	12	12	12	12	12	12
6	Nelson Piquet	Williams-Honda FW 11 B	6	6	6	6	6	6	6	6	6	6	6	6	6	6	6	6	6	6	6	6	6	6	6	6	6	6	6	6
1	Alain Prost	McLaren-Porsche MP 4/3	27	27	27	27	27	27	27	27	27	27	27	27	27	27	27	27	27	27	27	27	27	27	27	27	27	27	27	27
27	Michele Alboreto	Ferrari F1-87	1	1	1	1	1	1	1	1	1	1	1	1	1	1	1	1	1	1	1	1	1	1	1	1	1	1	1	1
18	Eddie Cheever	Arrows-Megatron A 10	18	18	18	18	18	18	18	18	18	18	18	18	18	18	18	18	18	18	18	18	18	18	18	18	18	18	18	18
2	Stefan Johansson	McLaren-Porsche MP 4/3	28	28	28	28	28	28	28	28	28	28	28	28	28	28	28	28	28	28	28	28	28	28	28	28	28	28	28	28
28	Gerhard Berger	Ferrari F1-87	20	20	20	20	⑳	17	17	17	17	17	17	17	17	17	17	17	17	17	17	17	17	17	17	17	17	17	17	17
20	Thierry Boutsen	Benetton-Ford B 187	17	17	17	17	7	7	7	7	7	7	7	7	7	7	7	7	7	7	7	7	7	7	7	7	7	7	7	7
7	Riccardo Patrese	Brabham-BMW BT56	7	7	7	7	19	19	19	19	19	19	19	19	19	19	19	19	19	19	19	19	19	19	19	19	19	19	19	19
17	Derek Warwick	Arrows-Megatron A 10	19	19	19	19	19	21	21	21	21	21	21	21	21	21	21	21	21	21	21	21	21	21	21	21	21	21	21	21
19	Teo Fabi	Benetton-Ford B 187	21	21	21	21	2	2	2	24	24	24	24	24	24	24	24	24	24	24	24	㉔	3	3	3	3	3	3	3	3
24	Alessandro Nannini	Minardi-Motori Moderni M 186	2	2	2	2	24	24	24	3	3	3	3	3	3	3	3	3	2	3	3	3	16	16	16	16	16	16	16	16
9	Martin Brundle	Zakspeed 871	24	24	24	24	3	3	3	16	16	16	16	2	2	2	3	16	16	16	16	9	9	9	9	9	9	9	9	9
3	Jonathan Palmer	Tyrrell-Cosworth 016	3	3	3	3	3	16	16	16	2	2	2	2	16	16	16	9	9	9	9	8	8	8	8	8	8	2	2	2
21	Alex Caffi	Osella-Alfa Romeo FA 11	16	16	16	16	16	9	9	9	9	9	9	9	9	9	9	8	8	8	8	2	2	2	2	2	2	8	8	8
11	Satoru Nakajima	Lotus-Honda 99T	9	9	9	9	9	8	8	8	8	8	8	8	8	8	8	2	2	2	2	11	11	11	11	11	11	11	11	11
30	Philippe Alliot	Lola-Cosworth LC-87	8	8	8	8	8	4	4	4	④	30	30	30	30	11	11	11	11	11	11	11	25	25	25	25	25	25	25	25
16	Ivan Capelli	March-Cosworth 871	4	4	4	4	4	30	30	30	30	14	11	11	11	14	14	14	14	14	26	26	26	26	26	26	26	30	30	30
26	Piercarlo Ghinzani	Ligier-Megatron JS 29 B	14	14	14	30	30	14	14	14	14	11	14	14	14	26	26	26	26	26	14	26	30	30	30	30	30	26	26	26
8	Andrea de Cesaris	Brabham-BMW BT56	30	30	30	14	14	11	11	11	11	26	26	26	26	25	25	25	25	25	25	14	14	14	14	14	14	14	14	14
25	René Arnoux	Ligier-Megatron JS 29 B	11	11	11	11	11	26	26	26	26	25	25	25	25	30	30	30	30	30	30	30	30	30	30	30	30	14		
4	Philippe Streiff	Tyrrell-Cosworth 016	26	26	26	26	26	25	25	25	25																			
14	Pascal Fabre	AGS-Cosworth JH22	25	25	25	25	25																							

Das blieb von Michele Alboretos Ferrari nach der Trainings-Karambolage mit Christian Danner

der Williams des Briten an die Boxen, wo ihn die japanischen Motorenspezialisten nach kurzem Blick auf den Sechszylinder mit hilflosen Gesten aus dem Cockpit baten. Ein Leck im Drucksystem des Turboladers war nicht mehr abzudichten. »Der Defekt«, so der enttäuschte Pilot, »hatte sich angekündigt. Ich drehte die Gänge nicht mehr so hoch, nahm den boost zurück und veränderte das Gemisch – alles vergeblich.«

Damit hatte Ayrton Senna freie Bahn, der den neuen Lotus mit computergesteuerter, hydraulischer Radaufhängung erstmals zum Sieg fuhr. Als Geheimnis seines Erfolges nannte Senna eine Maßnahme seiner Techniker: »In der Nacht vor dem Rennen wurde der Computer neu programmiert, und damit lagen wir genau richtig. Eigentlich war es nicht mehr als ein Schuß ins Blaue...«

Auch Platz Zwei ging an einen Brasilianer – Nelson Piquet, der seinen Landsmann kampflos hatte ziehen lassen müssen, weil er – als Folge seines Unfalls in Imola – körperlich noch nicht voll einsatzfähig war. Während Alain Prost mit dem Schicksal haderte, weil ihn wenige Runden vor Schluß ein Motorschaden stoppte, und Gerhard Berger über den »depperten Arnoux« schimpfte, der ihn während des Überrundens in die Leitplanken geschickt hatte, jubelten Jonathan Palmer und Ivan Capelli, die mit ihren oft belächelten Saugern WM-Punkte kassierten.

31	32	33	34	35	36	37	38	39	40	41	42	43	44	45	46	47	48	49	50	51	52	53	54	55	56	57	58	59	60	61	62	63	64	65	66	67	68	69	70	71	72	73	74	75	76	77	78
12	12	12	12	12	12	12	12	12	12	12	12	12	12	12	12	12	12	12	12	12	12	12	12	12	12	12	12	12	12	12	12	12	12	12	12	12	12	12	12	12	12	12	12	12	12	12	12
6	6	6	6	6	6	6	6	6	6	6	6	6	6	6	6	6	6	6	6	6	6	6	6	6	6	6	6	6	6	6	6	6	6	6	6	6	6	6	6	6	6	6	6	6	6	6	6
27	27	27	1	18	18	18	18	18	18	18	18	18	18	18	18	18	18	18	18	1	1	1	1	1	1	1	1	1	1	1	1	1	1	1	1	1	1	1	1	1	1	1	1	1	27	27	27
1	1	1	18	1	1	1	1	1	1	1	1	1	1	1	1	1	1	1	1	27	27	27	27	27	27	27	27	27	27	27	27	27	27	27	27	27	27	27	27	27	27	27	27	27	28	28
18	18	18	17	17	17	17	17	17	17	17	27	27	27	27	27	27	27	27	27	18	18	18	18	18	18	18	18	⑱	28	28	28	28	28	28	28	28	28	28	28	28	28	28	28	3
17	17	17	28	28	28	28	27	27	27	17	17	17	17	17	28	28	28	28	28	28	28	28	28	28	28	28	28	28	3	3	3	3	3	3	3	3	3	3	3	3	3	3	3	16
28	28	28	27	27	27	27	28	28	28	28	28	28	28	28	17	17	17	17	17	17	17	17	17	17	17	17	17	⑰	3	16	16	16	16	16	16	16	16	16	16	16	16	16	16	9
7	7	19	19	19	19	19	19	19	19	3	3	3	3	3	3	3	3	3	3	3	3	3	3	3	3	3	3	3	16	9	9	9	9	9	9	9	9	9	9	9	9	9	9	19
19	19	3	3	3	3	3	3	3	3	16	16	16	16	16	16	16	16	16	16	16	16	16	16	16	16	16	16	16	9	19	19	19	19	19	19	19	19	19	19	19	19	19	19	19
21	21	16	16	16	16	16	16	16	9	9	9	9	9	9	9	9	2	2	2	2	9	9	9	9	9	9	9	9	19	11	11	11	11	11	11	11	11	11	11	11	11	11	11	11
3	3	9	9	9	9	9	9	2	2	2	2	2	2	2	2	2	9	9	9	9	2	2	2	2	2	2	2	②	9	11	25	25	25	25	25	25	25	25	25	25	25	25	25	25
16	16	2	2	2	2	2	2	19	19	19	19	19	19	19	19	19	19	19	19	19	19	19	19	19	19	19	19	19	11	25	26	26	26	26	26	26	26	26	26	26	26	26	26	26
9	9	8	8	8	8	8	⑧	11	11	11	11	11	11	11	11	11	11	11	11	11	11	11	11	11	11	11	11	11	25	26	14	14	14	14	14	14	14	14	14	14	14	14	14	14
2	2	11	11	11	11	11	11	30	30	30	㉚	25	25	25	25	25	25	25	25	25	25	25	25	25	25	25	25	25	26	14
8	8	30	30	30	30	30	25	25	25	25	26	26	26	26	26	26	26	26	26	26	26	26	26	26	26	26	26	26	14
11	11	25	25	25	25	25	25	26	26	26	26	14	14	14	14	14	14	14	14	14	14	14	14	14	14	14	14	14
25	25	26	26	26	26	26	26	14	14	14	14
30	30	14	14	14	14	14	14	㉑	7	⑦
26	26	21	21	21	21	21	21	7
14	14	7	7	7	7	7	7

WERTUNGSPUNKTE

Fahrer: Prost 18, Senna 15, Johansson 13, Piquet 12, Mansell 10, Alboreto 8, Berger 6, de Cesaris 4, Nakajima 3, Cheever 3, Boutsen 2, Brundle 2, Palmer 2, Arnoux 1, Capelli 1

Konstrukteure: McLaren 31, Williams 22, Lotus 18, Ferrari 14, Brabham 4, Arrows 3, Zakspeed 2, Tyrrell 2, Benetton 2, March 1, Ligier 1

Großer Preis der USA

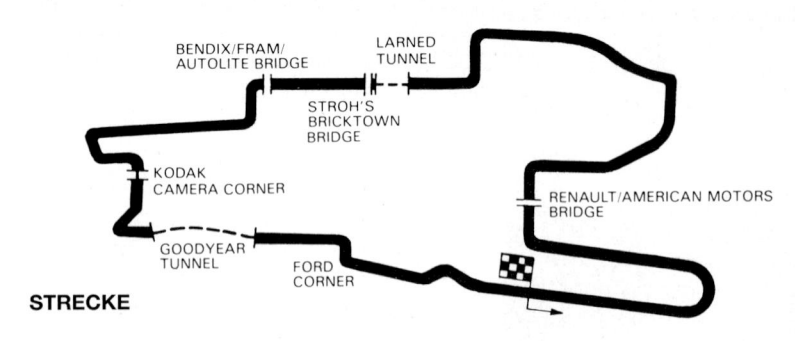

STRECKE

Ort und Datum	Detroit, 21. Juni
Wetter	sehr warm, bedeckt, vereinzelte Regentropfen ab Runde 62
Streckenlänge	4,023 km
Runden	63
Renndistanz	253,449 km
Bestehender Rundenrekord	1.41,233 = 143,077 km/h
	Nelson Piquet, Williams-Honda FW 11; GP 1986
GP-Sieger 1986	Ayrton Senna, Lotus-Renault 98T
	1:51.12,847 = 136,747 km/h

TRAININGSZEITEN

			19. Juni	20. Juni
1.	Nigel Mansell	Williams-Honda FW 11B	1.42,223	1.39,264◄
2.	Ayrton Senna	Lotus-Honda 99T	1.42,985	1.40,607◄
3.	Nelson Piquet	Williams-Honda FW 11B	1.43,152	1.40,942◄
4.	Thierry Boutsen	Benetton-Ford B 187	1.44,686	1.42,050◄
5.	Alain Prost	McLaren-Porsche MP 4/3	1.46,042	1.42,357◄
6.	Eddie Cheever	Arrows-Megatron A 10	1.45,296	1.42,361◄
7.	Michele Alboreto	Ferrari F1-87	1.45,437	1.42,684◄
8.	Teo Fabi	Benetton-Ford B 187	1.47,064	1.42,918◄
9.	Riccardo Patrese	Brabham-BMW BT56	1.46,932	1.43,479◄
10.	Derek Warwick	Arrows-Megatron A 10	1.45,234	1.43,541◄
11.	Stefan Johansson	McLaren-Porsche MP 4/3	1.46,623	1.43,797◄
12.	Gerhard Berger	Ferrari F1-87	1.45,054	1.43,816◄
13.	Jonathan Palmer	Tyrrell-Cosworth 016	1.47,010	1.44,350◄
14.	Philippe Streiff	Tyrrell-Cosworth 016	1.47,963	1.45,037◄
15.	Martin Brundle	Zakspeed 871	1.48,932	1.45,291◄
16.	Christian Danner	Zakspeed 871	1.48,867	1.45,740◄
17.	Andrea de Cesaris	Brabham-BMW BT56	1.47,670	1.46,046◄
18.	Alessandro Nannini	Minardi-Motori Moderni M 186	1.46,449	1.46,083◄
19.	Alex Caffi	Osella-Alfa Romeo FA1I	1.55,787	1.46,124◄
20.	Philippe Alliot	Lola-Cosworth LC-87	1.47,470	1.46,194◄
21.	René Arnoux	Ligier-Megatron JS29B	1.48,338	1.46,211◄
22.	Ivan Capelli	March-Cosworth 871	1.49,969	1.46,269◄
23.	Piercarlo Ghinzani	Ligier Megatron JS29B	1.48,661	1.47,471◄
24.	Satoru Nakajima	Lotus-Honda 99T	1.51,355	1.48,801◄
25.	Adrian Campos	Minardi-Motori Moderni M 186	1.50,495◄	3.26,319
26.	Pascal Fabre	AGS-Cosworth JH22	1.57,475	1.53,644◄

Der traditionelle Juni-Ausflug des Grand Prix-Zirkus auf den nordamerikanischen Halbkontinent fiel 1987 sehr kurz aus. Statt des klassischen Doppelschlages Montreal–Detroit, stand diesmal nur der WM-Lauf im US-Bundesstaat Michigan auf dem Programm. Als Folge des Streites zweier konkurrierender Sponsoren war das kanadische Rennen kurzerhand gestrichen worden.

Rechte Freude löste der USA-Trip bei den Fahrern nicht aus. Der Streckenverlauf downtown Detroit erlaubt keinen flüssigen Fahrrhythmus, und zudem machen die vielen »blinden« Kurven und der unebene Pistenbelag den Piloten die Wochenendarbeit schwer. Nicht unerwartet äußerten die Fahrer dann auch schon nach der ersten Trainingssitzung herbe Kritik. Weltmeister Alain Prost bezeichnete den Zustand der Vier-Kilometer-Strecke als »unwürdig für eines der reichsten Länder der Welt«, und Gerhard Berger schimpfte: »Heuer ist's noch schlimmer als 1986. Nur vorn auf der Zielg'raden, wo's die Leut' seh'n, da haben's neu geteert…«

Die für den Kurs typischen Rempler gegen die nahstehenden Betonmauern blieben im Verlauf der ungezeiteten Sitzungen zwar aus, ereigneten sich dafür aber freitags und samstags während des Qualifying. Philippe Alliot und Andrea de Cesaris unterschätzten die Breite ihrer Boliden in der Schikane vor Start-und-Ziel, und Martin Brundle havarierte, nachdem er sich bei »Turn 6« den Bruchteil einer Sekunde zu spät zum Wechsel des rechten Fußes vom Gas- auf das Bremspedal entschloß. Der Zakspeed des Briten touchierte eine Mauer und kam als Zweirad zum Stand – rechts endete der Wagen mit dem Bodywork und Stümpfen der Radaufhängungen. Die drohende Nachtschicht blieb den Mechanikern aus Niederzissen jedoch erspart. »Hier können wir das nicht reparieren«, stellte Teamchef Erich Zakowski nach einem Check des ramponierten Autos fest, »der untere Querlenker hat sich in das Monocoque ge-

Nach Glanz-Vorstellung nur Sechster – Eddie Cheever

STARTAUFSTELLUNG

5 Nigel Mansell 1.39,264	12 Ayrton Senna 1.40,607
6 Nelson Piquet 1.40,942	20 Thierry Boutsen 1.42,050
1 Alain Prost 1.42,357	18 Eddie Cheever 1.42,361
27 Michele Alboreto 1.42,684	19 Teo Fabi 1.42,918
7 Riccardo Patrese 1.43,479	17 Derek Warwick 1.43,541
2 Stefan Johansson 1.43,797	28 Gerhard Berger 1.43,816
3 Jonathan Palmer 1.44,350	4 Philippe Streiff 1.45,037
9 Martin Brundle 1.45,291	10 Christian Danner 1.45,740
8 Andrea de Cesaris 1.46,046	24 Alessandro Nannini 1.46,083
21 Alex Caffi 1.46,124	30 Philippe Alliot 1.46,194
25 René Arnoux 1.46,211	16 Ivan Capelli 1.46,269
26 Piercarlo Ghinzani 1.47,471	11 Satoru Nakajima 1.48,801
23 Adrian Campos 1.50,495	14 Pascal Fabre 1.53,644

drückt.« Pech für Martin Brundle, der für das Rennen in den ungeliebten Typ 861, ein Vorjahrsauto, umsteigen mußte, das damit zum letzten Mal eingesetzt werden sollte.

Wie bereits in Jacarepaguá, Spa-Francorchamps und Monte Carlo sicherte sich Nigel Mansell die Pole-Position. Verständlich, daß der Williams-Fahrer dem kleinen Außenseiter-Kreis angehörte, der der Rennstrecke rund um das Renaissance-Center Positives abgewann: »Ich mag solche Straßen-Kurse wie in Monaco und hier – vielleicht ist Detroit sogar vorzuziehen, denn hier wird Englisch gesprochen.«

Nachdem am Morgen des Renntages schwere Regengüsse die Piste noch einmal abgewaschen hatten, trocknete der holprige Asphalt bis zum Start ab. Allein das warm-up litt unter der Nässe: Auf rutschigem Untergrund wurden von den Marshals 14 (!) Dreher registriert, die aber alle ohne größere Schäden an den Fahrzeugen verliefen. Nur an Pascal Fabres AGS mußte Hand angelegt werden, um eine verbogene Radaufhängung auszuwechseln.

Wie 14 Tage zuvor in Monte Carlo – es war, als sei die Zeit stehengeblieben – ließ sich Nigel Mansell beim Start die Butter nicht vom Brot nehmen und stürmte, gefolgt von Ayrton Sennas gelbem Lotus, den Detroit-River entlang. Kein Kraut schien gegen den Briten gewachsen, der innerhalb von zehn Runden ein beruhigendes Polster von 5,7 Sekunden zwischen sich und seinen brasilianischen Verfolger legen konnte. Diese ersten 40 Kilometer brachten allerdings weit mehr als die scheinbare Vorentscheidung zugunsten der Startnummer fünf: Gleich drei Piloten wechselten sich in der Eröffnungsphase des Rennens auf Rang drei ab. Zuerst hielt Nelson Piquet diese aussichtsreiche Position. Schon nach nur drei Umläufen lenkte der Ex-Weltmeister seinen Williams-Honda jedoch in die Boxengasse. Der linke Vorderreifen des Wagens verlor Luft. »Ich spürte nur ein starkes Untersteuern, das mich zum Stopp zwang«, erklärte Piquet später, »meine Mechaniker fanden dann ein Loch im Reifengummi.« Ursache für den Plattfuß war ein Metallstück, das nach einem Startrunden-Crash zwischen Satoru Nakajima und Adrian Campos auf der Bahn lag und von Piquet aufgelesen wurde. Scheinbar aussichtslos zurückgeworfen, reihte sich der Brasilianer als 21. wieder in das Straßenkampf-Getümmel ein.

Piquets Pech brachte Eddie Cheever, den einzigen Amerikaner im 26-köpfigen Teilnehmerfeld, auf Platz drei, doch auch dem Arrows-Piloten sollte diese Position kein Glück bringen. Der ungeduldig drängelnde Teo Fabi schoß den US-Bürger im Verlauf der siebten Runde ab. Der »Bodycheck« warf den Italiener selbst aus dem Rennen: Die Nase seines

ERGEBNISSE UND AUSFÄLLE

1.	Ayrton Senna	Lotus-Honda 99T/4	1:50.16,358 = 137,915 km/h
2.	Nelson Piquet	Williams-Honda FW 11 B-04	33,819 Sekunden zurück
3.	Alain Prost	McLaren-Porsche MP 4/3-3	45,327 Sekunden zurück
4.	Gerhard Berger	Ferrari F1-87 097	1.02,601 Minuten zurück
5.	Nigel Mansell	Williams-Honda FW 11 B-03	1 Runde zurück
6.	Eddie Cheever*	Arrows-Megatron A 10-02	3 Runden zurück
7.	Stefan Johansson	McLaren-Porsche MP 4/3-2	3 Runden zurück
8.	Christian Danner	Zakspeed 871-02	3 Runden zurück
9.	Riccardo Patrese	Brabham-BMW BT 56 3	3 Runden zurück
10.	René Arnoux	Ligier Megatron JS 29 B 05	3 Runden zurück
11.	Jonathan Palmer	Tyrrell-Cosworth 016-02	3 Runden zurück
12.	Pascal Fabre	AGS-Cosworth JH 22 032	5 Runden zurück
13.	Thierry Boutsen	Benetton-Ford B 187-06	53. Runde, Bremsen
14.	Piercarlo Ghinzani**	Ligier-Megatron JS 29 B 04	12 Runden zurück
15.	Philippe Streiff	Tyrrell-Cosworth 016-05	45. Runde, r. Hinterrad-Verlust
16.	Philippe Alliot	Lola-Cosworth LC-87 02	39. Runde, Unfall
17.	Michele Alboreto	Ferrari F1-87 098	26. Runde, Getriebe
18.	Alessandro Nannini	Minardi-Motori Moderni M 186 03	23. Runde, Getriebe
19.	Martin Brundle	Zakspeed 861-03	17. Runde, Turbo
20.	Derek Warwick	Arrows-Megatron A 10-01	13. Runde, Unfall
21.	Ivan Capelli	March-Cosworth 871-01	10. Runde, Fehlzündungen
22.	Teo Fabi	Benetton-Ford B 187-02	7. Runde, Unfall
23.	Alex Caffi	Osella-Alfa Romeo FA 1 I-01	4. Runde, Schalthebelbruch
24.	Andrea de Cesaris	Brabham-BMW BT 56 2	3. Runde, Getriebe
25.	Adrian Campos	Minardi-Motori Moderni M 186 02	2. Runde, Unfall
26.	Satoru Nakajima	Lotus-Honda 99T/1	1. Runde, Unfall

* Nicht im Ziel, aber aufgrund der zurückgelegten Distanz gewertet
** Im Ziel, aber aufgrund der zurückgelegten Distanz nicht gewertet

Schnellste Runde:
(39. Runde) – Ayrton Senna, Lotus-Honda 99T, 1.40,464 = 144,171 km/h
Neuer Rundenrekord

Benetton war auf der Strecke geblieben, und dem Wunsch nach Montage einer neuen konnten die Mechaniker an den Boxen nicht nachkommen, weil der Zwischenfall auch die Befestigungspunkte des Wagenbugs in Mitleidenschaft gezogen hatte. Mit aufgeschlitztem linken Hinterrad schleppte sich Eddie Cheever an die Boxen. Von Platz 18 startete er dann jedoch eine Aufholjagd, die ihn noch bis auf den sechsten Rang nach vorn bringen sollte.

Bis zur 20. Runde wuchs Nigel Mansells Vorsprung auf 18,7 Sekunden an. Ein Blick auf die Rundenzeiten bewies jedoch, daß der größer werdende Abstand auf langsame Runden Sennas zurückzuführen war und keineswegs auf einen langgezogenen Zwischenspurt Mansells. Hinter den beiden Führenden folgte mit 24 Sekunden Abstand die Dreiergruppe Michele Alboreto, Alain Prost und Thierry Boutsen, die sich einen offenen Schlagabtausch lieferte.

Dann, zunächst kaum merklich, begann sich das Blatt zu Sennas Gunsten zu wenden. 0,5 Sekunden pro Runde

RUNDENTABELLE

Nr.	Fahrer	Wagen	1	2	3	4	5	6	7	8	9	10	11	12	13	14	15	16	17	18	19	20	21	22	23	24	25	26	27
5	Nigel Mansell	Williams-Honda FW 11 B	5	5	5	5	5	5	5	5	5	5	5	5	5	5	5	5	5	5	5	5	5	5	5	5	5	5	5
12	Ayrton Senna	Lotus-Honda 99T	12	12	12	12	12	12	12	12	12	12	12	12	12	12	12	12	12	12	12	12	12	12	12	12	12	12	12
6	Nelson Piquet	Williams-Honda FW 11 B	6	6	18	18	18	18	27	27	27	27	27	27	27	27	27	27	27	27	27	27	27	27	27	27	1	1	1
20	Thierry Boutsen	Benetton-Ford B 187	18	18	19	19	19	⑲	20	20	20	20	20	20	20	20	20	20	20	20	1	1	1	1	1	1	28	28	28
1	Alain Prost	McLaren-Porsche MP 4/3	19	19	27	27	27	27	1	1	1	1	1	1	1	1	1	1	1	1	20	20	28	28	28	㉗	20	6	
18	Eddie Cheever	Arrows-Megatron A 10	27	27	1	1	1	1	28	28	28	28	28	28	28	28	28	28	28	28	28	28	20	20	20	20	6	20	
27	Michele Alboreto	Ferrari F1-87	1	1	20	20	20	20	17	2	2	2	2	2	2	2	2	6	6	6	6	6	6	6	6	6	7	7	
19	Teo Fabi	Benetton-Ford B 187	20	20	28	28	28	28	2	17	17	17	17	7	7	7	7	7	7	7	7	7	7	7	7	7	4	4	
7	Riccardo Patrese	Brabham-BMW BT 56	28	28	17	17	17	17	7	7	7	7	7	6	6	6	6	24	4	4	4	4	4	4	4	4	10	10	
17	Derek Warwick	Arrows-Megatron A 10	17	17	2	2	2	2	9	9	9	24	6	24	24	24	24	4	24	10	10	10	10	10	10	10	18	18	
2	Stefan Johansson	McLaren-Porsche MP 4/3	2	2	7	7	3	7	4	24	24	4	24	4	4	4	4	10	10	24	24	24	18	18	18	18	25	25	
28	Gerhard Berger	Ferrari F1-87	3	3	3	3	9	24	24	4	4	6	4	9	9	9	10	25	25	25	25	25	25	30	18	25	30	30	
3	Jonathan Palmer	Tyrrell-Cosworth 016	7	7	9	9	4	10	6	6	9	9	10	10	10	10	25	30	30	30	30	30	30	18	30	30	14	14	
4	Philippe Streiff	Tyrrell-Cosworth 016	9	9	4	4	4	24	6	10	10	10	25	25	25	25	30	18	18	18	18	㉔	14	14	14	14	2	2	
9	Martin Brundle	Zakspeed 861	4	4	24	24	24	10	25	25	25	25	30	30	30	30	18	14	14	14	14	14	3	2	2	3	3		
10	Christian Danner	Zakspeed 871	8	⑧	25	25	25	25	30	30	30	30	14	14	14	18	14	2	3	3	3	3	3	3	3	26	26		
8	Andrea de Cesaris	Brabham-BMW BT 56	24	24	10	10	10	30	16	16	14	14	14	18	18	14	⑨	3	2	2	2	2	2	26	26	26			
24	Alessandro Nannini	Minardi-Motori Moderni M 186	10	10	6	30	30	6	14	14	⑯	18	18	3	3	3	3	26	26	26	26	26							
21	Alex Caffi	Osella-Alfa Romeo FA 1 I	25	25	26	16	16	16	18	18	18	3	3	26	26	26	26												
30	Philippe Alliot	Lola-Cosworth LC-87	26	26	30	26	6	14	26	26	26	26	⑰																
25	René Arnoux	Ligier-Megatron JS 29 B	30	30	16	6	14	26	3	3	3																		
16	Ivan Capelli	March-Cosworth 871	16	16	㉑	14	26	3																					
26	Piercarlo Ghinzani	Ligier Megatron JS 29 B	21	21	14																								
11	Satoru Nakajima	Lotus-Honda 99T	14	14																									
23	Adrian Campos	Minardi-Motori Moderni M 186	㉓																										
14	Pascal Fabre	AGS-Cosworth JH 22																											

machte der Brasilianer auf Nigel Mansell gut. Nach dem Rennen berichtete er über diese Phase: »Ich mußte mich zunächst zurückfallen lassen, weil meine Bremsen nicht richtig arbeiteten – das Pedal trat sich ganz weich. Mir kam das Rennen des Jahres 1985 in den Sinn. Damals war ich wegen eines solchen Defektes in die Mauer gefahren. Das sollte mir nicht noch einmal passieren. Zum Glück erholten sich die Bremsen, und so konnte ich mich Nigel wieder nähern.«

Als der Spitzenreiter nach 34 Runden zum geplanten Reifenwechsel-Stopp an die Boxen kam, übernahm sein überlegt taktierender Verfolger die Führung. Weil sich das rechte Hinterrad des Williams nicht sofort lösen ließ, verstrichen 28 lange Sekunden, bevor Mansell wieder ins Rennen ging. Aber noch mußte ja auch Senna an die Boxen, und das Rennen war noch lang. Doch grau ist alle Theorie. Während Nigel Mansell nach einer kurzen Sprintrunde in 1.40,5 Minuten – schneller war bis zu diesem Zeitpunkt niemand – plötzlich immer langsamer wurde, warteten alle vergeblich auf Sennas Halt zum Reifenwechsel. Tatsächlich sollte der Lotus seine Start-

Detroit, die amerikanische Monte Carlo-Kopie

gummis überraschend bis ins Ziel bringen!

In der Williams-Box herrschte Ratlosigkeit. »Was ist los?«, wurde Mansell über Funk gefragt. Keine Antwort. Bis auf den fünften Platz fiel der Brite zurück. Nach der Zieldurchfahrt mußte Mansell von seinen Helfern aus dem Cockpit gehoben werden, und endlich konnte er das Geheimnis seiner Schleichfahrt lüften: »Ich bekam einen Krampf im rechten Bein. Es war wirklich fürchterlich. Nach jeder Runde wollte ich aufgeben.« Während der zähe Brite in sein nahe gelegenes Hotel humpelte, feierte Ayrton Senna seinen Sieg: »Es war nicht geplant, daß ich mit einem Satz Reifen durchfahre, aber als die Pneus bei Halbzeit noch gut aussahen und Grip hatten, entschloß ich mich, draußen zu bleiben.«

Eine Taktik, die auch Alain Prost gern angewendet hätte, doch als ihm das Signal zum Reifenwechsel gezeigt wurde, gehorchte der Weltmeister. »Ich konnte Ron Dennis meine Wünsche über Funk nicht klarmachen, denn die Verbindung war durch Sprechverkehr der Polizei gestört!« Eine Panne, unter der alle mit Sprechfunk ausgerüsteten Teams litten.

Auf dem Siegerpodest stöhnte Nelson Piquet, der das Feld von hinten aufgerollt hatte: »Ich glaube, ich bin zu alt für diesen Job.« Am Fuß des Podiums haderte zur gleichen Zeit Eddie Cheever: »Da oben könnte ich auch stehen, wenn der Fabi nicht so unüberlegt angegriffen hätte.«

WERTUNGSPUNKTE

Fahrer: Senna 24, Prost 22, Piquet 18, Johansson 13, Mansell 12, Berger 9, Alboreto 8, de Cesaris 4, Cheever 4, Nakajima 3, Boutsen 2, Brundle 2, Palmer 2, Arnoux 1, Capelli 1

Konstrukteure: McLaren 35, Williams 30, Lotus 27, Ferrari 17, Arrows 4, Brabham 4, Zakspeed 2, Tyrrell 2, Benetton 2, March 1, Ligier 1

Großer Preis von Frankreich

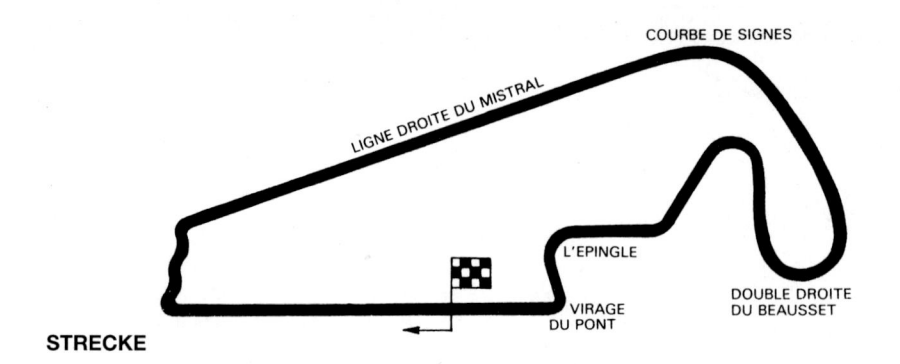

STRECKE

Ort und Datum	Le Castellet, 5. Juli
Wetter	heiß, aufgelockert bewölkt, leicht windig
Streckenlänge	3,813 km
Runden	80
Renndistanz	305,040 km
Bestehender Rundenrekord	1.09,993 = 196,117 km/h
	Nigel Mansell, Williams-Honda FW 11; GP 1986
GP-Sieger 1986	Nigel Mansell, Williams-Honda FW 11
	1:37.19,272 = 188,062 km/h

TRAININGSZEITEN

			3. Juli	4. Juli
1.	Nigel Mansell	Williams-Honda FW 11 B	1.06,454 ◄	1.06,705
2.	Alain Prost	McLaren-Porsche MP 4/3	1.06,877 ◄	1.07,843
3.	Ayrton Senna	Lotus-Honda 99 T	1.07,303	1.07,024 ◄
4.	Nelson Piquet	Williams-Honda FW 11 B	1.07,270	1.07,140 ◄
5.	Thierry Boutsen	Benetton-Ford B 187	1.08,077 ◄	1.08,176
6.	Gerhard Berger	Ferrari F1-87	1.08,198 ◄	1.08,335
7.	Teo Fabi	Benetton-Ford B 187	1.08,293 ◄	1.11,815
8.	Michele Alboreto	Ferrari F1-87	1.08,390 ◄	1.08,916
9.	Stefan Johansson	McLaren-Porsche MP 4/3	1.08,577 ◄	1.09,095
10.	Derek Warwick	Arrows-Megatron A 10	1.09,256	1.08,800 ◄
11.	Andrea de Cesaris	Brabham-BMW BT 56	1.09,499	1.08,949 ◄
12.	Riccardo Patrese	Brabham-BMW BT 56	1.09,458	1.08,993 ◄
13.	René Arnoux	Ligier-Megatron JS 29 C	1.09,430 ◄	1.09,970
14.	Eddie Cheever	Arrows-Megatron A 10	1.09,828 ◄	1.09,869
15.	Alessandro Nannini	Minardi-Motori Moderni M 186	1.10,388	1.09,868 ◄
16.	Satoru Nakajima	Lotus-Honda 99 T	1.12,268	1.10,652 ◄
17.	Piercarlo Ghinzani	Ligier Megatron JS 29 C	1.10,798 ◄	1.10,900
18.	Martin Brundle	Zakspeed 871	1.11,451	1.11,170 ◄
19.	Christian Danner	Zakspeed 871	1.11,456	1.11,389 ◄
20.	Alex Caffi	Osella-Alfa Romeo FA1H	1.12,167 ◄	1.12,555
21.	Adrian Campos	Minardi-Motori Moderni M 186	1.13,145	1.12,551 ◄
22.	Ivan Capelli	March-Cosworth 871	1.13,204	1.12,654 ◄
23.	Philippe Alliot	Lola-Cosworth LC-87	1.13,026 ◄	1.14,422
24.	Jonathan Palmer	Tyrrell-Cosworth 016	1.13,443 ◄	1.13,474
25.	Philippe Streiff	Tyrrell-Cosworth 016	1.13,553	1.13,525 ◄
26.	Pascal Fabre	AGS-Cosworth JH 22	1.14,699 ◄	1.14,787

Mit Erleichterung reagierten die meisten Fahrer auf den Szenenwechsel, den der 6. Weltmeisterschaftslauf brachte. Nach den winkligen Stadtkursen von Monte Carlo und Detroit stand endlich wieder eine »richtige Rennstrecke« auf dem Programm. Die veränderte Herausforderung an Fahrer und Autos wirkte sich jedoch nicht auf den Ausgang des Qualifying aus: Wieder – und damit bereits zum fünften Mal in der laufenden Saison – war es Nigel Mansell, der sich den besten Startplatz sicherte. Schon nach wenigen Minuten des ersten Zeittrainings registrierten die Computer für den Briten einen Wert, der an diesem Wochenende nicht mehr unterboten werden sollte.

Schuld daran war in erster Linie das Wetter: Die ohnehin hohen Temperaturen stiegen samstags an und die hochsommerliche Hitze wirkte sich negativ auf Motoren und Reifen aus. Als unmittelbare Folge dieses »zu guten« Wetters konnten nur zwölf der insgesamt 26 Piloten ihre Rundenzeiten verbessern. Wieder war Williams-Fahrer Nigel Mansell der Schnellste, und wenn auch er sich nicht steigern konnte, so lag dies nicht an der unbarmherzig scheinenden Sonne, sondern an zwei Streckenposten. »Ich war wirklich schnell unterwegs«, kommentierte Mansell diesen Vorfall, »als ich um ein Eck geflogen kam und zwei Marshals vor mir auf der Piste sah. Natürlich mußte ich kurz vom Gas. Schon im Vorjahr hatte ich hier ein solches Erlebnis, und schon damals fand ich es nur wenig komisch.«

Ligier-Konstrukteur Michel Tétu hatte unter hohem Zeitdruck den JS29B für den Home-Grand Prix der blauen Equipe weiteren Modifikationen unterzogen. Knapp 30 Kilogramm Gewicht hatte man abgespeckt und zudem das hintere Bodywork umgestaltet. Die Kühler waren jetzt schmaler und neu angeordnet. Piercarlo Ghinzani und René Arnoux bescheinigten dem Wagen, der jetzt die Typenbezeichnung »C« trug, deutlich verbesserte Fahreigenschaften, mußten

Nigel Mansell führt vor Nelson Piquet und Alain Prost. Auf dem Frontflipper ist Johanssons »Abfall« erkennbar

STARTAUFSTELLUNG

1	Alain Prost 1.06,877	5	Nigel Mansell 1.06,454
6	Nelson Piquet 1.07,140	12	Ayrton Senna 1.07,024
28	Gerhard Berger 1.08,198	20	Thierry Boutsen 1.08,077
27	Michele Alboreto 1.08,390	19	Teo Fabi 1.08,293
17	Derek Warwick 1.08,800	2	Stefan Johansson 1.08,577
7	Riccardo Patrese 1.08,993	8	Andrea de Cesaris 1.08,949
18	Eddie Cheever 1.09,828	25	René Arnoux 1.09,430
11	Satoru Nakajima 1.10,652	24	Alessandro Nannini 1.09,868
9	Martin Brundle 1.11,170	26	Piercarlo Ghinzani 1.10,798
21	Alex Caffi 1.12,167	10	Christian Danner 1.11,389
16	Ivan Capelli 1.12,654	23	Adrian Campos 1.12,551
3	Jonathan Palmer 1.13,443	30	Philippe Alliot 1.13,026
14	Pascal Fabre 1.14,699	4	Philippe Streiff 1.13,525

sich aber mit einem starken Untersteuern abfinden. Das Team ließ dann im warm-up aufhorchen, als René Arnoux auf der seit dem Vorjahr verkürzten Mistral-Geraden mit 320,951 km/h durch die Lichtschranke flog und damit den höchsten Wert aller Teilnehmer erzielte. Langsamster im schieren Gasgeben war während dieses Aufgalopps Jonathan Palmer, der am Steuer seines Sauger-Tyrrell auf 265,031 km/h kam und damit Ivan Capellis March – dem schnellsten Sauger – um zwölf Stundenkilometer unterlegen war. Als FISA-Starter Roland Bruynseraede, der zu Jahresbeginn Derek Ongaro auf diesem Posten abgelöst hatte, das Feld »von der Leine ließ«, nutzte Nigel Mansell die Pole-Position optimal und entschied das kurze Sprintduell zur ersten Kurve zu seinen Gunsten. Die großen Verlierer der ersten Sekunden hießen Gerhard Berger und Stefan Johansson. Der Österreicher würgte den Motor seines Ferrari ab. Mit dem Schwung des Anrollens konnte er den Sechszylinder zwar wieder auf Touren bringen, doch bis dahin hatten ihn gut zehn seiner Konkurrenten überholt. In Gestalt des Brabham-Piloten Andrea de Cesaris schlug das Schicksal beim Einfädeln in die Startkurve auf den Schweden Johansson ein. Der Italiener fuhr über den rechten Frontspoiler des McLaren, was einen Reparaturstopp nach nur einer Runde notwendig machte.

Vorn enteilten Nigel Mansell, Nelson Piquet und Alain Prost. Seinen – gemessen an den Eröffnungsphasen in Monte Carlo und Detroit – relativ knappen Vorsprung von nur 2,7 Sekunden nach zehn Runden erklärte der Brite nach dem Rennen: »Ab Runde zwei verschlechterte sich das Fahrverhalten meines Williams schlagartig. Ich befürchtete bereits das Schlimmste, entdeckte dann aber, daß ich irgendwelche Plastikteile aufgesammelt hatte, die sich auf meinem Frontspoiler verklemmten und die Aerodynamik natürlich ungünstig beeinflußten. Kurz überlegte ich, ob ich einen Stopp einlegen soll, doch als ich sah, daß ich auch mit gemäßigtem Tempo die Spitze halten konnte, entschloß ich mich, draußen zu bleiben.« Was »Schrottsammler« Nigel Mansell nicht wissen konnte: Er hatte Teile des McLaren-Flügels aufgelesen, die Stefan Johansson bereits nach wenigen hundert Metern vermißte.

Zu Beginn der 19. Runde wechselten die Positionen innerhalb des Führungstrios. Als Nelson Piquet seinen Williams am Ende der Start-und-Ziel-Geraden überbremste, weit in die Auslaufzone getragen wurde und einen Dreher nur mit Glück und Können verhinderte, stach Alain Prost innen vorbei und setzte sich damit zwischen die beiden Williams-Honda. Der Brasilianer nahm den Zwischenfall voll auf seine Kappe: »Ich war zu sehr auf die Instrumente konzentriert und blieb deshalb zu lange auf der Bremse...«

Nach 30 Umläufen, kurz bevor die routi-

ERGEBNISSE UND AUSFÄLLE

1.	Nigel Mansell	Williams-Honda FW 11 B-03	1:37.03,839 = 188,560 km/h
2.	Nelson Piquet	Williams-Honda FW 11 B-04	7,711 Sekunden zurück
3.	Alain Prost	McLaren-Porsche MP 4/3-3	55,255 Sekunden zurück
4.	Ayrton Senna	Lotus-Honda 99 T/4	1 Runde zurück
5.	Teo Fabi	Benetton-Ford B 187-04	3 Runden zurück
6.	Philippe Streiff	Tyrrell-Cosworth 016-05	4 Runden zurück
7.	Jonathan Palmer	Tyrrell-Cosworth 016-02	4 Runden zurück
8.	Stefan Johansson*	McLaren-Porsche MP 4/3-2	6 Runden zurück
9.	Pascal Fabre	AGS-Cosworth JH22 032	6 Runden zurück
10.	Gerhard Berger	Ferrari F1-87 097	72. Runde, Hinterradaufhängung
11.	Satoru Nakajima**	Lotus-Honda 99 T/1	9 Runden zurück
12.	Michele Alboreto	Ferrari F1-87 098	65. Runde, Motor
13.	Derek Warwick	Arrows-Megatron A 10-01	63. Runde, Motor
14.	Philippe Alliot	Lola-Cosworth LC-87 02	58. Runde, Antriebswelle
15.	Ivan Capelli	March-Cosworth 871-01	53. Runde, Motor
16.	Adrian Campos	Minardi-Motori Moderni M 186 02	53. Runde, Turbo
17.	René Arnoux	Ligier-Megatron JS 29 C 05	34. Runde, Motor
18.	Thierry Boutsen	Benetton-Ford B 187-06	32. Runde, Elektrik
19.	Christian Danner	Zakspeed 871-02	27. Runde, Motor
20.	Piercarlo Ghinzani	Ligier-Megatron JS 29 C 02	25. Runde, Motor
21.	Alessandro Nannini	Minardi-Motori Moderni M 186 03	24. Runde, Motor
22.	Riccardo Patrese	Brabham-BMW BT 56 3	20. Runde, Turbo
23.	Martin Brundle	Zakspeed 871-01	19. Runde, r. Hinterrad-Verlust
24.	Alex Caffi	Osella-Alfa Romeo FA 1 H-01	12. Runde, Motor
25.	Andrea de Cesaris	Brabham-BMW BT 56 2	3. Runde, Turbo
26.	Eddie Cheever	Arrows-Megatron A 10-02	1. Runde, Elektrik

* Nicht im Ziel, aber aufgrund der zurückgelegten Distanz gewertet
** Im Ziel, aber aufgrund der zurückgelegten Distanz nicht gewertet

Schnellste Runde:
(68. Runde) – Nelson Piquet, Williams-Honda FW 11 B, 1.09,548 = 197,372 km/h
Neuer Rundenrekord

nemäßigen Boxenstopps begannen, trennten nur 0,7 Sekunden Nigel Mansell von Alain Prost, und weitere 2,7 Sekunden lag Nelson Piquet zurück. Ayrton Senna, dem Thierry Boutsen bedrohlich nah im Nacken saß, war mit knapp 20 Sekunden Rückstand auf den Spitzenreiter bereits deutlich distanziert. »Ich habe wirklich alles gegeben«, sollte der Sieger der beiden vorangegangenen WM-Läufe später berichten, »aber auf schnellen Kursen ist die aktive Aufhängung des Lotus noch nicht so gut, wie sie sein sollte. Mein Auto war nicht richtig ausbalanciert.«

Die Reifenwechsel-Stopps sortierten die Spitzengruppe neu: Piquet vor Mansell und Prost hieß die Reihenfolge nach der Montage neuer Gummis. Noch schien der Ausgang des Rennens völlig offen, doch dann fielen zwei Vorentscheidungen. Zunächst wurde der amtierende Weltmeister langsamer, und auch vom Pistenrand wurde deutlich, daß sich der Franzose in Schwierigkeiten befand. Ein Schaden am Wastegate ließ den Ladedruck des Turbos sinken.

RUNDENTABELLE

No.	Driver	Car
5	Nigel Mansell	Williams-Honda FW 11 B
1	Alain Prost	McLaren-Porsche MP 4/3
12	Ayrton Senna	Lotus-Honda 99 T
6	Nelson Piquet	Williams-Honda FW 11 B
20	Thierry Boutsen	Benetton-Ford B 187
28	Gerhard Berger	Ferrari F1-87
19	Teo Fabi	Benetton-Ford B 187
27	Michele Alboreto	Ferrari F1-87
2	Stefan Johansson	McLaren-Porsche MP 4/3
17	Derek Warwick	Arrows-Megatron A 10
8	Andrea de Cesaris	Brabham-BMW BT 56
7	Riccardo Patrese	Brabham-BMW BT 56
25	René Arnoux	Ligier-Megatron JS 29 C
18	Eddie Cheever	Arrows-Megatron A 10
24	Alessandro Nannini	Minardi-Motori Moderni M 186
11	Satoru Nakajima	Lotus-Honda 99 T
26	Piercarlo Ghinzani	Ligier Megatron JS 29 C
9	Martin Brundle	Zakspeed 871
10	Christian Danner	Zakspeed 871
21	Alex Caffi	Osella-Alfa Romeo FA 1 H
23	Adrian Campos	Minardi-Motori Moderni M 186
16	Ivan Capelli	March-Cosworth 871
30	Philippe Alliot	Lola-Cosworth LC-87
3	Jonathan Palmer	Tyrrell-Cosworth 016
4	Philippe Streiff	Tyrrell-Cosworth 016
14	Pascal Fabre	AGS-Cosworth JH22

Hitzeschlieren über drei Turbo-Motoren

So von der Technik im Stich gelassen, ereiferte er sich später enttäuscht: »Mit diesem Motor kann ich die Titelverteidigung wohl vergessen!«

Als Nigel Mansell dann in der 46. Runde Nelson Piquet austrickste, war zwar die Spitze endgültig für den Zieleinlauf festgelegt, doch zunächst wurde unverändert hart gefochten. 20 Runden vor Ende des Rennens hatte Mansell einen denkbar knappen Vorsprung von lächerlichen 0,489 Sekunden Vorsprung auf Piquet, der immer noch von seinem ersten Saison-Sieg träumte. Dann lenkte der Südamerikaner sein Auto überraschend zu einem zweiten Reifenwechsel-Stopp an die Boxen. Diese Entscheidung wurde von den Ex-Formel 1-Fahrern Jackie Stewart, Clay Regazzoni und James Hunt ebenso stark kritisiert, wie der Ausrutscher gegen Ende des ersten Rennviertels. Tatsächlich konnte Piquet seinen Team-Kollegen anschließend nicht mehr einholen, rechtfertigte aber rückblickend seine Taktik: »Meine Reifen bauten ab – Nigels ebenso. Mir schien es klar, ihn mit neuen Reifen schlagen zu können.« Vielleicht wäre die Rechnung tatsächlich aufgegangen, doch während des Halts starb der Honda-Motor des Brasilianers ab. Wertvolle Sekunden gingen verloren. Mit knapp 18 Sekunden stand die Startnummer 6 mehr als doppelt so lange an den Boxen als erwartet. Trotz seines aussichtslosen Rückstands gab sich Piquet noch nicht geschlagen, aber obwohl er eine neue Rekordrunde drehte, konnte er den Spieß nicht mehr umdrehen. 7,7 Sekunden fehlten ihm im Ziel, das der Sieger aufatmend erreichte. »Leicht war es wirklich nicht, denn meine Reifen hatten keinen Grip mehr, sogar im vierten Gang drehten sie beim Beschleunigen durch«, schilderte der Brite das Finale.

Während bei der Siegerehrung gleich zwei Champagner-Flaschen zu Bruch gingen, saß Zakspeed-Fahrer Martin Brundle enttäuscht im Motorhome seines Teams. Wenige Sekunden nach dem Reifenwechsel hatte er das rechte Hinterrad verloren. »Wenn man bedenkt«, trauerte er einer verlorenen Chance nach, »daß Philippe Streiff mit seinem Sauger hier einen WM-Punkt holen konnte…«

WERTUNGSPUNKTE

Fahrer: Senna 27, Prost 26, Piquet 24, Mansell 21, Johansson 13, Berger 9, Alboreto 8, de Cesaris 4, Cheever 4, Nakajima 3, Boutsen 2, Fabi 2, Brundle 2, Palmer 2, Arnoux 1, Capelli 1, Streiff 1

Konstrukteure: Williams 45, McLaren 39, Lotus 30, Ferrari 17, Arrows 4, Brabham 4, Benetton 4, Tyrrell 3, Zakspeed 2, March 1, Ligier 1

Großer Preis von England

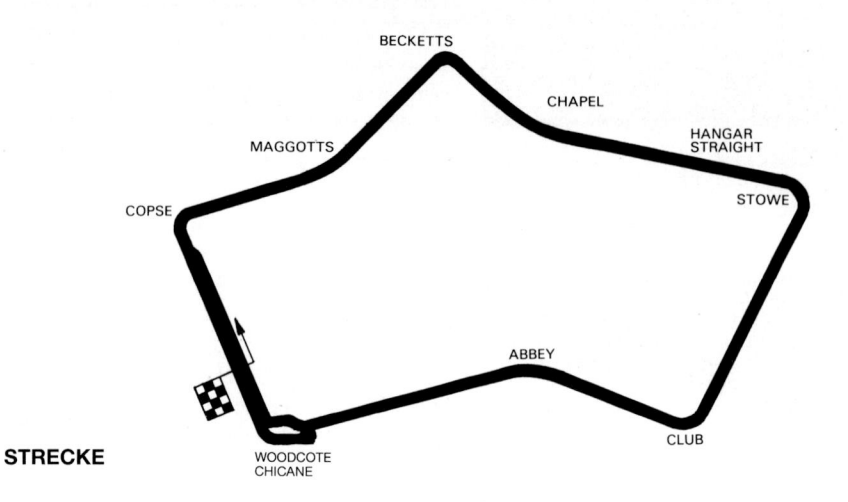

STRECKE

Ort und Datum	Silverstone, 12. Juli
Wetter	sehr warm, aufgelockert bewölkt
Streckenlänge	4,778 km
Runden	65
Renndistanz	310,570 km
Bestehender Rundenrekord	1.09,886 = 243,087 km/h
	Alain Prost, McLaren-Porsche MP 4/2 B; GP 1985
GP-Sieger 1986 (Brands Hatch)	Nigel Mansell, Williams-Honda FW 11
	1:30.38,471 = 208,853 km/h

TRAININGSZEITEN

			10. Juli	11. Juli
1.	Nelson Piquet	Williams-Honda FW 11 B	1.07,596	1.07,110 ◄
2.	Nigel Mansell	Williams-Honda FW 11 B	1.07,725	1.07,180 ◄
3.	Ayrton Senna	Lotus-Honda 99T	1.09,255	1.08,181 ◄
4.	Alain Prost	McLaren-Porsche MP 4/3	1.08,577 ◄	1.09,492
5.	Thierry Boutsen	Benetton-Ford B 187	1.09,724	1.08,972 ◄
6.	Teo Fabi	Benetton-Ford B 187	1.10,264	1.09,246 ◄
7.	Michele Alboreto	Ferrari F1-87	1.10,441	1.09,274 ◄
8.	Gerhard Berger	Ferrari F1-87	1.10,328	1.09,408 ◄
9.	Andrea de Cesaris	Brabham-BMW BT56	1.10,787	1.09,475 ◄
10.	Stefan Johansson	McLaren-Porsche MP 4/3	1.10,242	1.09,541 ◄
11.	Riccardo Patrese	Brabham-BMW BT56	1.10,012 ◄	1.10,020
12.	Satoru Nakajima	Lotus-Honda 99T	1.10,619 ◄	1.10,998
13.	Derek Warwick	Arrows-Megatron A10	1.10,654 ◄	1.10,781
14.	Eddie Cheever	Arrows-Megatron A10	1.11,053 ◄	1.11,310
15.	Alessandro Nannini	Minardi-Motori Moderni M186	1.13,737	1.12,293 ◄
16.	René Arnoux	Ligier-Megatron JS 29 C	1.12,503	1.12,402 ◄
17.	Martin Brundle	Zakspeed 871	1.12,852	1.12,632 ◄
18.	Christian Danner	Zakspeed 871	1.15,833	1.13,337 ◄
19.	Adrian Campos	Minardi-Motori Moderni M186	1.15,719	1.13,793 ◄
20.	Alex Caffi	Osella-Alfa Romeo FA1I	1.18,495	1.15,558 ◄
21.	Philippe Alliot	Lola-Cosworth LC-87	1.16,770	1.15,868 ◄
22.	Philippe Streiff	Tyrrell-Cosworth 016	1.17,208	1.16,524 ◄
23.	Jonathan Palmer	Tyrrell-Cosworth 016	1.16,644 ◄	1.17,105
24.	Ivan Capelli	March-Cosworth 871	1.17,122	1.16,692 ◄
25.	Pascal Fabre	AGS-Cosworth JH22	1.19,163	1.18,237 ◄

Wie im Vorjahr, als der britische WM-Lauf in Brands Hatch ausgetragen wurde, entwickelte sich der Kampf um den Sieg zu einem stallinternen Duell der Williams-Fahrer Nelson Piquet und Nigel Mansell. Keiner ihrer Konkurrenten konnte das Tempo des brasilianisch-britischen Gespanns mitgehen, und wie 1986 lagen die Gegner im Ziel mindestens eine komplette Runde zurück.

Im Training zeigte sich der von Kritikern bereits als berufsmüde gerügte Nelson Piquet voll motiviert und fuhr Bestzeit. Der große Verlierer des Wochenendes stand zu diesem Zeitpunkt schon fest. Es war nicht Nigel Mansell, der sich vor heimischem Publikum natürlich gern die Pole-Position gesichert hätte, sondern der italienische Ligier-Pilot Piercarlo Ghinzani. Nachdem er die schwarz-weiß karierte Flagge zu Ende des ersten Qualifying mißachtet hatte und zuvor sein Wagen, der ohne Sprit am Pistenrand ausgerollt war, an Ort und Stelle betankt wurde, reagierten die Funktionäre auf diese Regelverstöße mit der Höchststrafe und disqualifizierten den Italiener. Die Frage, ob Nigel Mansell seine Trainings-Niederlage mit einem perfekten Start ausbügeln könnte, beantwortete Weltmeister Alain Prost mit einer sensationellen Blitz-Attacke. Während sich die beiden Williams mit deutlich sichtbarem Schlupf der Antriebsräder von der Linie quälten, schoß Prost – die volle Breite der Startgeraden ausnutzend – vom vierten Platz aus in Front. Lange konnte sich der Franzose der überraschend eingenommenen Führung nicht erfreuen. Schon bei »Becketts« ging Nelson Piquet vorbei und die Zuschauer auf den Tribünen der Stowe-Corner sahen den Champion hinter Piquet und Mansell als drittplazierten Fahrer. In beiden Fällen war es die schiere Kraft der Honda-Motoren, denen sich Prost geschlagen geben mußte.

Nach zehn Runden zeichnete sich die Überlegenheit der Williams-Honda bereits noch deutlicher ab. Selbst nur um 2,8 Sekunden voneinander getrennt,

Diese Szene führte zu Piercarlo Ghinzanis Disqualifikation

STARTAUFSTELLUNG

5	Nigel Mansell 1.07,180	6	Nelson Piquet 1.07,110
1	Alain Prost 1.08,577	12	Ayrton Senna 1.08,181
19	Teo Fabi 1.09,246	20	Thierry Boutsen 1.08,972
28	Gerhard Berger 1.09,408	27	Michele Alboreto 1.09,274
2	Stefan Johansson 1.09,541	8	Andrea de Cesaris 1.09,475
11	Satoru Nakajima 1.10,619	7	Riccardo Patrese 1.10,012
18	Eddie Cheever 1.11,053	17	Derek Warwick 1.10,654
25	René Arnoux 1.12,402	24	Alessandro Nannini 1.12,293
10	Christian Danner 1.13,337	9	Martin Brundle 1.12,632
21	Alex Caffi 1.15,558	23	Adrian Campos 1.13,793
4	Philippe Streiff 1.16,524	30	Philippe Alliot 1.15,868
16	Ivan Capelli 1.16,692	3	Jonathan Palmer 1.16,644
		14	Pascal Fabre 1.18,237

Nach Disqualifikation nicht am Start:
Piercarlo Ghinzani, Ligier Megatron JS29C 1.13,381

beherrschten Piquet und Mansell die Szene. Zu Alain Prost, der sich nach kurzem Kampf mit Ayrton Senna auf Rang drei etabliert hatte, klaffte bereits eine Lücke von 6,3 Sekunden. Dieser Trend setzte sich bis zur 29. Runde fort, dann bog Alain Prost zum geplanten Reifenwechsel in die Boxengasse ab. Bevor er mit neuen Gummis und geputztem Visier wieder von den Wagenhebern gelassen wurde, hatten ihn Ayrton Senna und Michele Alboreto auf Platz fünf verdrängt.

Sechs Umläufe später tat es Nigel Mansell dem Franzosen gleich. Dabei machte ein Defekt dem Williams-Fahrer diese Entscheidung leicht. Später sollte er berichten: »Vermutlich, weil ich ein Auswuchtgewicht verloren hatte, traten Vibrationen auf. Deshalb hatte ich Mühe, Piquets Tempo zu halten – ich konnte kaum die nächste Kurve erkennen.« 9,54 Sekunden stand das Auto still, dann nahm der Brite die Verfolgung auf, ohne daß er durch seinen kurzen Stopp Platz zwei eingebüßt hätte.

Sein Rückstand von jetzt 28 Sekunden auf Nelson Piquet wäre durch einen Boxenstopp des Brasilianers auf einen Schlag abgeschmolzen, doch diesen Gefallen tat Piquet seinem Gegner nicht, wie der weitere Rennverlauf zeigen sollte. Mansell blieb so nur die Möglichkeit, das Blatt aus eigener Kraft zu wenden.

Als ob der Spritverbrauch keine Rolle spielt, entlockte der Brite sich und seinem Wagen alle schlummernden Reserven. Zusätzliche Unterstützung erhielt der Lokalmatador durch das Publikum. Schnell witterten die Fans, daß der innerhalb von knapp zwei Jahren vom Nobody zum Nationalhelden gereifte Brite das Unmögliche möglich machen könnte. Stürmisch wurde Nigel Mansell rund um den Kurs angefeuert. Tatsächlich verlieh diese moralische Hilfe dem Jäger nach eigener Aussage zusätzliche Kraft. Gleich viermal durchstieß Mansell auf der – durch die neue Woodcote-Schikane – um 59 Meter länger gewordenen Traditions-Strecke die 70-Sekunden-Barriere, an der sich alle übrigen Fahrer die Zähne ausbissen.

Hinter den beiden Williams-Fahrern hatte sich das Feld bereits gewaltig gelichtet. Andrea de Cesaris, Ivan Capelli und Stefan Johansson hatten ihre brennenden Autos parken müssen. Den zwei Turbo-Piloten entgingen damit mögliche Weltmeisterschaftspunkte. Bei Halbzeit schon um zehn Starter reduziert, sollten letztlich nur neun Fahrer das Ziel in Wertung erreichen. Diese Ausfallrate erwies sich als kleiner Vorgeschmack auf die Ereignisse von Hockenheim, wo sich die – bis an die Leistungsgrenzen entwickelten – Boliden noch defektanfälliger zeigten.

Der Schrumpfungs-Prozeß des Feldes tat der Spannung des Grand Prix jedoch keinen Abbruch. Der Zwischenstand nach 40 der 65 Runden sah zwar Nelson Piquet unverändert in Front, doch sein Vorsprung auf Nigel Mansell war bereits auf 24,9 Sekunden gesunken. Die Mansell-Fans brauchten nicht lange zu rechnen, um den Fahrplan ihres Lieblings kennenzulernen: Eine Sekunde mußte der Schnauzbart pro verbleibende Runde auf seinen Team-Kollegen gutmachen – dann hätte er zum Spitzenreiter aufgeschlossen. Wie lange er dann für den entscheidenden Überholvorgang

ERGEBNISSE UND AUSFÄLLE

1.	Nigel Mansell	Williams-Honda FW 11 B-03	1:19.11,780 = 235,298 km/h
2.	Nelson Piquet	Williams-Honda FW 11 B-04	1,918 Sekunden zurück
3.	Ayrton Senna	Lotus-Honda 99T/4	1 Runde zurück
4.	Satoru Nakajima	Lotus-Honda 99T/3	2 Runden zurück
5.	Derek Warwick	Arrows-Megatron A10-04	2 Runden zurück
6.	Teo Fabi	Benetton-Ford B187-07	2 Runden zurück
7.	Thierry Boutsen	Benetton-Ford B187-06	3 Runden zurück
8.	Jonathan Palmer	Tyrrell-Cosworth 016-02	5 Runden zurück
9.	Pascal Fabre	AGS-Cosworth JH22 032	6 Runden zurück
10.	Philippe Streiff	Tyrrell-Cosworth 016-05	58. Runde, Motor
11.	Martin Brundle*	Zakspeed 871-03	11 Runden zurück
12.	Alain Prost	McLaren-Porsche MP4/3-3	54. Runde, Elektrik
13.	Michele Alboreto	Ferrari F1-87 098	53. Runde, Hinterradaufhängung
14.	Eddie Cheever	Arrows-Megatron A10-03	46. Runde, Motor
15.	Adrian Campos	Minardi-Motori Moderni M186 02	35. Runde, Benzinpumpe
16.	Alex Caffi	Osella-Alfa Romeo FA1I-01	33. Runde, Getriebe
17.	Christian Danner	Zakspeed 871-02	33. Runde, Getriebe
18.	Riccardo Patrese	Brabham-BMW BT56 3	29. Runde, Turbo
19.	Stefan Johansson	McLaren-Porsche MP4/3-2	19. Runde, Motor
20.	Alessandro Nannini	Minardi-Motori Moderni M186 03	11. Runde, Motor
21.	Andrea de Cesaris	Brabham-BMW BT56 2	9. Runde, Turbo
22.	Gerhard Berger	Ferrari F1-87 099	8. Runde, Unfall
23.	Philippe Alliot	Lola-Cosworth LC-87 02	8. Runde, Kraftübertragung
24.	René Arnoux	Ligier-Megatron JS29C 05	4. Runde, Motor
25.	Ivan Capelli	March-Cosworth 871-01	4. Runde, Brand nach Getriebeleck

* Im Ziel, aber aufgrund der zurückgelegten Distanz nicht gewertet

Schnellste Runde:

(58. Runde) – Nigel Mansell, Williams-Honda FW 11 B, 1.09,832 = 246,324 km/h
Rundenrekord
Strecke wurde in dieser Form – neue Schikane und 59 m länger – erstmals gefahren

brauchen würde, konnte keine Hochrechnung verraten.

Gegen den sich verzweifelt zur Wehr setzenden Brasilianer erfüllte Nigel Mansell im Verlauf der nächsten zehn Runden sein Soll – minus 13,5 Sekunden hatte er bei 15 ausstehenden Runden noch wettzumachen, und kurz darauf stellte er auf den langen Geraden Sichtkontakt zu seinem Vordermann her. Nach 62 Umläufen bahnte sich die endgültige Entscheidung an. Nur noch wenige Meter trennten die beiden Williams-Honda, die seit der 58. Runde jeden der verbliebenen Gegner um mindestens eine Runde distanziert hatten! Einmal in Schlagweite, fackelte Nigel Mansell nicht lange. Vor »Stowe« täuschte er am linken Pistenrand eine Attacke an, zog dann sofort nach rechts und innen vorbei in Front – in Zentimeter-Abstand hatte die Führung gewechselt.

Nelson Piquet mußte sich später Vorwürfe anhören, er habe sich bei dieser Aktion nicht ausreichend verteidigt. »Unsinn«, schmetterte er die Kritiker ab, »wenn er mich da nicht gepackt hätte,

RUNDENTABELLE

			1	2	3	4	5	6	7	8	9	10	11	12	13	14	15	16	17	18	19	20	21	22	23	24	25	26	27
6	Nelson Piquet	Williams-Honda FW 11 B	6	6	6	6	6	6	6	6	6	6	6	6	6	6	6	6	6	6	6	6	6	6	6	6	6	6	6
5	Nigel Mansell	Williams-Honda FW 11 B	5	5	5	5	5	5	5	5	5	5	5	5	5	5	5	5	5	5	5	5	5	5	5	5	5	5	5
12	Ayrton Senna	Lotus-Honda 99T	1	12	12	12	1	1	1	1	1	1	1	1	1	1	1	1	1	1	1	1	1	1	1	1	1	1	1
1	Alain Prost	McLaren-Porsche MP4/3	12	1	1	1	12	12	12	12	12	12	12	12	12	12	12	12	12	12	12	12	12	12	12	12	12	12	12
20	Thierry Boutsen	Benetton-Ford B187	20	20	27	27	27	27	27	27	27	27	27	27	27	27	27	27	27	27	27	27	27	27	27	27	27	27	27
19	Teo Fabi	Benetton-Ford B187	27	27	20	20	20	20	20	2	2	2	2	2	2	2	2	2	2	②	7	7	7	7	7	7	7	7	7
27	Michele Alboreto	Ferrari F1-87	19	19	19	8	2	2	2	20	20	20	20	20	20	11	7	7	7	11	11	11	11	11	11	11	11	11	11
28	Gerhard Berger	Ferrari F1-87	8	8	8	2	8	8	8	⑧	11	11	11	11	11	11	7	11	11	11	20	20	17	17	17	17	17	17	17
8	Andrea de Cesaris	Brabham-BMW BT56	11	11	2	11	11	11	17	17	17	17	17	7	20	20	20	20	17	17	18	18	18	18	18	18	18	18	18
2	Stefan Johansson	McLaren-Porsche MP4/3	2	2	11	19	17	28	㉘	17	18	7	7	17	17	17	17	17	18	18	20	20	20	20	20	20	20	20	20
7	Riccardo Patrese	Brabham-BMW BT56	17	17	17	17	28	17	18	7	7	18	18	18	18	18	18	18	19	19	19	19	19	19	19	19	19	19	19
11	Satoru Nakajima	Lotus-Honda 99T	28	18	18	28	18	18	18	7	19	19	19	19	19	19	19	19	9	9	9	9	9	9	9	9	9	9	9
17	Derek Warwick	Arrows-Megatron A10	18	28	28	18	7	7	7	19	9	9	9	9	9	9	9	9	21	21	21	21	21	21	21	21	21	21	21
18	Eddie Cheever	Arrows-Megatron A10	7	7	7	7	19	19	19	9	21	21	21	21	21	21	21	21	23	23	23	23	23	23	23	23	23	23	23
24	Alessandro Nannini	Minardi-Motori Moderni M186	9	9	9	9	9	9	9	21	23	23	23	23	23	23	23	23	4	4	4	4	4	4	4	4	4	4	4
25	René Arnoux	Ligier-Megatron JS29C	25	25	㉕	21	21	21	21	23	3	3	3	4	4	4	4	4	3	3	3	3	3	3	3	3	3	3	3
9	Martin Brundle	Zakspeed 871	21	21	21	30	30	30	㉚	3	4	4	4	3	3	3	3	3	10	10	10	10	10	10	10	10	10	10	10
10	Christian Danner	Zakspeed 871	16	16	⑯	23	23	23	23	4	10	10	10	10	10	10	10	10	14	14	14	14	14	14	14	14	14	14	14
23	Adrian Campos	Minardi-Motori Moderni M186	30	30	30	3	3	3	3	10	14	14	14	14	14	14	14	14											
21	Alex Caffi	Osella-Alfa Romeo FA1I	23	23	23	4	4	4	4	14	24	㉔																	
30	Philippe Alliot	Lola-Cosworth LC-87	3	10	10	10	10	10	10	24																			
4	Philippe Streiff	Tyrrell-Cosworth 016	10	3	3	14	14	14	14																				
3	Jonathan Palmer	Tyrrell-Cosworth 016	4	4	4	24	24	24	24																				
16	Ivan Capelli	March-Cosworth 871	14	14	14																									
14	Pascal Fabre	AGS-Cosworth JH22	24	24	24																									

dann eben ein paar hundert Meter später. Auf dieser breiten Piste mit ihren zahllosen Überholmöglichkeiten, gab es für mich keine Rettung.«

Nigel Mansell vertrat eine andere Auffassung: »Ich mußte gleich die erste Gelegenheit beim Schopf packen. Nelson war immer noch schnell unterwegs, und ich weiß nicht, wie es ausgegangen wäre, wenn er meinen Angriff bei ›Stowe‹ abgewehrt hätte.«

Mit 1,9 Sekunden Vorsprung auf Piquet kreuzte Mansell zweieinhalb Runden nach dem riskanten Manöver die Ziellinie. Kurz darauf blieb er mit trockenem Tank liegen, noch bevor er die Auslaufrunde beenden konnte. Für Minuten vergaßen die Fans ihre britische Erziehung und alles, was sie über »verbotene Zonen« auf Rennpisten wußten. Begeistert stürmten die Massen über die Absperrungen hinweg und feierten ihren Helden: Monza in Großbritannien.

Nachdem er den Belag der Flugplatzpiste im Freudentaumel geküßt hatte, erinnerte der Sieger an Detroit: »Nach meinen Erfolgen in Le Castellet und hier,

Nigel Mansell – alles gewagt, alles gewonnen

wird mir wohl niemand mehr mangelnde Fitneß vorwerfen... Um Nelson einholen zu können, mußte ich die letzten 20 Runden am absoluten Limit fahren – wahrlich kein Vergnügen auf einer so schnellen Bahn.«

»Verlierer« Piquet, der bereits zum fünften Mal in der laufenden Saison auf Platz zwei landete, nahm zu seiner Reifentaktik Stellung: »Nach halber Distanz sah ich keinen Grund, frische Pneus zu holen. Mein Plan, mit nur einem Satz auszukommen, schien dann tatsächlich aufzugehen. Ohne jede Vorwarnung verschlechterte sich der Zustand meiner Gummis schließlich aber doch noch. Ohne Grip hatte ich keine Chancen gegen Nigel.«

Zerknirscht blickte zu diesem Zeitpunkt Weltmeister Alain Prost auf den Ausgang des Rennens: »Ich hatte gehofft, hier siegen zu können. Wo soll ich denn überhaupt noch gewinnen, wenn nicht auf einer Piste wie dieser? Leistung, Spritverbrauch und Zuverlässigkeit – in jedem dieser Punkte ist uns Honda überlegen.«

Was sich anhört wie der Frust eines enttäuschten Fahrers, war tatsächlich nicht mehr als eine nüchterne Bilanz: Die vier Honda-getriebenen Wagen landeten auf den ersten Plätzen, während McLaren-Porsche zwei Ausfälle verzeichnete.

Noch mehr Grund zur Verbitterung hatte jedoch Gerhard Berger. Wegen einer defekten Aufhängung war der Ferrari des Tirolers auf der Geraden vor »Woodcote« in voller Fahrt von der Bahn geraten. Berger hatte Glück, daß sein Auto vor dem Aufschlag in die Absperrungen viel Tempo verlor und kam mit Gesichtsprellungen davon.

30	31	32	33	34	35	36	37	38	39	40	41	42	43	44	45	46	47	48	49	50	51	52	53	54	55	56	57	58	59	60	61	62	63	64	65
6	6	6	6	6	6	6	6	6	6	6	6	6	6	6	6	6	6	6	6	6	6	6	6	6	6	6	6	6	6	6	6	6	5	5	5
5	5	5	5	5	5	5	5	5	5	5	5	5	5	5	5	5	5	5	5	5	5	5	5	5	5	5	5	5	5	5	5	5	6	6	6
12	12	12	12	12	12	12	12	12	12	12	12	12	12	12	12	12	12	12	12	12	12	12	12	12	12	12	12	12	12	12	12	12	12	12	12
27	27	1	1	1	1	1	1	1	1	1	1	1	1	1	1	1	1	1	1	1	1	1	①	11	11	11	11	11	11	11	11	11	11	11	11
1	1	27	27	27	27	27	27	27	27	27	27	27	27	27	27	11	11	11	11	11	11	11	11	17	17	17	17	17	17	17	17	17	17	17	17
11	11	11	11	11	11	11	11	11	11	11	11	11	11	11	11	17	17	17	17	17	17	17	17	19	19	19	19	19	19	19	19	19	19	19	19
17	17	17	17	17	17	17	17	17	17	17	17	17	17	17	17	27	20	20	20	20	19	19	19	20	20	20	20	20	20	20	20	20	20	20	20
18	18	18	18	18	18	18	18	18	18	18	18	18	18	20	20	19	19	19	19	19	20	㉗	20	3	3	3	3	3	3	3					
20	20	20	20	20	20	20	20	20	20	20	20	20	20	19	19	27	27	27	27	27	20	3	4	4	4	14	14	14							
19	19	19	19	19	19	19	19	19	19	19	19	19	19	19	⑱	3	3	3	3	3	3	4	14	14	14	④									
9	9	9	9	9	9	9	9	9	9	9	4	4	4	4	3	4	4	4	4	4	4	14	9												
21	21	㉑	23	4	4	4	4	4	3	3	3	3	3	3	4	14	14	14	14	14	14	9													
23	23	23	4	3	3	3	3	3	14	14	14	14	14	14	9	9	9	9	9	9															
4	4	4	3	㉓	14	14	14	14	14	9	9	9	9	9																					
3	3	3	14	14																															
10	10	14																																	
14	14	⑩																																	

WERTUNGSPUNKTE

Fahrer: Senna 31, Mansell 30, Piquet 30, Prost 26, Johansson 13, Berger 9, Alboreto 8, Nakajima 6, de Cesaris 4, Cheever 4, Fabi 3, Boutsen 2, Warwick 2, Brundle 2, Palmer 2, Arnoux 1, Capelli 1, Streiff 1

Konstrukteure: Williams 60, McLaren 39, Lotus 37, Ferrari 17, Arrows 6, Benetton 5, Brabham 4, Tyrrell 3, Zakspeed 2, March 1, Ligier 1

Großer Preis von Deutschland

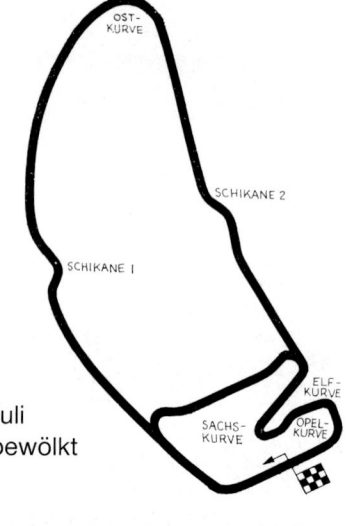

STRECKE

Ort und Datum	Hockenheim, 26. Juli
Wetter	mild, zunehmend bewölkt
Streckenlänge	6,797 km
Runden	44
Renndistanz	299,068 km
Bestehender Rundenrekord	1.46,604 = 229,534 km/h
	Gerhard Berger, Benetton-BMW B186; GP 1986
GP-Sieger 1986	Nelson Piquet, Williams-Honda FW 11
	1:22.08,263 = 218,463 km/h

TRAININGSZEITEN

			24. Juli	25. Juli
1.	Nigel Mansell	Williams-Honda FW 11 B	1.42,616◄	2.00,832
2.	Ayrton Senna	Lotus-Honda 99T	1.42,873◄	–
3.	Alain Prost	McLaren-Porsche MP 4/3	1.43,202◄	–
4.	Nelson Piquet	Williams-Honda FW 11 B	1.43,705◄	–
5.	Michele Alboreto	Ferrari F1-87	1.43,921◄	2.05,139
6.	Thierry Boutsen	Benetton-Ford B187	1.45,066◄	2.02,981
7.	Andrea de Cesaris	Brabham-BMW BT56	1.45,411◄	–
8.	Stefan Johansson	McLaren-Porsche MP 4/3	1.45,428◄	–
9.	Teo Fabi	Benetton-Ford B187	1.45,497◄	2.06,857
10.	Gerhard Berger	Ferrari F1-87	1.45,902◄	2.03,172
11.	Riccardo Patrese	Brabham-BMW BT56	1.46,096◄	–
12.	René Arnoux	Ligier-Megatron JS29C	1.46,323◄	–
13.	Derek Warwick	Arrows-Megatron A10	1.46,525◄	–
14.	Satoru Nakajima	Lotus-Honda 99T	1.46,760◄	–
15.	Eddie Cheever	Arrows-Megatron A10	1.47,780◄	2.04,003
16.	Alessandro Nannini	Minardi-Motori Moderni M186	1.47,887◄	–
17.	Piercarlo Ghinzani	Ligier-Megatron JS29C	1.49,236◄	2.09,440
18.	Adrian Campos	Minardi-Motori Moderni M186	1.49,668◄	–
19.	Martin Brundle	Zakspeed 871	1.51,062◄	2.12,913
20.	Christian Danner	Zakspeed 871	1.51,448◄	2.11,115
21.	Philippe Alliot	Lola-Cosworth LC-87	1.52,760◄	2.11,588
22.	Philippe Streiff	Tyrrell-Cosworth 016	1.53,528◄	2.10,404
23.	Jonathan Palmer	Tyrrell-Cosworth 016	1.54,491◄	2.06,769
24.	Ivan Capelli	March-Cosworth 871	1.54,616◄	2.09,992
25.	Pascal Fabre	AGS-Cosworth JH22	1.54,997◄	–
26.	Alex Caffi	Osella-Alfa Romeo FA1I	6.04,561	2.07,753◄

Nach dem eindrucksvollen Honda-Triumph in Silverstone unternahm Porsche gewaltige Anstrengungen, um das verlorengegangene Terrain auf heimischem Boden wieder gutzumachen. Neben einer minimalen Leistungssteigerung lag der eigentliche Schwerpunkt dieser Maßnahmen im Bereich der Zuverlässigkeit, der einstigen Porsche-Domäne aus den Jahren 1984 bis 1986. Motoren-Konstrukteur Hans Mezger wollte zwar keine Angaben über Details machen – »die Verträge mit McLaren und TAG erlauben das nicht« – strahlte aber bereits vor Trainingsbeginn Optimismus aus. Die gute Stimmung der Schwaben sollte sich noch enorm steigern, bevor sie – knapp zehn Minuten vor Ende der sportlichen Aktivitäten des Wochenendes – einen empfindlichen und entscheidenden Dämpfer erhielt.

Im Training fuhr sich Weltmeister Alain Prost freitags in die Honda-Phalanx und belegte hinter Nigel Mansell und Ayrton Senna Platz drei. Nelson Piquet, von einer Darmgrippe geplagt und zudem wegen eines Laderschadens an seinem Wagen fast ausschließlich im Reserve-Williams unterwegs, blieb um 0,5 Sekunden hinter Prost zurück.

Nach Aufhängungsdefekten in Frankreich und England knackste es bei Ferrari in Hockenheim erneut. Als Gerhard Berger am Ende der Start- und Zielgeraden auf die Bremse trat und in die Nordkurve einlenken wollte, brach das zierliche Gestänge vorn links und der Österreicher schlidderte in die Altreifenstapel der Streckenbegrenzung. Ein Vorfall, der von dem geschockten Piloten mit einer Portion Galgenhumor als »nicht gerade vertrauensbildende Maßnahme« bezeichnet wurde. Ein Teil des Heckflügels, das bei dem Aufprall über einen Maschendrahtzaun hinweg an den Fuß einer Tribüne geschleudert wurde, ward hinfort nicht mehr gesehen. Ein unbekannter Fan mit gering ausgeprägtem Gespür für die Bedeutung aerodynamischer Hilfsmittel war mit seiner Beute entkommen.

Gerhard Bergers Trainingsunfall – wo ist der Heckflügel?

STARTAUFSTELLUNG

5	Nigel Mansell 1.42,616	12	Ayrton Senna 1.42,873
1	Alain Prost 1.43,202	6	Nelson Piquet 1.43,705
27	Michele Alboreto 1.43,921	20	Thierry Boutsen 1.45,066
8	Andrea de Cesaris 1.45,411	2	Stefan Johansson 1.45,428
19	Teo Fabi 1.45,497	28	Gerhard Berger 1.45,902
7	Riccardo Patrese 1.46,096	25	René Arnoux 1.46,323
17	Derek Warwick 1.46,525	11	Satoru Nakajima 1.46,760
18	Eddie Cheever 1.47,780	24	Alessandro Nannini 1.47,887
26	Piercarlo Ghinzani 1.49,236	23	Adrian Campos 1.49,668
9	Martin Brundle 1.51,062	10	Christian Danner 1.51,448
30	Philippe Alliot 1.52,760	4	Philippe Streiff 1.53,528
3	Jonathan Palmer 1.54,491	16	Ivan Capelli* 1.54,616
14	Pascal Fabre 1.54,997	21	Alex Caffi 2.07,753

* Startete aus der Boxengasse

Der zweite Trainingstag brachte keine Verbesserungen, da es regnete. Nur 15 der 26 Fahrer tasteten sich unter diesen Umständen an die Grenzen ihres Könnens – Pech für die Zuschauer vor Ort und jene vor dem heimischen Fernseher. Erstmals wurde nämlich das Abschlußtraining zum deutschen Grand Prix von einigen dritten Programmen live übertragen.

Während der Aufwärmrunden, die vor dem Start gedreht werden, entschloß sich Ayrton Senna zum Wechsel auf den Reserve-Lotus, weil sein Einsatzwagen auf den langen Geraden nicht die gewünschte Endgeschwindigkeit brachte. Auch Ivan Capelli mußte umsteigen. Nachdem sein March auf der Piste stehengeblieben war, begann für den Italiener ein Wettlauf gegen die Zeit, den er verlor. Trotz eines langgezogenen Spurts und dem anschließenden Einsatz eines Mopeds, erreichte Capelli sein Reserve-Auto erst, nachdem die Boxenausfahrt bereits geschlossen war. Aufgemacht wurde sie erst wieder – so schreiben es die Regeln vor – nachdem das Feld gestartet war.

Angeführt von Sennas gelbem Lotus flog das Feld Richtung Ostkurve und zurück ins Motodrom. Auf dem letzten Platz lag aber keineswegs Ivan Capelli, sondern Martin Brundle, der seinen Zakspeed am Start abgewürgt hatte und nur durch die Muskelkraft einiger Helfer in Fahrt kam.

Lange erfreute sich der Brasilianer der eingenommenen Führung nicht. Noch bevor der zweite Umlauf abgespult war, hatten ihn sowohl Nigel Mansell als auch Alain Prost überholt und damit auf Platz drei verdrängt. »Nichts, was ich dagegen hätte tun können«, berichtete Senna später, »auch der Muletto war im sechsten Gang zu langsam.«

Zwei Runden später stellte Riccardo Patrese seinen Brabham-BMW mit einem Elektrikschaden an den Streckenrand und eröffnete damit eine Ausfallserie, die das Feld überdurchschnittlich lichten sollte. An der Spitze zeichnete sich unterdessen der zweite Führungswechsel des Rennens ab. Unter dem Jubel der Zuschauer bog dann tatsächlich zum Ende des achten Umlaufs Weltmeister Alain Prost als neuer Spitzenreiter durch die Agip-Kurve. Prost, Mansell,

Bild folgende Doppelseite:
Vorbereitungen zum Start – Noch drei Minuten!

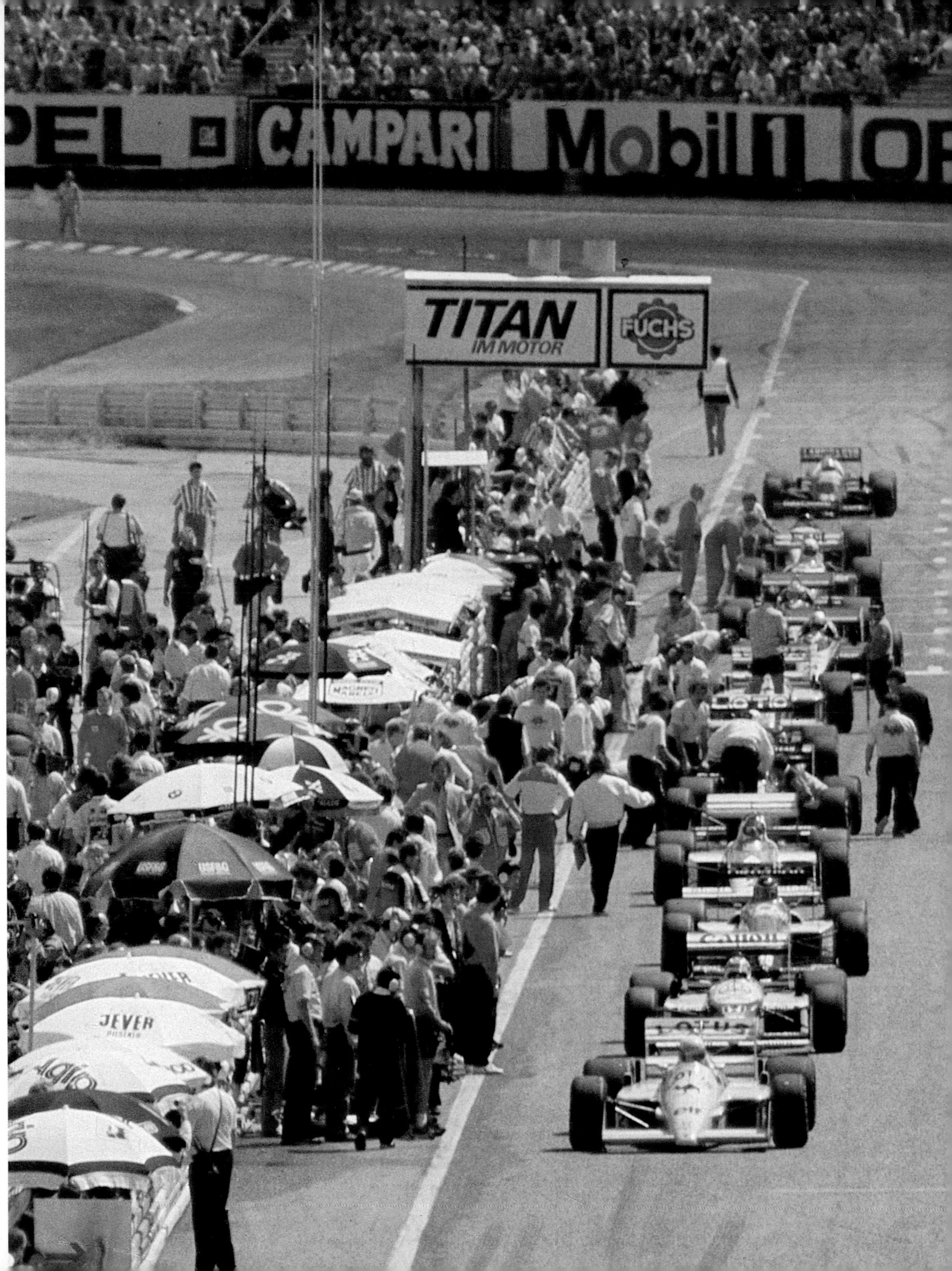
PEL
CAMPARI
Mobil 1
TITAN
IM MOTOR
FUCHS
JEVER

CAMPARI
MAGNETI MARELLI
Ate Ate Ate Ate
Mobil Mobil Mobil Mobil

ERGEBNISSE UND AUSFÄLLE

1.	Nelson Piquet	Williams-Honda FW11B-04	1:21.25,091 = 220,394 km/h
2.	Stefan Johansson	McLaren-Porsche MP4/3-2	1.39,591 Minuten zurück
3.	Ayrton Senna	Lotus-Honda 99T/5	1 Runde zurück
4.	Philippe Streiff	Tyrrell-Cosworth 016-05	1 Runde zurück
5.	Jonathan Palmer	Tyrrell-Cosworth 016-02	1 Runde zurück
6.	Philippe Alliot	Lola-Cosworth LC-87 01	2 Runden zurück
7.	Alain Prost*	McLaren-Porsche MP4/3-4	5 Runden zurück
8.	Martin Brundle**	Zakspeed 871-03	10 Runden zurück
9.	Piercarlo Ghinzani	Ligier-Megatron JS29C 04	33. Runde, Motor
10.	Adrian Campos	Minardi-Motori Moderni M186 02	29. Runde, Motor
11.	Thierry Boutsen	Benetton-Ford B187-06	27. Runde, Motor
12.	Nigel Mansell	Williams-Honda FW11B-03	26. Runde, Motor
13.	Alessandro Nannini	Minardi-Motori Moderni M186 03	26. Runde, Motor
14.	Derek Warwick	Arrows-Megatron A10-04	24. Runde, Turbo
15.	Christian Danner	Zakspeed 871-02	22. Runde, Antriebswelle
16.	Gerhard Berger	Ferrari F1-87 099	20. Runde, Turbo
17.	Teo Fabi	Benetton-Ford B187-07	19. Runde, Motor
18.	Alex Caffi	Osella-Alfa Romeo FA1I-01	18. Runde, Motor
19.	Andrea de Cesaris	Brabham-BMW BT56 3	13. Runde, Motor
20.	Michele Alboreto	Ferrari F1-87 098	11. Runde, Turbo
21.	Pascal Fabre	AGS-Cosworth JH22 032	11. Runde, Motor
22.	Eddie Cheever	Arrows-Megatron A10-02	10. Runde, Gaszug
23.	Satoru Nakajima	Lotus-Honda 99T/3	10. Runde, Hinterradaufhängung
24.	Ivan Capelli	March-Cosworth 871-02	8. Runde, Verteilerfinger
25.	René Arnoux	Ligier-Megatron JS29C 05	7. Runde, Zündung
26.	Riccardo Patrese	Brabham-BMW BT56 1	6. Runde, Elektrik

* Nicht im Ziel, aber aufgrund der zurückgelegten Distanz gewertet
** Im Ziel, aber aufgrund der zurückgelegten Distanz nicht gewertet

Schnellste Runde:
(24. Runde) – Nigel Mansell, Williams-Honda FW11B, 1.45,716 = 231,462 km/h
Neuer Rundenrekord

RUNDENTABELLE

Piquet und Senna hieß die neue Reihenfolge im Kampf um Platz eins, nachdem die beiden Brasilianer bereits fünf Runden zuvor die Positionen getauscht hatten. Aus dieser Vierergruppe mußte sich der spätere Sieger rekrutieren.

Zwischen der 19. und der 23. Runde gingen die vier Favoriten zum routinemäßigen Reifenwechsel an ihre Boxen, was die Rangfolge kurzfristig durcheinander wirbelte. Für Alain Prost hätte der Stopp fast schon sein Ausscheiden bedeutet. Nach einer perfekten Leistung seiner Mechaniker, die die vier neuen Räder in weniger als sieben Sekunden montierten, gab der Franzose zu früh Gas – der Wagenheber klemmte unter dem McLaren-Bug! Zum Glück für den Champion konnte die Situation schnell bereinigt werden.

Zu Beginn der zweiten Rennhälfte wurde rasch deutlich, daß Ayrton Senna mit technischen Problemen zu kämpfen hatte. Die aktive Radaufhängung seines Autos war kollabiert und damit kaum noch fahrbar. Als Teamchef Peter Warr auf den Kontroll-Monitoren in den Bo-

Überraschungssieger Nelson Piquet zeigt ein Herz für Alain Prost, den großen Pechvogel des Rennens

30	31	32	33	34	35	36	37	38	39	40	41	42	43	44
1	1	1	1	1	1	1	1	1	1	6	6	6	6	6
6	6	6	6	6	6	6	6	6	6	2	2	2	2	2
2	2	2	2	2	2	2	2	2	2	12	12	12	12	
12	12	12	12	12	12	12	12	12	12	4	4	4	4	
26	26	㉖	4	4	4	4	4	4	4	3	3	3	3	
4	4	4	3	3	3	3	3	3	3	30	30	30		
3	3	3	30	30	30	30	30	30	30					
30	30	30	9	9										
9	9	9												

WERTUNGSPUNKTE

Fahrer: Piquet 39, Senna 35, Mansell 30, Prost 26, Johansson 19, Berger 9, Alboreto 8, Nakajima 6, de Cesaris 4, Cheever 4, Streiff 4, Palmer 4, Fabi 3, Boutsen 2, Warwick 2, Brundle 2, Alliot 1, Arnoux 1, Capelli 1

Konstrukteure: Williams 69, McLaren 45, Lotus 41, Ferrari 17, Tyrrell 8, Arrows 6, Benetton 5, Brabham 4, Zakspeed 2, March 1, Lola 1, Ligier 1

xen den Defekt registrierte, traf ihn nach eigener Aussage ein gewaltiger Schreck: »Jetzt fliegt er raus, zuckte es mir durch den Kopf.« Senna brachte es jedoch fertig, den tief über den Asphalt rutschenden Lotus auf Kurs zu halten und wurde letztlich – wenn auch mit einer Runde Rückstand – sensationellerweise noch Dritter.

Die Entscheidung im Kampf um die Spitze schien endgültig gefallen, als Nigel Mansell gegen Ende der 26. Runde ausgangs der Sachs-Kurve stoppte und aus dem Cockpit kletterte – Motorschaden! Der Defekt hatte den Briten völlig überraschend getroffen. »Nichts kündigte meinen Ausfall an – plötzlich war's aus«, grummelte der Pechvogel, der im übrigen glaubhaft versicherte, daß er sich den führenden Franzosen noch vor Ablauf der 44. Runde geschnappt hätte.

Mit Mansells Abtritt verlor das bis dahin offene Rennen deutlich an Spannung. Alain Prost lag nun mit mehr als 30 Sekunden Vorsprung auf Nelson Piquet in Front, und Stefan Johansson unterstrich auf Platz drei die Qualität der McLaren. Hinter diesen Piloten schmolz das Feld bis zur 32. Runde auf acht Teilnehmer zusammen! Den weitaus spektakulärsten Abgang der 18 Unglücklichen bot Derek Warwick, der seinen Arrows lichterloh brennend im Motodrom ausrollen ließ. Als Prost seinen McLaren in die 40. Runde fuhr, lag ein neuer »Weltrekord« in der Luft. Ein Sieg des Franzosen hätte seine Bilanz auf 28 Grand Prix-Erfolge gebracht. Da dem Champion von Nelson Piquet, der sich mit seinem sechsten zweiten Platz in der laufenden Saison abgefunden hatte, keine Gefahr drohte, schien der Rekordsieg nur noch eine Frage der Zeit zu sein.

Aus der 40. Runde kam dann aber überraschend Nelson Piquet als neuer Spitzenreiter zurück – Alain Prosts McLaren war mit gerissenem Keilriemen der Lichtmaschine draußen in den Kiefernwäldern liegengeblieben. Der Ausfall des scheinbar so sicheren Siegers löste in seinen Boxen Entsetzen und Enttäuschung aus. Auch der unter dramatischen Umständen herausgefahrene zweite Platz Stefan Johanssons konnte über den verpaßten Sieg nicht hinwegtrösten. Der Schwede hatte sein Auto auf drei Rädern ins Ziel gebracht, nachdem ihm zu Beginn der letzten Runde der rechte Vorderreifen explodiert war.

Sieger Nelson Piquet machte aus seinem eigenen Erstaunen über den Erfolg und neun wertvolle Weltmeisterschaftspunkte kein Hehl: »Heute wäre ich mit weit weniger hochzufrieden gewesen. Mein Williams lag schlecht auf der Bahn, und ich hatte keine Chance, Prosts und Mansells Tempo mitzugehen. Ich fuhr deshalb gar nicht mehr auf Angriff und hätte aus eigener Kraft nicht mehr als Platz drei geschafft.«

Freudenstimmung herrschte nicht nur bei Sieger Nelson Piquet, der seine Formel 1-Karriere 1978 in Hockenheim begonnen hatte. Ebenso begeistert wurde von den drei Sauger-Piloten Philippe Streiff, Jonathan Palmer und Philippe Alliot gefeiert: Ausgerechnet auf einer der schnellen Pisten war den dreien der Sprung in die Punkteränge gelungen – natürlich nur deshalb, weil sie dem Fähnlein der sieben Aufrechten angehörten, das das Ziel in Wertung erreichte.

Großer Preis von Ungarn

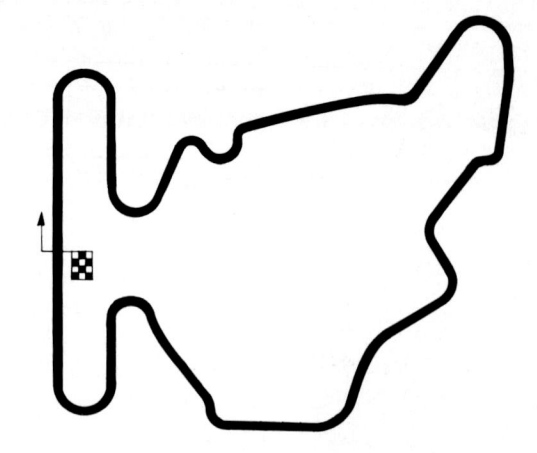

STRECKE

Ort und Datum	Mogyorod, 9. August
Wetter	warm, wechselnd bewölkt
Streckenlänge	4,014 km
Runden	76
Renndistanz	305,064 km
Bestehender Rundenrekord	1.31,001 = 158,794 km/h
	Nelson Piquet, Williams-Honda FW 11; GP 1986
GP-Sieger 1986	Nelson Piquet, Williams-Honda FW 11
	2:00.34,508 = 151,804 km/h

TRAININGSZEITEN

			7. August	8. August
1.	Nigel Mansell	Williams-Honda FW 11B	1.28,047◄	1.28,682
2.	Gerhard Berger	Ferrari F1-87	1.31,080	1.28,549◄
3.	Nelson Piquet	Williams-Honda FW 11B	1.30,842	1.29,724◄
4.	Alain Prost	McLaren-Porsche MP 4/3	1.30,156◄	1.30,327
5.	Michele Alboreto	Ferrari F1-87	1.30,472	1.30,310◄
6.	Ayrton Senna	Lotus-Honda 99T	1.31,387	1.30,387◄
7.	Thierry Boutsen	Benetton-Ford B 187	1.30,748◄	1.30,810
8.	Stefan Johansson	McLaren-Porsche MP 4/3	1.31,228◄	1.31,940
9.	Derek Warwick	Arrows-Megatron A 10	1.31,416◄	1.34,386
10.	Riccardo Patrese	Brabham-BMW BT56	1.31,586◄	1.32,422
11.	Eddie Cheever	Arrows-Megatron A 10	1.32,336◄	1.33,700
12.	Teo Fabi	Benetton-Ford B 187	1.32,452◄	1.32,639
13.	Andrea de Cesaris	Brabham-BMW BT56	1.32,628◄	1.43,913
14.	Philippe Streiff	Tyrrell-Cosworth 016	1.33,644◄	1.34,383
15.	Philippe Alliot	Lola-Cosworth LC-87	1.33,777◄	1.34,014
16.	Jonathan Palmer	Tyrrell-Cosworth 016	1.34,398	1.33,895◄
17.	Satoru Nakajima	Lotus-Honda 99T	1.34,297◄	1.34,476
18.	Ivan Capelli	March-Cosworth 871	1.34,950	1.34,426◄
19.	René Arnoux	Ligier-Megatron JS 29C	1.35,346	1.34,518◄
20.	Alessandro Nannini	Minardi-Motori Moderni M 186	1.34,796	1.34,770◄
21.	Alex Caffi	Osella-Alfa Romeo FA1 I	1.36,693	1.35,594◄
22.	Martin Brundle	Zakspeed 871	1.35,754◄	1.35,818
23.	Christian Danner	Zakspeed 871	1.35,930◄	1.36,371
24.	Adrian Campos	Minardi-Motori Moderni M 186	1.36,067◄	1.37,948
25.	Piercarlo Ghinzani	Ligier-Megatron JS 29C	1.36,411	1.36,109◄
26.	Pascal Fabre	AGS-Cosworth JH22	1.38,803	1.37,730◄

Als die Mechaniker im großzügig angelegten Fahrerlager des Hungarorings die High-Tech-Fracht aus den Transportern der Teams luden, fielen Modifikationen bei Lotus und McLaren ins Auge. Gérard Ducarouge hatte die Heckpartie des Bodywork überarbeitet, und Ayrton Senna standen zwei Wagen dieser neuen Version zur Verfügung. Satoru Nakajimas Lotus sollte erst für das kommende Wochenende verbessert werden. Weil Aggregate im Turbo-Umfeld tiefer gelegt wurden, war die Heckverkleidung der gelben Autos jetzt stufig den neuen Konturen angepaßt. Gleichzeitig hatte der französische Konstrukteur die einst von John Barnard für McLaren entworfene Flaschenhals-Form noch ausgeprägter als beim Original-99T gestalten können. Die Veränderung bei McLaren nahm sich dagegen bescheiden aus. Für Alain Prost und Stefan Johansson gab es neue, zweistufige Heckflügel, die auf dem langsamen Kurs theoretisch Vorteile versprachen, dann aber nur im Training eingesetzt wurden.

Neben der Technik sorgte auch die »menschliche Seite« für Gesprächsstoff, noch bevor die erste Runde gedreht wurde. In Mogyorod gab Ayrton Senna bekannt, daß er 14 Tage zuvor bei Lotus gekündigt hatte, und Team-Chef Peter Warr präsentierte in Ungarn dessen Nachfolger: Ab 1988 wird Nelson Piquet für Lotus ins Lenkrad greifen. Während dieser Transfer bereits mit Unterschriften besiegelt war, geisterte die Sensation Nummer zwei zunächst nur als phantastisch anmutendes Gerücht durch die Boxengasse: Zum Saison-Ende würde Honda seine erfolgreiche Zusammenarbeit mit Williams beenden. Noch vor Ablauf des Sommers sollte diese ostasiatisch-rätselhafte Entscheidung aus Tokyo bestätigt werden.

Während die Fahrer normalerweise ihre Rundenzeiten vom ersten auf den zweiten Trainingstag – trockener Asphalt vorausgesetzt – steigern können, verlief das Qualifying in Ungarn atypisch. Nachdem freitags im Anschluß an einen

Philippe Streiff machte während des Trainings Bekanntschaft mit volkseigenen Leitplanken

STARTAUFSTELLUNG

28	Gerhard Berger 1.28,549	5	Nigel Mansell 1.28,047
1	Alain Prost 1.30,156	6	Nelson Piquet 1.29,724
12	Ayrton Senna 1.30,387	27	Michele Alboreto 1.30,310
2	Stefan Johansson 1.31,228	20	Thierry Boutsen 1.30,748
7	Riccardo Patrese 1.31,586	17	Derek Warwick 1.31,416
19	Teo Fabi 1.32,452	18	Eddie Cheever 1.32,336
4	Philippe Streiff 1.33,644	8	Andrea de Cesaris 1.32,628
3	Jonathan Palmer 1.33,895	30	Philippe Alliot 1.33,777
16	Ivan Capelli 1.34,426	11	Satoru Nakajima 1.34,297
24	Alessandro Nannini 1.34,770	25	René Arnoux 1.34,518
9	Martin Brundle 1.35,754	21	Alex Caffi 1.35,594
23	Adrian Campos 1.36,067	10	Christian Danner 1.35,930
14	Pascal Fabre 1.37,730	26	Piercarlo Ghinzani 1.36,109

Regenguß nur knapp 30 Minuten lang auf abgetrockneter Bahn gefahren werden konnte, herrschten während des Abschlußtrainings scheinbar beste Bedingungen. Scheinbar, denn nur elf Piloten konnten ihre Zeiten verbessern – 15 blieben auf den Vortagswerten sitzen. »Man brauchte heute sehr viel Glück«, berichtete Nigel Mansell, Trainingsschnellster und »Geburtstagskind«, »die Bedingungen wechselten auf wundersame Weise von Minute zu Minute. Mal war die Bahn schnell, dann wieder unglaublich rutschig. Ich kam mir vor, wie ein Schütze, der auf ein bewegliches Ziel schießen muß.«

Gerhard Berger und Derek Warwick plagten andere Sorgen. Der Tiroler brachte zwar das Kunststück fertig, erstmals seit 1985 (Stefan Johansson auf dem Nürburgring) einen Ferrari für die erste Startreihe zu qualifizieren, doch mit käsigem Gesicht prophezeite er für den Renntag nichts Gutes: »Ich bin krank. Fieber hab' ich, Magenkrämpfe und Kreislaufschwäche – für eine schnelle Runde reicht's zwar, aber für die volle Distanz über zwei Stunden wohl kaum.« Auch Derek Warwick fühlte sich nicht wohl. »Nachdem ich heute gleich zweimal meinen Bremspunkt überfuhr, stieg ich aus«, meinte der Brite mit matter Stimme und fuhr fort: »Wenn es mir morgen nicht besser geht, dann muß ich wohl auf den Start verzichten.« Die Befürchtungen des Arrows-Fahrers waren glücklicherweise unbegründet. Alle 26 Piloten stellten sich am Renntag dem Starter und kamen bei Aufflammen des Grünlichts geschlossen gut von der Linie. Gerhard Berger sogar zu gut... Aufmerksame Funktionärsaugen hatten beobachtet, daß der Ferrari des Österreichers bereits vor dem Startzeichen rollte – ein Vergehen, das dem Schuldigen gar nicht bewußt wurde – und ahndeten diesen minimalen Regelverstoß mit einer Strafminute.

Wenn sich Nigel Mansell und Gerhard Berger im Verlauf der ersten zwölf Runden um die Führung stritten, so war dies ein reines Scheingefecht. Unter Berücksichtigung der Strafe lag Berger rechnerisch um mehr als eine halbe Runde hinter dem führenden Briten. Die Mühen, den Ferrari mit Startnummer 28 korrekt zu plazieren, fanden während des 13. Umlaufs ihr Ende. Mit einem Schaden an der Kraftübertragung stellte Berger seinen Wagen an der Boxenmauer ab – um Ferrari-Rennleiter Marco Piccinini Bericht zu erstatten, brauchte der Tiroler nur wenige Schritte zurückzulegen.

ERGEBNISSE UND AUSFÄLLE

1.	Nelson Piquet	Williams-Honda FW 11B-04	1:59.26,793 = 153,239 km/h
2.	Ayrton Senna	Lotus-Honda 99T/4	37,727 Sekunden zurück
3.	Alain Prost	McLaren-Porsche MP 4/3-4	1.27,456 Minuten zurück
4.	Thierry Boutsen	Benetton-Ford B 187-06	1 Runde zurück
5.	Riccardo Patrese	Brabham-BMW BT 56 4	1 Runde zurück
6.	Derek Warwick	Arrows-Megatron A 10-04	2 Runden zurück
7.	Jonathan Palmer	Tyrrell-Cosworth 016-06	2 Runden zurück
8.	Eddie Cheever	Arrows-Megatron A 10-02	2 Runden zurück
9.	Philippe Streiff	Tyrrell-Cosworth 016-05	2 Runden zurück
10.	Ivan Capelli	March-Cosworth 871-01	2 Runden zurück
11.	Alessandro Nannini	Minardi-Motori Moderni M 186 03	3 Runden zurück
12.	Piercarlo Ghinzani	Ligier-Megatron JS 29C 04	3 Runden zurück
13.	Pascal Fabre	AGS-Cosworth JH 22 032	5 Runden zurück
14.	Nigel Mansell*	Williams-Honda FW 11B-03	6 Runden zurück
15.	Alex Caffi	Osella-Alfa Romeo FA 1I-01	65. Runde, Benzinpumpe
16.	René Arnoux	Ligier-Megatron JS 29C 05	58. Runde, Motor
17.	Philippe Alliot	Lola-Cosworth LC-87 03	49. Runde, Unfall
18.	Martin Brundle	Zakspeed 871-01	46. Runde, Turbo
19.	Michele Alboreto	Ferrari F1-87 100	44. Runde, Motor
20.	Andrea de Cesaris	Brabham-BMW BT 56 3	44. Runde, Differential
21.	Stefan Johansson	McLaren-Porsche MP 4/3-2	15. Runde, Getriebe
22.	Teo Fabi	Benetton-Ford B 187-07	15. Runde, Getriebe
23.	Adrian Campos	Minardi-Motori Moderni M 186 02	15. Runde, Unfall
24.	Gerhard Berger	Ferrari F1-87 098	14. Runde, Antriebswelle
25.	Christian Danner	Zakspeed 871-02	4. Runde, Elektrik
26.	Satoru Nakajima	Lotus-Honda 99T/3	2. Runde, Antriebswelle

* Nicht im Ziel, aber aufgrund der zurückgelegten Distanz gewertet

Schnellste Runde:
(63. Runde) – Nelson Piquet, Williams-Honda FW 11B, 1.30,149 = 160,295 km/h
Neuer Rundenrekord

RUNDENTABELLE

#	Fahrer	Wagen	1	2	3	4	5	6	7	8	9	10	11	12	13	14	15	16	17	18	19	20	21	22	23	24	25	26	27
5	Nigel Mansell	Williams-Honda FW 11B	5	5	5	5	5	5	5	5	5	5	5	5	5	5	5	5	5	5	5	5	5	5	5	5	5	5	5
28	Gerhard Berger	Ferrari F1-87	28	28	28	28	28	28	28	28	28	28	28	28	27	27	27	27	27	27	27	27	27	27	27	27	27	27	27
6	Nelson Piquet	Williams-Honda FW 11B	27	27	27	27	27	27	27	27	27	27	27	6	6	6	6	6	6	6	6	6	6	6	6	6	6	6	6
1	Alain Prost	McLaren-Porsche MP 4/3	6	6	6	6	6	6	6	6	6	6	6	⑳	12	12	12	12	12	12	12	12	12	12	12	12	12	12	12
27	Michele Alboreto	Ferrari F1-87	12	12	12	12	12	12	12	12	12	12	12	12	20	20	20	20	20	20	20	20	20	20	20	20	20	20	20
12	Ayrton Senna	Lotus-Honda 99T	1	1	20	20	20	20	20	20	20	20	20	20	②	1	1	1	1	1	1	1	1	1	1	1	1	1	1
20	Thierry Boutsen	Benetton-Ford B 187	20	20	1	2	2	2	2	2	2	2	2	2	1	7	7	7	7	7	7	7	7	7	7	7	7	7	7
2	Stefan Johansson	McLaren-Porsche MP 4/3	2	2	2	1	1	1	1	1	1	1	1	1	7	17	17	17	17	17	17	17	17	17	17	17	17	17	17
17	Derek Warwick	Arrows-Megatron A 10	7	7	7	7	7	7	7	7	7	7	7	7	17	18	18	18	18	18	18	18	18	18	18	18	18	18	18
7	Riccardo Patrese	Brabham-BMW BT 56	17	17	17	17	17	17	17	17	17	17	17	17	18	8	8	8	8	8	8	8	8	8	8	8	8	8	8
18	Eddie Cheever	Arrows-Megatron A 10	18	18	18	18	18	18	18	18	18	18	18	18	8	16	16	16	16	16	16	16	16	16	16	16	16	16	16
19	Teo Fabi	Benetton-Ford B 187	8	8	8	8	8	8	8	8	8	8	8	8	⑲	4	4	4	4	4	4	4	4	4	4	4	4	4	4
8	Andrea de Cesaris	Brabham-BMW BT 56	16	19	19	19	19	19	19	19	19	19	19	19	19	21	21	21	21	21	21	21	21	21	21	21	21	21	21
4	Philippe Streiff	Tyrrell-Cosworth 016	19	16	16	16	16	16	16	16	16	16	16	16	4	25	25	25	25	25	25	25	25	25	25	25	25	25	25
30	Philippe Alliot	Lola-Cosworth LC-87	4	4	4	4	4	4	4	4	4	4	4	4	21	9	9	9	9	9	9	9	9	9	9	9	9	9	9
3	Jonathan Palmer	Tyrrell-Cosworth 016	30	30	30	21	21	21	21	21	21	21	21	21	25	24	24	24	24	24	24	24	24	3	3	3	3	3	3
11	Satoru Nakajima	Lotus-Honda 99T	21	21	21	25	25	25	25	25	25	25	25	25	9	3	3	3	3	3	3	3	3	24	24	24	24	24	24
16	Ivan Capelli	March-Cosworth 871	25	25	25	9	9	9	9	9	9	9	9	9	24	26	26	26	26	26	26	26	26	26	26	26	26	26	26
25	René Arnoux	Ligier-Megatron JS 29C	3	9	9	24	24	24	24	24	24	24	24	24	3	14	30	30	30	30	30	30	30	30	30	30	30	30	30
24	Alessandro Nannini	Minardi-Motori Moderni M 186	9	3	24	3	3	3	3	3	3	3	3	3	26	30	14	14	14	14	14	14	14	14	14	14	14	14	14
21	Alex Caffi	Osella-Alfa Romeo FA 1I	24	24	3	23	23	23	23	23	23	14	14	14	14	26	14												
9	Martin Brundle	Zakspeed 871	10	10	⑩	26	26	26	26	26	14	23	26	26	14	30													
10	Christian Danner	Zakspeed 871	23	23	23	14	14	14	14	26	26	23	30	30	30	㉓													
23	Adrian Campos	Minardi-Motori Moderni M 186	26	26	26	30	30	30	30	30	30	30	23	23	23														
26	Piercarlo Ghinzani	Ligier-Megatron JS 29C	14	14	14																								
14	Pascal Fabre	AGS-Cosworth JH 22	⑪																										

Auch nach diesem Ausfall blieb Platz zwei von Ferrari besetzt, denn nun lag Michele Alboreto hinter dem Spitzenreiter. Druck konnte er auf den Williams-Piloten allerdings nicht ausüben, er mußte sich hingegen vor Nelson Piquet in acht nehmen, dessen Auto in den Rückspiegeln des Italieners immer größer wurde. Zu Beginn der 29. Runde konnte er dann tatsächlich einen Platzverlust nicht verhindern. Im Gefälle ausgangs der ersten Rechtskurve griff der Brasilianer überraschend an und schob sich vorbei, obwohl Alboreto mit qualmenden Reifen den folgenden Linkshänder extrem spät anbremste. Auf Platz drei liegend fiel Alboreto dann später mit Motorschaden aus.

Die zwei Williams-Piloten konnten das – von fast allen Fahrern ohne Reifenwechsel abgespulte – Rennen jetzt unter sich ausmachen, da von ihren Hinterleuten Ayrton Senna, Thierry Boutsen und Alain Prost keine Gefahr für sie ausging. Allen dreien waren wegen technischer Probleme die Hände gebunden, wie die Aussagen der Fahrer nach dem Grand

Prix ergaben. Ayrton Senna: »Während der zweiten Rennhälfte traten an meinem Lotus so starke Vibrationen auf, daß ich schon glaubte, es würde nicht bis ins Ziel reichen. Zu meinem Glück hielt aber das Auto, nur der vierte Gang sprang ab und zu 'raus.« Thierry Boutsen: »Bei mir waren es die Bremsen. Praktisch von der ersten Runde an mußte ich vor den Kurven früh vom Gas und meinen Bremspunkt vorverlegen. In den Schlußminuten fiel dann auch noch der Ladedruck zusammen.« Alain Prost: »Frustrierend war es. Ich hatte Fehlzündungen von der Einführungsrunde an – ohnmächtig mußte ich die anderen davonfahren lassen.«

Der Weltmeister hatte in der 14. Runde zusätzlich Zeit verloren, als sich Stefan Johansson vor ihm drehte. Voll auf der Bremse stehend, kreiselte auch der Franzose und den Zuschauern bot sich das bisher einmalige Bild, beide McLaren einträchtig nebeneinander stehend auf der Piste zu sehen – dabei zeigten beide Heckpartien in Fahrtrichtung!

Alle Angriffe Nelson Piquets auf seinen führenden Team-Kollegen scheiterten. Immer wenn der Brasilianer auf die Zeiten drückte, konterte der von seiner Box gut über die Aktivitäten seines Verfolgers unterrichtete Spitzenreiter. Der Abstand zwischen Mansell und Piquet lag unverändert bei gut zwölf Sekunden, als die 71. Runde in Angriff genommen wurde, jener Umlauf, in dem das Rennen entschieden wurde. Noch bevor er wieder bei Start-und-Ziel auftauchen konnte, lockerte sich das rechte Hinterrad am Wagen des führenden Piloten, und damit war der Weg für Nelson Piquets zweiten Saisonsieg frei. Die überraschende Wende des Rennens löste bei Williams betretene Gesichter aus, während die Lotus-Crew über den Erfolg ihres zukünftigen Fahrers jubelte.

Im Ziel gestand der Sieger, daß er »lieber aus eigener Kraft« gewonnen hätte, zeigte aber kein Mitleid für seinen überstürzt abgereisten Stallgefährten: »Der tat mir vielleicht leid, als ich ihn da am Pistenrand stehen sah...« Bei dieser in bester Laune vorgetragenen Aussage hätte Piquet vor Lachen fast geprustet.

Nichts neues im Osten – Piquet siegte wie im Vorjahr

WERTUNGSPUNKTE

Fahrer: Piquet 48, Senna 41, Mansell 30, Prost 30, Johansson 19, Berger 9, Alboreto 8, Nakajima 6, Boutsen 5, de Cesaris 4, Cheever 4, Streiff 4, Palmer 4, Fabi 3, Warwick 3, Brundle 2, Patrese 2, Alliot 1, Arnoux 1, Capelli 1

Konstrukteure: Williams 78, McLaren 49, Lotus 47, Ferrari 17, Tyrrell 8, Benetton 8, Arrows 7, Brabham 6, Zakspeed 2, March 1, Lola 1, Ligier 1

Großer Preis von Österreich

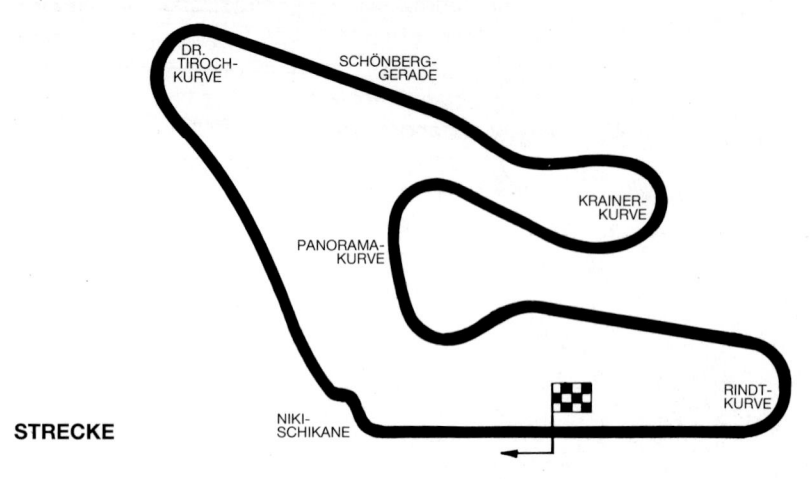

STRECKE

Ort und Datum	Zeltweg, 16. August
Wetter	mild, abnehmende aufgelockerte Bewölkung
Streckenlänge	5,942 km
Runden	52
Renndistanz	308,984 km
Bestehender Rundenrekord	1.29,241 = 239,701 km/h
	Alain Prost, McLaren-Porsche MP 4/2 B; GP 1985
GP-Sieger 1986	Alain Prost, McLaren-Porsche MP 4/2 C
	1:21.22,531 = 227,821 km/h

TRAININGSZEITEN

			14. August	15. August
1.	Nelson Piquet	Williams-Honda FW 11 B	1.23,357◄	1.49,991
2.	Nigel Mansell	Williams-Honda FW 11 B	1.23,459◄	1.33,779
3.	Gerhard Berger	Ferrari F1-87	1.24,213◄	1.38,388
4.	Thierry Boutsen	Benetton-Ford B 187	1.24,348◄	1.48,124
5.	Teo Fabi	Benetton-Ford B 187	1.25,054◄	–
6.	Michele Alboreto	Ferrari F1-87	1.25,077◄	1.45,518
7.	Ayrton Senna	Lotus-Honda 99T	1.25,492◄	1.39,647
8.	Riccardo Patrese	Brabham-BMW BT 56	1.25,766◄	1.53,119
9.	Alain Prost	McLaren-Porsche MP 4/3	1.26,170◄	1.43,132
10.	Andrea de Cesaris	Brabham-BMW BT 56	1.27,672◄	–
11.	Derek Warwick	Arrows-Megatron A 10	1.27,762◄	–
12.	Eddie Cheever	Arrows-Megatron A 10	1.28,370◄	1.37,908
13.	Satoru Nakajima	Lotus-Honda 99T	1.28,786◄	1.43,002
14.	Stefan Johansson	McLaren-Porsche MP 4/3	1.29,003◄	1.41,711
15.	Alessandro Nannini	Minardi-Motori Moderni M 186	1.29,435◄	1.49,566
16.	René Arnoux	Ligier-Megatron JS 29 C	1.29,733◄	–
17.	Martin Brundle	Zakspeed 871	1.29,893◄	1.42,383
18.	Piercarlo Ghinzani	Ligier-Megatron JS 29 C	1.30,682◄	–
19.	Adrian Campos	Minardi-Motori Moderni M 186	1.30,797◄	1.47,128
20.	Christian Danner	Zakspeed 871	1.31,015◄	1.48,880
21.	Alex Caffi	Osella-Alfa Romeo FA 1 H	1.32,313◄	1.50,273
22.	Philippe Alliot	Lola-Cosworth LC-87	1.33,741◄	1.48,595
23.	Ivan Capelli	March-Cosworth 871	1.34,199◄	1.54,807
24.	Jonathan Palmer	Tyrrell-Cosworth 016	1.34,619◄	1.49,308
25.	Philippe Streiff	Tyrrell-Cosworth 016	1.35,338◄	1.51,624
26.	Pascal Fabre	AGS-Cosworth JH 22	1.40,633◄	1.57,236

Nach dem Doppelschlag im Juli, als die Großen Preise von Frankreich und England an zwei aufeinander folgenden Sonntagen ausgetragen wurden, erlebte die Formel 1 Mitte August ihre zweite »englische Woche« der Saison 1987: Von Mogyorod reiste der Troß des Grand Prix-Zirkus in die Steiermark und schlug am Österreichring seine Zelte auf. Das Rennen auf der Hochgeschwindigkeitspiste sollte – sofern über die volle Distanz gefahren wurde – das kürzeste und schnellste des Jahres werden. Wenn die Veranstaltung aber auf Jahre hinaus in ganz besonderer Erinnerung bleiben wird, so liegt das nicht an diesen Attributen, sondern an einer ganzen Kette denkwürdiger Ereignisse, die den Grand Prix zu einem bisher einmaligen Spektakel in der 38jährigen Formel 1-WM-Geschichte machten.

In der 90., der Schlußminute, des ersten freien Trainings passierte der erste Zwischenfall. Mit fast 250 km/h näherte sich der Schwede Stefan Johansson dem Ausgang der langgezogenen Schikane unterhalb der Bosch-Kurve. Als der McLaren über die dort befindliche Kuppe sprang, sah der Pilot die Ideallinie von einem aufgescheuchten Reh versperrt, das voller Panik die Piste überqueren wollte. Johansson hatte keine Chance, eine Kollision zu verhindern. »Als ich das Tier sah, war ich fünf Meter von ihm entfernt – eine Kurskorrektur ist da nicht mehr möglich«, berichtete der Unglücksfahrer Minuten später erregt. Den Zusammenprall mit dem, auf der Stelle getöteten, Reh und den anschließenden Aufschlag in die Leitplanken hatte der Schwede glücklicherweise praktisch unverletzt überstanden. Röntgenaufnahmen ergaben, daß die Schmerzen in der linken Brustseite nicht auf Brüche, sondern »nur« auf starke Prellungen zurückzuführen waren.

Den Kampf um die Pole-Position entschied nach Silverstone zum zweiten Mal im Jahr 1987 der brasilianische Ex-Weltmeister Nelson Piquet zu seinen Gunsten. Trainings-König Nigel Mansell

Thierry Boutsen im schnellen aber unzuverlässigen Benetton-Ford

STARTAUFSTELLUNG

6 Nelson Piquet 1.23,357	5 Nigel Mansell 1.23,459
28 Gerhard Berger 1.24,213	20 Thierry Boutsen 1.24,348
19 Teo Fabi 1.25,054	27 Michele Alboreto** 1.25,077
12 Ayrton Senna 1.25,492	7 Riccardo Patrese 1.25,766
1 Alain Prost** 1.26,170	8 Andrea de Cesaris 1.27,672
17 Derek Warwick 1.27,762	18 Eddie Cheever** 1.28,370
11 Satoru Nakajima 1.28,786	2 Stefan Johansson 1.29,003
24 Alessandro Nannini 1.29,435	25 René Arnoux 1.29,733
9 Martin Brundle** 1.29,893	26 Piercarlo Ghinzani 1.30,682
23 Adrian Campos 1.30,797	10 Christian Danner** 1.31,015
21 Alex Caffi* 1.32,313	30 Philippe Alliot 1.33,741
16 Ivan Capelli 1.34,199	3 Jonathan Palmer 1.34,619
4 Philippe Streiff* 1.35,338	14 Pascal Fabre** 1.40,633

Startaufstellung zum ersten Start
* Nahm am dritten Start nicht teil
** Startete aus der Boxengasse

war aufgrund seiner körperlichen Verfassung mit Platz zwei gut bedient. Donnerstags hatte sich der Engländer beim Zahnarzt vom Weisheitszahn im linken Unterkiefer befreien lassen.

Die Freitagszeiten wurden im Abschlußtraining nicht unterboten, weil nach schweren Regenfällen am Morgen die Bahn nicht mehr rechtzeitig abtrocknete. Slicks konnten nur in den Schlußminuten aufgezogen werden. Während der freien Sitzung überzeugten Gerhard Berger, der die schnellste Runde drehte, und Ayrton Senna, der im strömenden Regen auf der Schönberg-Geraden mit 309 km/h gemessen wurde!

Pünktlich um 14.30 Uhr wurde das Rennen einen Tag später unter guten Witterungsverhältnissen gestartet. Jeder, der die Kupplung perfekt bei optimaler Drehzahl hatte springen lassen, sah sich jedoch schnell um die Früchte seiner Leistung betrogen. In der Steigung hoch zur Schikane war Martin Brundles Zakspeed unvermutet nach links ausgebrochen. Auf seiner Schleuderfahrt zurück über die Piste irritierte er seine Hintermänner derart, daß eine Kettenreaktion ausgelöst wurde, in deren Verlauf auch beide Tyrrell und die zwei Ligier ins Gras mußten. Noch bevor die erste Runde beendet war, wurde das Feld zurückgepfiffen – Abbruch!

Für die scheinbar so unsinnige Kursabweichung des Zakspeed hatte auch dessen Pilot keine Erklärung: »Keine Ahnung, wie das passieren konnte. Ich kann mir nur vorstellen, daß mein Auto wegen des Belagwechsels auf diesem Teilstück einen Schlag bekam und ausbrach.«

Mit 45 Minuten Verspätung – die Aufräumarbeiten waren beendet – wurde ein zweiter Versuch gestartet, das Feld auf die Reise zu schicken. Auch dieser Anlauf schlug fehl, und das Rennen wurde ein zweites Mal abgebrochen. So etwas hatte es seit Einführung der Formel 1-WM im Jahr 1950 noch nicht gegeben! Ausgelöst wurde die spektakuläre Massenkollision durch Nigel Mansell, der sich mit Kupplungs-Problemen nur langsam von der Linie schleppte. Im Bemühen, das rollende Hindernis zu passieren, nutzten seine Hinterleute jede sich bietende Lücke. Dabei entschieden sich der Amerikaner Eddie Cheever und Brabham-Fahrer Riccardo Patrese für exakt denselben Freiraum, und schon ging es drunter und drüber. Ineinander verkeilt blieben die Wagen von Riccardo Patrese, Eddie Cheever, Philippe Alliot, Pascal Fabre, Piercarlo Ghinzani, Martin Brundle, Philippe Streiff, Alex Caffi und Christian Danner auf dem Startplatz zurück.

Nutznießer des Abbruchs war neben den Piloten der Crashfahrzeuge auch Nigel Mansell, der offen gestand: »Mit meiner Kupplung wäre ich nie und nimmer die Steigung zum S hinaufgekommen.«

Fieberhaft durchgeführte Aufräumungsarbeiten begannen, kaum daß sich die zum Glück unverletzten Fahrer aus den

ERGEBNISSE UND AUSFÄLLE

1.	Nigel Mansell	Williams-Honda FW 11 B-03	1:18.44,898 = 235,421 km/h
2.	Nelson Piquet	Williams-Honda FW 11 B-04	55,704 Sekunden zurück
3.	Teo Fabi	Benetton-Ford B 187-07	1 Runde zurück
4.	Thierry Boutsen	Benetton-Ford B 187-06	1 Runde zurück
5.	Ayrton Senna	Lotus-Honda 99 T/5	2 Runden zurück
6.	Alain Prost	McLaren-Porsche MP 4/3-4	2 Runden zurück
7.	Stefan Johansson	McLaren-Porsche MP 4/3-3	2 Runden zurück
8.	Piercarlo Ghinzani	Ligier-Megatron JS 29 C 04	2 Runden zurück
9.	Christian Danner	Zakspeed 871-02	3 Runden zurück
10.	René Arnoux	Ligier-Megatron JS 29 C 05	3 Runden zurück
11.	Ivan Capelli	March-Cosworth 871-03	3 Runden zurück
12.	Philippe Alliot	Lola-Cosworth LC-87 02	3 Runden zurück
13.	Satoru Nakajima	Lotus-Honda 99 T/3	3 Runden zurück
14.	Martin Brundle	Zakspeed 871-01	4 Runden zurück
15.	Jonathan Palmer	Tyrrell-Cosworth 016-06	5 Runden zurück
16.	Pascal Fabre*	AGS-Cosworth JH 22 033	7 Runden zurück
17.	Riccardo Patrese	Brabham-BMW BT 56 2	44. Runde, Motor
18.	Michele Alboreto	Ferrari F1-87 100	43. Runde, Auspuff
19.	Andrea de Cesaris	Brabham-BMW BT 56 3	36. Runde, Getriebe
20.	Derek Warwick	Arrows-Megatron A 10-04	36. Runde, Motor
21.	Eddie Cheever	Arrows-Megatron A 10-02	32. Runde, Unfall
22.	Gerhard Berger	Ferrari F1-87 097	6. Runde, Motor
23.	Adrian Campos	Minardi-Motori Moderni M 186 02	4. Runde, Motor
24.	Alessandro Nannini	Minardi-Motori Moderni M 186 03	2. Runde, Motor

* Im Ziel, aber aufgrund der zurückgelegten Distanz nicht gewertet

Schnellste Runde:
(31. Runde) – Nigel Mansell, Williams-Honda FW 11 B, 1.28,318 = 242,207 km/h
Neuer Rundenrekord

Cockpits erhoben hatten. In den Boxen wurden Reservewagen klar gemacht und Unfallautos repariert. Ganz besonderes Lob verdienten sich dabei die Zakspeed-Mechaniker, die Martin Brundles stark angeschlagenen Wagen bis zum dritten Start um 16.11 Uhr wieder in ein ansehnliches Rennauto verwandelten.

Wie bei Christian Danner, Eddie Cheever und Pascal Fabre reichte die Zeit bei Martin Brundle aber nicht, noch vor Schließung der Boxenausfahrt auf den Startplatz fahren zu können. Aber nicht nur diese vier mußten aus der Boxengasse starten: Zu Beginn der Einführungsrunde gesellte sich Weltmeister Alain Prost zu dem Quartett, als ein Elektrikschaden auftrat, und nach dieser Runde scherte Michele Alboreto aus dem Feld und machte das halbe Dutzend voll. Der Italiener glaubte, etwas an der Lenkung seines Ferrari sei gebrochen. Tatsächlich, wie einer seiner Mechaniker berichtete, war lediglich das Lenkrad falsch auf die Nabe gesetzt worden!

Nur 18 Fahrer nahmen das Rennen so in gewohnter Weise auf. Sechs starteten

RUNDENTABELLE

Nr.	Fahrer	Wagen	1	2	3	4	5	6	7	8	9	10	11	12	13	14	15	16	17	18	19	20	21	22	23	24	25	26	27
6	Nelson Piquet	Williams-Honda FW 11 B	6	6	6	6	6	6	6	6	6	6	6	6	6	6	6	6	6	6	6	6	5	5	5	5	5	5	5
5	Nigel Mansell	Williams-Honda FW 11 B	20	20	20	20	20	20	20	20	20	20	20	20	20	20	5	5	5	5	5	5	6	6	6	6	6	6	6
28	Gerhard Berger	Ferrari F1-87	28	28	28	5	5	5	5	5	5	5	5	5	5	5	19	19	19	19	19	19	19	19	27	27	12	12	19
20	Thierry Boutsen	Benetton-Ford B 187	5	5	5	28	㉘	19	19	19	19	19	19	19	19	19	20	7	7	27	27	27	27	12	12	27	7	27	
19	Teo Fabi	Benetton-Ford B 187	19	19	19	19	19	7	7	7	7	7	7	7	7	7	27	27	27	7	7	12	12	7	7	7	19	1	
27	Michele Alboreto	Ferrari F1-87	7	7	7	7	7	17	17	17	17	17	17	12	12	27	12	12	12	12	12	7	7	1	19	19	27	12	
12	Ayrton Senna	Lotus-Honda 99 T	17	17	17	17	17	8	8	8	8	8	8	27	27	12	1	1	1	1	1	1	1	19	1	1	1	20	
7	Riccardo Patrese	Brabham-BMW BT 56	8	8	8	8	8	11	12	12	12	12	12	8	17	17	17	17	17	17	17	17	17	17	17	20	20	7	
1	Alain Prost	McLaren-Porsche MP 4/3	2	11	11	11	11	27	27	27	27	27	27	8	8	1	8	8	8	8	17	8	8	20	18	18	17		
8	Andrea de Cesaris	Brabham-BMW BT 56	11	23	12	12	12	27	1	1	1	1	1	1	1	8	18	18	18	18	18	18	18	18	20	20	18	17	8
17	Derek Warwick	Arrows-Megatron A 10	23	16	㉓	27	27	1	18	18	18	18	18	18	18	18	18	20	20	20	20	20	20	20	20	18	8	8	18
18	Eddie Cheever	Arrows-Megatron A 10	16	12	26	1	1	18	26	26	26	26	26	26	26	26	26	26	26	26	26	26	26	26	26	26	26	26	
11	Satoru Nakajima	Lotus-Honda 99 T	25	26	27	26	26	26	10	10	10	10	10	10	10	10	10	10	10	10	10	10	10	10	10	10	10	25	
2	Stefan Johansson	McLaren-Porsche MP 4/3	26	25	1	18	18	10	25	25	25	25	25	25	25	25	25	25	25	25	25	25	25	25	25	25	25	9	
24	Alessandro Nannini	Minardi-Motori Moderni M 186	30	1	16	16	16	25	9	9	9	9	9	9	9	9	9	9	9	9	9	9	9	9	9	9	9	16	
25	René Arnoux	Ligier-Megatron JS 29 C	3	30	18	25	10	16	16	16	16	16	16	16	16	16	16	16	16	16	16	16	16	16	16	16	16	30	
9	Martin Brundle	Zakspeed 871	1	27	25	10	25	9	30	30	30	30	30	30	30	30	30	30	30	30	30	30	30	30	30	30	30	10	
26	Piercarlo Ghinzani	Ligier-Megatron JS 29 C	12	18	30	30	30	30	3	3	3	3	3	3	3	3	3	3	3	3	3	3	3	3	3	3	2	2	
23	Adrian Campos	Minardi-Motori Moderni M 186	27	3	10	9	9	3	14	14	14	14	14	14	2	2	2	2	2	2	2	2	2	2	2	2	3	3	
10	Christian Danner	Zakspeed 871	18	10	3	3	3	14	11	2	2	2	2	2	14	14	14	14	11	11	11	11	11	11	11	11	11	11	
30	Philippe Alliot	Lola-Cosworth LC-87	10	9	9	14	14	2	2	11	11	11	11	11	11	11	11	11	14	14	14	14	14	14	14	14	14	14	
16	Ivan Capelli	March-Cosworth 871	9	2	14	2	2																						
3	Jonathan Palmer	Tyrrell-Cosworth 016	㉔	14	2																								
14	Pascal Fabre	AGS-Cosworth JH 22	14																										

aus den Boxen und kamen prompt mit den Autos der Sicherheitsstaffel ins Gehege, die dem Feld in der ersten Runde folgt. Zwei Fahrer traten nicht ein drittes Mal mit an, weil ihnen ihre Teamchefs keine Autos mehr zur Verfügung stellen konnten: Alex Caffi und Philippe Streiff. »Eigentlich«, grübelte Thierry Boutsen vor dem dritten Versuch, »sind die Kupplungen nur für zwei Starts ausgelegt – ich bin gespannt, was das gleich geben wird.« Den berechtigten Sorgen des Belgiers folgte glücklicherweise kein drittes Chaos. Ayrton Senna blieb zwar mit abgewürgtem Honda-Motor einsam bei Start-und-Ziel zurück, die übrigen Piloten nahmen das Rennen aber endlich korrekt in Angriff, und der gelbe Lotus des Brasilianers folgte ihnen, nachdem sich einige Helfer erfolgreich gegen den Heckflügel gestemmt hatten.

Während rings um den Kurs der geglückte Start noch ungläubig bestaunt wurde, führte Nelson Piquet das Feld über die Berg- und Talbahn. Hinter den Williams mit Startnummer sechs setzten sich Thierry Boutsen, Gerhard Berger, Nigel Mansell und Teo Fabi. Die als Mitfavoriten nach Zeltweg gereisten Asse Alain Prost, Ayrton Senna und Michele Alboreto belegten nach dem ersten Umlauf die für sie ungewohnten Ränge 17 bis 19.

Als Gerhard Berger bereits nach fünf Runden mit Motorschaden aufgeben mußte und Thierry Boutsen an den Boxen einen Defekt am Schaltgestänge reparieren ließ, lagen beide Williams in Front – ein 1987 fast schon gewohntes Bild. Von Teo Fabi ging kein gefährlicher Druck auf das siegverwöhnte Duo aus. Nach 20 Runden passierten Piquet und Mansell die Boxen in einem Abstand von 0,4 Sekunden, erst 8,9 Sekunden hinter dem Pärchen folgte der bunte Benetton des Italieners, der kurz darauf durch ein seltenes Mißgeschick noch weiter zurückgeworfen wurde. Als der kleine Mann Reifen wechseln lassen wollte, verpaßte er in der überfüllten Boxengasse seine Mechaniker und mußte einen zweiten Anlauf nehmen, da das Rückwärtsfahren grundsätzlich verboten ist. Ein Reifenwechsel entschied auch zwischen den führenden Williams über Sieg und Niederlage. Während Nigel Mansell – nach einem gewagten Überholmanöver ohnehin an der Spitze – optimal abgefertigt wurde, dauerte Piquets Stopp acht Sekunden länger als normal. Anschließend begnügte sich der Brasilianer freiwillig mit Platz zwei: »Lieber sechs Punkte in der Tasche, als beim Versuch, drei weitere zu holen, alles auf's Spiel zu setzen.«

Alain Prost fiel wegen eines Schadens am Turbo in den Schlußrunden vom dritten auf den sechsten Rang zurück und orakelte im Ziel pessimistisch: »Die Weltmeisterschaft kann ich jetzt wohl endgültig abschreiben.«

Das an Kuriositäten so reiche Rennen wurde auf dem einmal eingeschlagenen Weg der Sonderlichkeiten beendet. Die Zielflagge fiel getreu der Wiener-Kaffeehaus-Mentalität eine Runde zu spät, und auf dem Weg zur Siegerehrung schlug Nigel Mansell – in einem offenen Wagen stehend – mit dem Kopf gegen eine Metall-Traverse des Podiums.

Impression an der Zakspeed-Box während des verregneten Trainings

30	31	32	33	34	35	36	37	38	39	40	41	42	43	44	45	46	47	48	49	50	51	52
5	5	5	5	5	5	5	5	5	5	5	5	5	5	5	5	5	5	5	5	5	5	5
6	6	6	6	6	6	6	6	6	6	6	6	6	6	6	6	6	6	6	6	6	6	6
19	1	1	1	1	1	1	1	1	1	1	1	19	19	19	19	19	19	19	19	19	19	19
27	27	27	27	27	27	27	27	27	27	27	19	1	20	1	20	20	20	20	20	20	20	20
1	19	19	12	12	19	19	19	19	19	19	19	20	20	1	20	1	1	1	1	1	12	
12	12	12	19	19	20	20	20	20	20	20	20	7	(7)	12	12	12	12	12	12	1		
20	20	20	20	20	7	7	7	7	7	7	7	(27)	12	26	26	26	26	26	2	2		
7	7	7	7	(8)	26	26	26	26	26	12	12	26	2	2	2	2	2	26	26			
17	17	17	17	8	12	12	12	12	12	26	26	2	10	10	10	10	10	10				
8	8	8	8	17	(17)	25	10	10	10	10	2	10	25	25	25	25	25	25				
18	(18)	26	26	26	26	10	25	25	2	2	2	10	25	16	16	16	16	16	16			
26	25	25	25	25	10	10	10	2	16	16	16	16	16	30	30	30	30	30				
25	25	10	10	10	10	2	16	16	16	16	16	30	11	11	11	11	11	11				
16	16	16	16	16	16	30	30	30	30	30	30	11	9	9	9	9	9					
30	10	30	30	30	30	9	9	9	9	9	11	11	9	3	3	3	3					
10	30	2	2	2	11	11	11	11	11	9	9	3	14	14								
9	2	9	9	9	3	3	3	3	3	3	14											
2	9	3	3	11	11	14	14	14	14	14	14											
3	3	11	11	3	3																	
11	11	14	14	14																		
14	14																					

WERTUNGSPUNKTE

Fahrer: Piquet 54, Senna 43, Mansell 39, Prost 31, Johansson 19, Berger 9, Alboreto 8, Boutsen 8, Fabi 7, Nakajima 6, de Cesaris 4, Cheever 4, Streiff 4, Palmer 4, Warwick 3, Brundle 2, Patrese 2, Alliot 1, Arnoux 1, Capelli 1

Konstrukteure: Williams 93, McLaren 50, Lotus 49, Ferrari 17, Benetton 15, Tyrrell 8, Arrows 7, Brabham 6, Zakspeed 2, March 1, Lola 1, Ligier 1

Großer Preis von Italien

STRECKE

Ort und Datum	Monza, 6. September
Wetter	sonnig, sehr warm
Streckenlänge	5,800 km
Runden	50 – nach einem Startabbruch und einer zweiten Einführungsrunde wurde die ursprüngliche Distanz von 51 Runden um einen Umlauf gekürzt
Renndistanz	290,000 km
Bestehender Rundenrekord	1.28,099 = 237,006 km/h Teo Fabi, Benetton-BMW B 186; GP 1986
GP-Sieger 1986	Nelson Piquet, Williams-Honda FW 11 1:17.42,889 = 228,373 km/h

TRAININGSZEITEN

			4. Sept.	5. Sept.
1.	Nelson Piquet	Williams-Honda FW 11 B	1.24,617	1.23,460◄
2.	Nigel Mansell	Williams-Honda FW 11 B	1.24,350	1.23,559◄
3.	Gerhard Berger	Ferrari F1-87	1.25,211	1.23,933◄
4.	Ayrton Senna	Lotus Honda 99T	1.25,535	1.24,907◄
5.	Alain Prost	McLaren-Porsche MP 4/3	1.25,340	1.24,946◄
6.	Thierry Boutsen	Benetton-Ford B 187	1.25,250	1.25,004◄
7.	Teo Fabi	Benetton-Ford B 187	1.26,894	1.25,020◄
8.	Michele Alboreto	Ferrari F1-87	1.25,290	1.25,247◄
9.	Riccardo Patrese	Brabham-BMW BT56	1.26,453	1.25,525◄
10.	Andrea de Cesaris	Brabham-BMW BT56	1.40,285	1.26,802◄
11.	Stefan Johansson	McLaren-Porsche MP 4/3	1.27,420	1.27,031◄
12.	Derek Warwick	Arrows-Megatron A10	1.27,543◄	1.28,083
13.	Eddie Cheever	Arrows-Megatron A10	1.29,273	1.28,022◄
14.	Satoru Nakajima	Lotus-Honda 99T	1.28,463	1.28,160◄
15.	René Arnoux	Ligier-Megatron JS 29 C	1.28,946◄	–
16.	Christian Danner	Zakspeed 871	1.30,389	1.29,465◄
17.	Martin Brundle	Zakspeed 871	1.30,144	1.29,725◄
18.	Alessandro Nannini	Minardi-Motori Moderni M186	1.29,738◄	1.31,069
19.	Piercarlo Ghinzani	Ligier-Megatron JS 29 C	1.29,898◄	–
20.	Adrian Campos	Minardi-Motori Moderni M186	1.31,094	1.30,782◄
21.	Alex Caffi	Osella-Alfa Romeo FA1I	1.32,768	1.31,029◄
22.	Jonathan Palmer	Tyrrell-Cosworth 016	1.34,218	1.33,028◄
23.	Philippe Alliot	Lola-Cosworth LC-87	1.34,748	1.33,170◄
24.	Philippe Streiff	Tyrrell-Cosworth 016	1.34,760	1.33,264◄
25.	Ivan Capelli	March-Cosworth 871	1.34,205	1.33,311◄
26.	Franco Forini	Osella-Alfa Romeo FA1H	1.34,467	1.33,816◄

Nicht qualifiziert:

27.	Nicola Larini	Coloni-Cosworth CF187	1.38,460	1.35,721◄
28.	Pascal Fabre	AGS-Cosworth JH22	1.39,393	1.36,679◄

Zwei »neue Gesichter« belebten die Szene im königlichen Park von Monza. Enzo Osella hatte, wie zuvor schon in Imola, einen zweiten Wagen gemeldet. Als Pilot wurde der Tessiner Franco Forini verpflichtet, von dem die zahlreichen Fans aus der nahegelegenen Schweiz eine Fortsetzung der eidgenössischen Grand Prix-Tradition im Sinne einst so erfolgreicher Fahrer wie Toulo de Graffenried, Jo Siffert, Clay Regazzoni oder Marc Surer erwarten. Als zweiter Rookie trat der Einheimische Nicola Larini an, der seinen Formel 1-Einstand am Steuer der Neukonstruktion Coloni-Cosworth gab. Teamchef Enzo Coloni, wegen seiner Namensvettern Ferrari und Osella auch Enzo III. genannt, wagte damit nach Aktivitäten in den Formeln 3 und 3000 den Sprung in die höchste Klasse des Automobil-Rundstreckensports. Welchen Stress ein solcher Schritt mit sich bringt, hatte die Vorwoche gezeigt – in den Tagen der Vorbereitung des Debüts war Signore Coloni nach einer Kreislaufattacke kollabiert. In Monza hielt er die Fäden seiner Scuderia jedoch wieder fest in Händen.

Mit dem Saison-Rekord von 28 Nennungen bekam das Training erstmals im Rennjahr 1987 echten Qualifikationscharakter, da nur 26 Fahrzeuge zum Start zugelassen waren. Das »Gedränge« um die limitierten Startplätze wäre beinahe noch größer geworden. Der geplante Einsatz des Brasilianers Roberto Moreno scheiterte jedoch an der Quantität des AGS-Fuhrparks – eine Folge der materialmordenden Startversuche in der Steiermark. Sportrechtliche Gründe verhinderten dagegen die Formel 1-Jungfernfahrt Emanuele Pirros. Der Italiener sollte einen Benetton-Megatron lenken, doch die FISA wies diese Nennung drei Tage vor Trainingsbeginn zurück. Benetton-Ford heißt die für 1987 angemeldete und damit allein zugelassene Chassis-Motor-Ehe dieses Jahres. Die Verantwortlichen des Projektes hatten bei ihrer Planung diesen

Reglement-Paragraphen glatt übersehen. Das extrem späte Nein der Funktionäre – alle Vorbereitungen für Pirros Einsatz waren bereits abgeschlossen – begründete FISA-Sekretär Yvon Leon ebenso korrekt wie unbarmherzig: »Bevor die Nennung abgegeben wurde, hatten wir keinen Grund, uns zu äußern.«

Im Mittelpunkt des Interesses standen allerdings weniger die tatsächlichen und verhinderten Neuzugänge, sondern Nelson Piquets »Joker«. Nach ausgedehnten Testfahrten erklärte Konstrukteur Patrick Head den Williams mit aktiver Radaufhängung endlich für rennreif, und als Fahrer Nummer eins des Teams wurde Piquet das Auto anvertraut.

Der umgerüstete FW 11B bewies seine Qualitäten bereits im Training. Das zweite Qualifying brachte einen atemberaubenden Schlagabtausch zwischen Nigel Mansell und Nelson Piquet, die sich immer wieder gegenseitig die Bestzeit entrissen. Letztlich behielt der Brasilianer die Oberhand. Der »Stilist« gestand allerdings anschließend, daß er seine Fahrweise vergewaltigen mußte, um den Stallgefährten niederzukämpfen: »Ohne über die kerbs zu räubern – ich flog förmlich drüber – waren diese Zeiten nicht möglich. Ich mag das eigentlich gar nicht, denn auf diese Weise kann man sich leicht einen Reifenschaden einfangen.«

Nigel Mansell, der sich damit in der laufenden Saison im Training ein drittes Mal Piquet beugen mußte, suchte nach dieser »Niederlage« Trost in der Statistik: »Vom zweiten Startplatz aus habe ich dieses Jahr immer gesiegt!« Auf diesen Erfahrungswert sollte kein Verlaß sein.

Langsamster des Trainings, und damit nicht qualifiziert, war Pascal Fabre am Steuer seines AGS. Das Schicksal des Franzosen teilte Nicola Larini, der wegen Problemen an Starter, Elektrik und Kupplung am flammneuen Coloni nur wenige Runden drehte. Der Teamchef ließ deshalb den Kopf nicht hängen:

Logenplatz für Trainings-Zuschauer Jonathan Palmer

»Wir haben gesehen, daß prinzipiell alles recht gut funktioniert. Mir fällt ein Stein vom Herzen. Was wir jetzt brauchen, sind Tests, Tests und wieder Tests.« Schon am Morgen des Renntags planten die Italiener, diese löbliche Absicht in die Tat umzusetzen. Der schnellste der beiden Non-Qualifyer wollte am halbstündigen warm-up teilnehmen, scheiterte jedoch mit diesem Vorhaben an den strengen Funktionären.

Wie bereits drei Wochen zuvor in Zeltweg, konnte das Feld nicht ohne Schwierigkeiten auf die Reise geschickt werden. Alle 26 Piloten standen schon bereit, als am Heck des Brabham von Riccardo Patrese Flammen entdeckt wurden. Wache Starthelfer machten Roland Bruynseraede, den Mann an der Ampel, auf den Zwischenfall aufmerksam, und der reagierte ebenso schnell wie richtig: Abbruch des Startvorgangs. Sofort flankten die Mechaniker über die Boxenmauer und nutzten die unerwartete Verzögerung zu einem allerletzten Check der Autos. Nachtanken wurde in diesen Minuten nicht gestattet, und da eine weitere Einführungsrunde notwendig wurde, verkürzte die Rennleitung die Distanz um einen Umlauf auf 50 Runden.

STARTAUFSTELLUNG

6 Nelson Piquet 1.23,460	5 Nigel Mansell 1.23,559
28 Gerhard Berger 1.23,933	12 Ayrton Senna 1.24,907
1 Alain Prost 1.24,946	20 Thierry Boutsen 1.25,004
19 Teo Fabi 1.25,020	27 Michele Alboreto 1.25,247
7 Riccardo Patrese 1.25,525	8 Andrea de Cesaris 1.26,802
2 Stefan Johansson 1.27,031	17 Derek Warwick 1.27,543
18 Eddie Cheever 1.28,022	11 Satoru Nakajima 1.28,160
25 René Arnoux 1.28,946	10 Christian Danner 1.29,465
9 Martin Brundle 1.29,725	24 Alessandro Nannini 1.29,738
26 Piercarlo Ghinzani 1.29,898	23 Adrian Campos 1.30,782
21 Alex Caffi 1.31,029	3 Jonathan Palmer 1.33,028
30 Philippe Alliot 1.33,170	4 Philippe Streiff 1.33,264
16 Ivan Capelli 1.33,311	22 Franco Forini 1.33,816

Der zweite Start ging reibungslos über die Bühne. Kurz konnte sich Nigel Mansell in Front schieben, doch bereits am Eingang der ersten, doppelten, Schikane führte Nelson Piquet. Das Williams-Duo, gefolgt von Gerhard Berger, Thierry Boutsen, Alain Prost, Ayrton Senna und 20 weiteren Mitstreitern, führte das Feld durch die erste Runde. Schon der nächste Umlauf brachte die scheinbar stabile Reihenfolge an der Spitze durcheinander. Mansell unterlief ein Fahrfehler, und noch bevor der couragierte Brite wieder richtig Tritt gefaßt hatte, waren sowohl der belgische Benetton-Fahrer wie auch Bergers roter Ferrari vorbei.

ERGEBNISSE UND AUSFÄLLE

1.	Nelson Piquet	Williams-Honda FW 11 B-05 A	1:14.47,707 = 232,636 km/h
2.	Ayrton Senna	Lotus-Honda 99T/4	1,806 Sekunden zurück
3.	Nigel Mansell	Williams-Honda FW 11 B-03	49,036 Sekunden zurück
4.	Gerhard Berger	Ferrari F1-87 098	57,979 Sekunden zurück
5.	Thierry Boutsen	Benetton-Ford B187-06	1.21,319 Minuten zurück
6.	Stefan Johansson	McLaren-Porsche MP4/3-5	1.28,787 Minuten zurück
7.	Teo Fabi	Benetton-Ford B187-04	1 Runde zurück
8.	Piercarlo Ghinzani	Ligier-Megatron JS 29 C-04	2 Runden zurück
9.	Christian Danner	Zakspeed 871-02	2 Runden zurück
10.	René Arnoux	Ligier-Megatron JS 29 C-05	2 Runden zurück
11.	Satoru Nakajima	Lotus-Honda 99T/3	3 Runden zurück
12.	Philippe Streiff	Tyrrell-Cosworth 016-07	3 Runden zurück
13.	Ivan Capelli	March-Cosworth 871-01	3 Runden zurück
14.	Jonathan Palmer	Tyrrell-Cosworth 016-06	3 Runden zurück
15.	Alain Prost	McLaren-Porsche MP4/3-4	4 Runden zurück
16.	Alessandro Nannini*	Minardi-Motori Moderni M 186 03	5 Runden zurück
17.	Martin Brundle	Zakspeed 871-01	44. Runde, Getriebe
18.	Philippe Alliot	Lola-Cosworth LC-87 02	38. Runde, Dreher
19.	Adrian Campos	Minardi-Motori Moderni M 186 01	35. Runde, Motor
20.	Eddie Cheever	Arrows-Megatron A 10-02	28. Runde, Antriebswelle
21.	Franco Forini	Osella-Alfa Romeo FA 1 H-01	28. Runde, Turbo
22.	Alex Caffi	Osella-Alfa Romeo FA 1 I-01	17. Runde, Radaufhängung r. h.
23.	Michele Alboreto	Ferrari F1-87 100	14. Runde, Turbo
24.	Derek Warwick	Arrows-Megatron A 10-04	10. Runde, Elektrik
25.	Andrea de Cesaris	Brabham-BMW BT 56 3	8. Runde, Radaufhängung r. v.
26.	Riccardo Patrese	Brabham-BMW BT 56 4	6. Runde, Motor

* Nicht im Ziel, aber aufgrund der zurückgelegten Distanz gewertet

Schnellste Runde:
(49. Runde) – Ayrton Senna, Lotus-Honda 99T, 1.26,796 = 240,564 km/h
Neuer Rundenrekord

»Wenn ich heute siege«, hatte Alain Prost noch vor dem Start gehofft, »kann ich meinen Titel vielleicht doch noch verteidigen – es ist wohl meine letzte Chance.« Nur drei Runden nach Mansells Ausrutscher verdrängte Ayrton Senna Prost vom fünften Platz. Als der Champion kurz darauf innerhalb eines einzigen Umlaufs auch noch Michele Alboreto, Stefan Johansson und Teo Fabi passieren lassen mußte, hielt Prost den Strohhalm seiner vagen Hoffnung nicht mehr in Händen. Ein schier endloser Stopp, die Elektrikbox mußte gewechselt werden, warf ihn dann um drei Runden zurück, wodurch ihm sogar die Sauger-Piloten uneinholbar enteilten – die Ersatzbox harmonierte nicht mit dem Motorprogramm…

Hatte die Masse der 170 000 Zuschauer das Pech des Franzosen noch mit offener Schadenfreude quittiert, gab es auf den Rängen lange Gesichter, als Michele Alboreto seinen Ferrari nach fast 14 Runden mit einem Turbo-Defekt abstellen mußte. Bei voller Fahrt hatte sich der linke Sidepot am Auto des Italieners

RUNDENTABELLE

			1	2	3	4	5	6	7	8	9	10	11	12	13	14	15	16	17	18	19	20	21	22	23	24	25	26	27
6	Nelson Piquet	Williams-Honda FW 11 B	6	6	6	6	6	6	6	6	6	6	6	6	6	6	6	6	6	6	6	6	6	6	6	12	12	12	12
5	Nigel Mansell	Williams-Honda FW 11 B	5	20	20	20	20	20	20	20	20	20	20	20	20	20	20	20	5	5	20	20	12	6	6	6	6	6	6
28	Gerhard Berger	Ferrari F1-87	28	28	28	28	28	28	28	28	28	28	28	28	28	28	5	5	20	20	28	12	5	5	5	5	5	5	5
12	Ayrton Senna	Lotus-Honda 99T	20	5	5	5	5	5	5	5	5	5	5	5	5	5	28	28	28	28	12	28	28	20	20	20	20	20	20
1	Alain Prost	McLaren-Porsche MP4/3	1	1	1	1	12	12	12	12	12	12	12	12	12	12	12	12	12	12	5	5	20	28	28	28	28	28	28
20	Thierry Boutsen	Benetton-Ford B 187	12	12	12	12	1	1	1	27	27	27	27	27	㉗	2	2	2	2	2	19	2	2	2	2	2	2	2	2
19	Teo Fabi	Benetton-Ford B 187	27	27	27	27	27	27	27	2	2	2	2	2	19	19	19	19	19	19	2	19	19	19	19	19	19	19	19
27	Michele Alboreto	Ferrari F1-87	2	2	2	2	2	2	2	19	19	19	19	19	18	18	18	18	18	18	18	18	18	18	18	18	18	18	
7	Riccardo Patrese	Brabham-BMW BT 56	19	19	19	19	19	19	19	1	1	18	18	18	10	10	10	10	10	10	10	10	10	10	10	10	10	9	26
8	Andrea de Cesaris	Brabham-BMW BT 56	7	8	8	8	8	8	17	⑧	10	⑰	10	10	9	9	9	9	9	9	9	9	9	9	9	9	9	⑱	
2	Stefan Johansson	McLaren-Porsche MP4/3	8	7	7	7	7	⑦	17	17	17	9	9	9	25	25	25	25	25	25	25	25	25	26	26	26	10	10	
17	Derek Warwick	Arrows-Megatron A 10	17	17	17	17	17	17	18	18	10	25	25	25	26	26	26	26	26	26	26	26	25	24	24	24	24		
18	Eddie Cheever	Arrows-Megatron A 10	10	10	10	10	10	10	10	9	9	26	26	26	24	24	24	24	24	24	24	24	24	23	23	23	25	25	
11	Satoru Nakajima	Lotus-Honda 99T	11	11	11	18	18	24	24	24	25	24	24	24	21	㉑	23	23	23	23	23	23	23	25	25	25	30	30	
25	René Arnoux	Ligier-Megatron JS 29 C	24	18	18	24	9	9	25	26	21	21	21	21	23	23	23	30	30	30	11	11	11	30	30	30	4	4	
10	Christian Danner	Zakspeed 871	18	24	24	9	9	25	25	26	24	23	23	23	30	30	30	4	11	30	30	30	4	4	4	4	23	11	
9	Martin Brundle	Zakspeed 871	9	9	9	25	25	21	26	21	21	30	30	30	4	4	4	11	4	4	4	4	11	11	11	11	11	23	
24	Alessandro Nannini	Minardi-Motori Moderni M 186	25	25	25	21	21	26	21	23	23	4	4	4	11	11	11	16	16	16	16	16	16	16	16	16	16	16	
26	Piercarlo Ghinzani	Ligier-Megatron JS 29 C	21	21	21	26	26	23	23	30	30	3	3	3	16	16	16	3	3	3	3	3	3	3	3	3	3	3	
23	Adrian Campos	Minardi-Motori Moderni M 186	26	26	26	23	23	30	30	4	4	16	16	11	3	3	2	22	22	22	22	22	22	22	22	22	22	㉒	
21	Alex Caffi	Osella-Alfa Romeo FA 1 I	23	23	23	30	30	4	4	3	3	11	11	11	3	22	22	22	1	1	1	1	1	1	1	1	1	1	
3	Jonathan Palmer	Tyrrell-Cosworth 016	30	30	30	4	4	3	16	16	16	22	22	22	22	1	1	1											
30	Philippe Alliot	Lola-Cosworth LC-87	16	16	4	16	16	16	16	11	11	1	1	1	1														
4	Philippe Streiff	Tyrrell-Cosworth 016	4	4	16	3	3	22	22	22																			
16	Ivan Capelli	March-Cosworth 871	3	3	3	22	22	11	11																				
22	Franco Forini	Osella-Alfa Romeo FA 1 H	22	22	22	11	11																						

gelöst und im Davonfliegen die Lufthutze des linken Laders abgerissen.
Nach den routinemäßigen Reifenwechselstopps, die – was die Spitze betrifft – in der 21. Runde von Mansell eröffnet und drei Runden später von Piquet abgeschlossen wurden, lautete die neue Reihenfolge auf den ersten Plätzen: Senna, Piquet, Mansell, Boutsen und Berger. Der Lotus-Pilot verdankte die Führung der unerwarteten Tatsache, daß er unverändert auf jenem Satz Pneus unterwegs war, mit dem er knapp 40 Minuten zuvor beim Start schwarze Striche auf dem Asphalt hinterlassen hatte. Erinnerungen an Detroit wurden wach, wo der Brasilianer überraschend ohne Stopp zum Sieg gefahren war.

Nicht ganz 14 Sekunden Vorsprung auf Nelson Piquet mußte sich der Lotus-Fahrer bis zum Ende der 50. Runde einteilen, um zu siegen – keine unlösbare Aufgabe. Obwohl der Jäger zunächst schneller Boden auf Senna gutmachen konnte, als dessen Fahrplan es vorsah, geriet der Spitzenreiter nicht in Not, denn bei einem Abstand von knapp fünf Sekunden fror die Front ein. Nach dem Rennen kommentierte Piquet diese Phase des WM-Laufs: »Unmittelbar nach meinem Boxenstopp saß mir Nigel im Nacken. Um ihn abzuschütteln, drehte ich den boost hoch – für die neuen Reifen war das Tempo zu hoch, und dafür mußte ich später zahlen. Um Ayrton einige Zehntel abzunehmen, mußte ich unwahrscheinlich kämpfen.«
Was er aus eigener Kraft vermutlich also nicht mehr geschafft hätte, fiel Piquet gegen Ende der 43. Runde in den Schoß: Als der zur Überrundung anstehende Italiener Piercarlo Ghinzani vor der Parabolica-Kurve die Ideallinie nicht freigab, wählte Senna die wellige, leicht verschmutzte Innenbahn. Dabei überfuhr er seinen Bremspunkt und landete in der Auslaufzone. Bevor er wieder Asphalt unter den Reifen hatte, war Piquet längst in Führung gegangen und fuhr dem Sieg entgegen. Senna zog zwar noch einmal alle Register seines Könnens, doch er konnte Piquet nicht mehr erreichen. Wie sehr die beiden Brasilianer während ihres Duells an die Grenzen ihrer Möglichkeiten gegangen waren, zeigte sich in der Auslaufrunde: Sowohl der Williams als auch der Lotus blieben ohne Sprit liegen. Im Ziel machte Senna gute Miene zum bösen Spiel: »Ich freue mich über den zweiten Platz – als ich im Sand war, dachte ich schon, ich würde nicht mehr 'rauskommen.«

Nigel Mansell hatte zu diesem Zeitpunkt bereits die »Flucht« zu seinem Hubschrauber angetreten, nicht ohne zuvor voller Zorn anzudeuten, daß Honda seinen Motor für das Rennen falsch eingestellt hätte. Tatsächlich mußte der Brite froh sein, daß ihn Gerhard Berger nicht noch von Platz drei verdrängte. Der linke Vorderreifen des Ferrari begann sich in den Schlußrunden aufzulösen, so daß der Tiroler die geplante Attacke auf Mansell abblasen mußte.

Der Weg zu schnellen Zeiten führt über die »kerbs«

30	31	32	33	34	35	36	37	38	39	40	41	42	43	44	45	46	47	48	49	50
12	12	12	12	12	12	12	12	12	12	12	12	12	6	6	6	6	6	6	6	6
6	6	6	6	6	6	6	6	6	6	6	6	6	12	12	12	12	12	12	12	12
5	5	5	5	5	5	5	5	5	5	5	5	5	5	5	5	5	5	5	5	5
20	20	20	20	28	28	28	28	28	28	28	28	28	28	28	28	28	28	28	28	28
28	28	28	28	20	20	20	20	20	20	20	20	20	20	20	20	20	20	20	20	20
2	2	2	2	2	2	2	2	2	2	2	2	2	2	2	2	2	2	2	2	2
19	19	19	19	19	19	19	19	19	19	19	19	19	19	19	19	19	19	19	19	19
9	9	9	9	9	9	26	26	26	26	26	26	26	26	26	26	26	26			
26	26	26	26	26	26	9	9	9	9	10	10	10	10	10	10	10	10			
10	10	10	10	10	10	10	10	10	10	25	25	25	25	25	25	25	25			
24	25	25	25	25	25	25	25	25	25	9	9	24	24	24	24	11	11			
25	24	24	24	24	24	24	24	24	24	24	9	(9)	11	11	11	4	4			
11	11	11	11	11	11	11	11	11	11	11	11	11	4	4	16	16				
30	30	30	30	30	30	30	(30)	4	4	4	4	4	16	16	3	3				
4	4	4	4	4	4	4	4	16	16	16	16	16	3	3	1					
23	23	23	23	(23)	16	16	16	3	3	3	3	3	1	1						
16	16	16	16	16	3	3	3	1	1	1	1	1								
3	3	3	3	3	1	1	1													
1	1	1	1	1																

WERTUNGSPUNKTE

Fahrer: Piquet 63, Senna 49, Mansell 43, Prost 31, Johansson 20, Berger 12, Boutsen 10, Alboreto 8, Fabi 7, Nakajima 6, de Cesaris 4, Cheever 4, Streiff 4, Palmer 4, Warwick 3, Brundle 2, Patrese 2, Alliot 1, Arnoux 1, Capelli 1

Konstrukteure: Williams 106, Lotus 55, McLaren 51, Ferrari 20, Benetton 17, Tyrrell 8, Arrows 7, Brabham 6, Zakspeed 2, Lola 1, Ligier 1, March 1

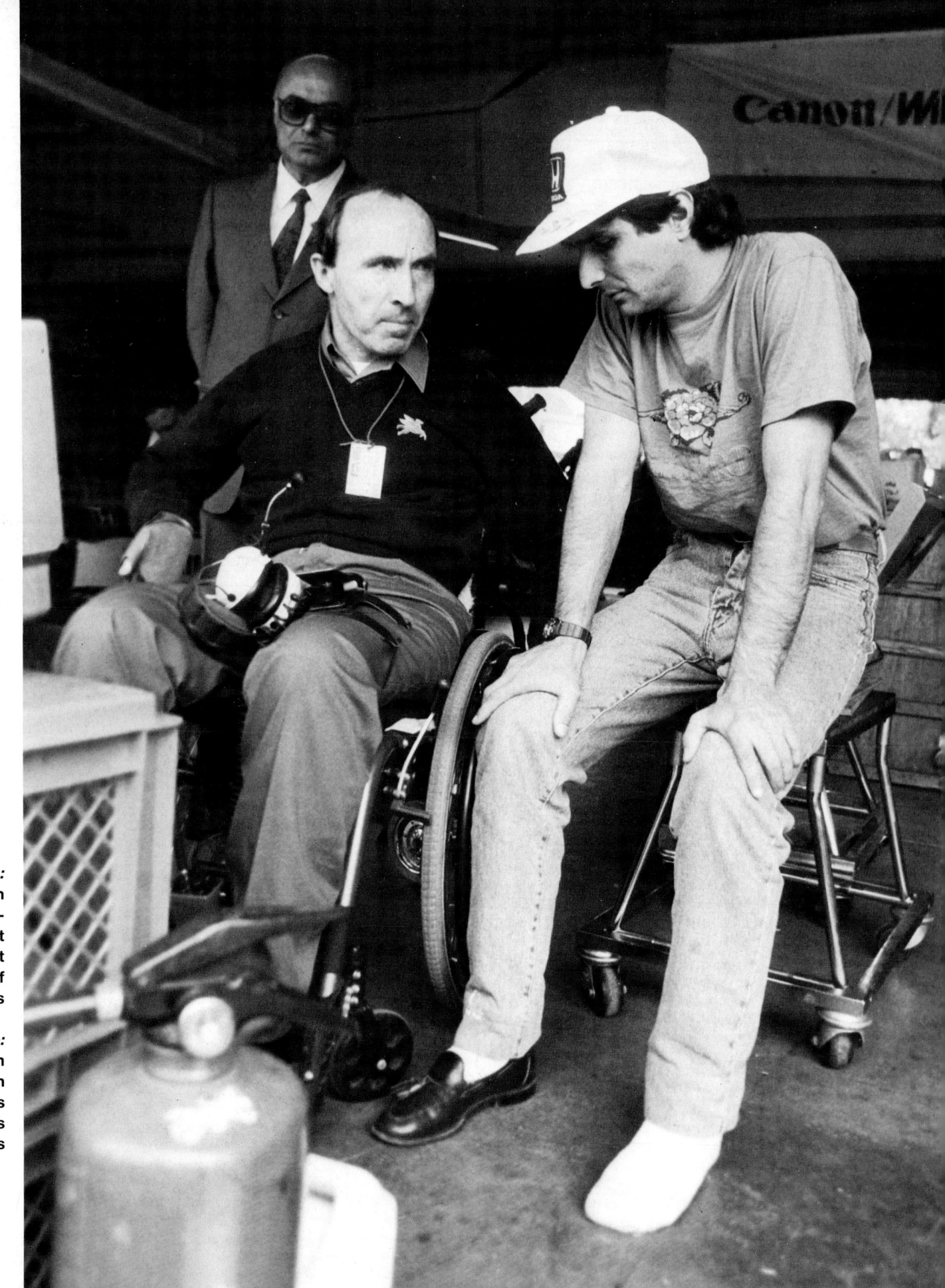

Linke Seite:
Imola – nach seinem Trainingsunfall diskutiert Nelson Piquet mit Team-Chef Frank Williams

Farbseite:
Ruhe vor dem Sturm – noch acht Minuten bis zum Beginn des Trainings

HORA
VUELTA
TIEMPO DE CARRERA
9:52
0:00
00:00.00
LUGAR
AUTO
PILOTO
1
2
3
4
5
6
10
AM
ENTRENA
MIENTO
FORMULA
UNO
olivetti
CAMPARI
PIRELLI
GOODYEAR
SIETE LEGUAS
MEXICO
BOTAS
MAGNETI MARELLI

Funkenregen des Jahres! Stefan Johansson gerät in Zeltweg in das »heiße Kielwasser« von Andrea de Cesaris

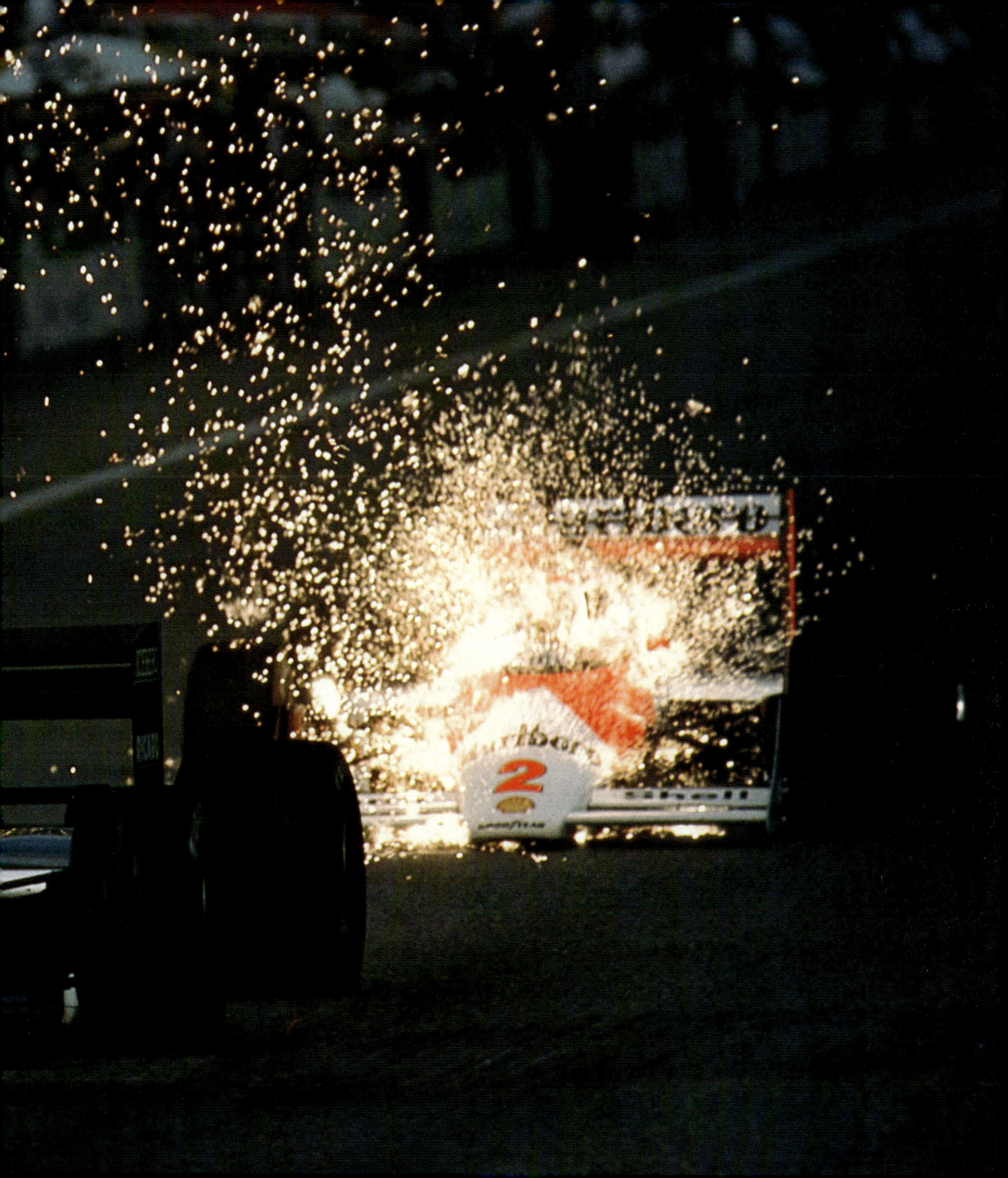
2
Shell

Nichtsahnend nähert sich Stefan Johansson während des ersten Trainings auf dem Österreichring dem Sprunghügel…

…als der Schwede das verschreckte Reh erspäht, ist keine Korrektur der Fahrtrichtung mehr möglich…

…und er kann die Kollision nicht verhindern. Manövrierunfähig fliegt der McLaren anschließend in die Leitplanken

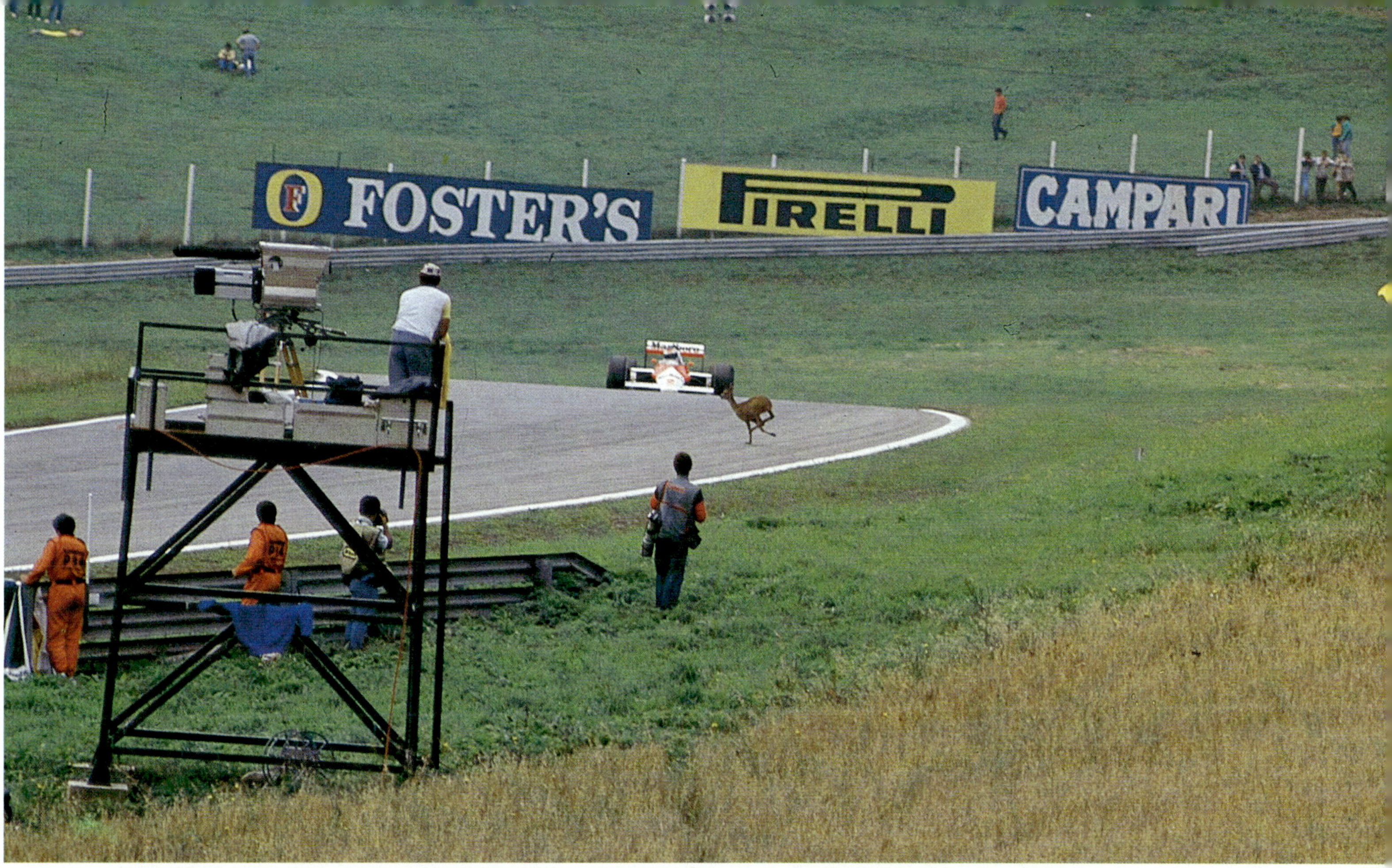
FOSTER'S
PIRELLI
CAMPARI

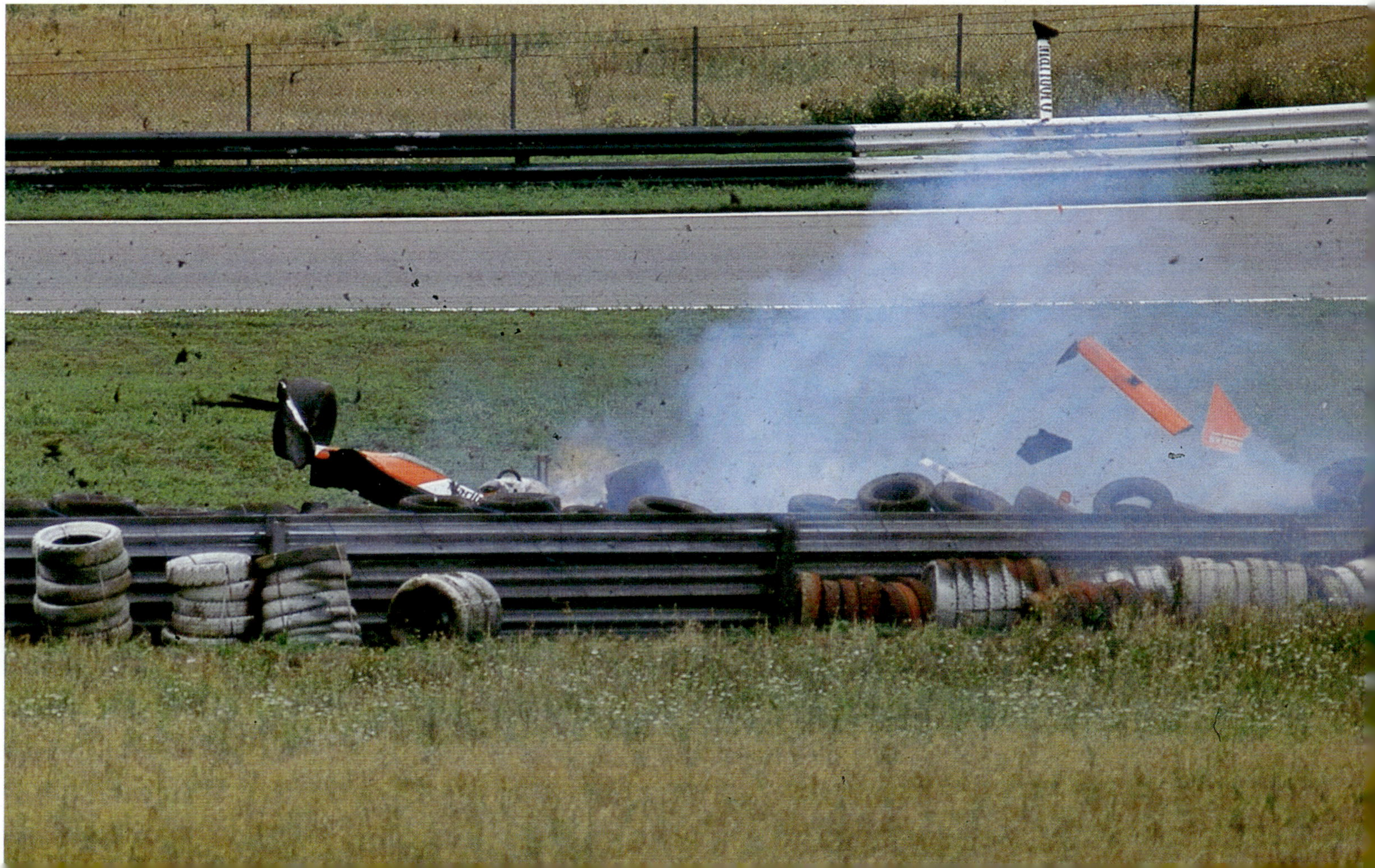

Links: Im freien Training zum mexikanischen Grand Prix zeigte sich Christian Danner von seiner besten Seite

Links: Regentraining in Spa. Pascal Fabre signalisiert seinem Hintermann ausgangs der Bus-Stop-Schikane durch Handzeichen, daß er in die Boxengasse abbiegt

Rechts: Nässe verdampft auf dem heißgefahrenen rechten Hinterreifen an Derek Warwicks Arrows

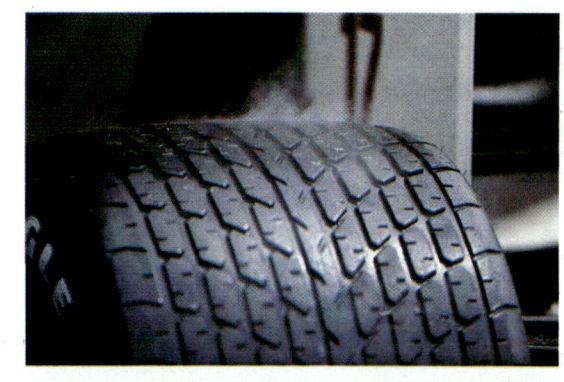

Oben: Anläßlich seines 100. Grand Prix schenkte die Scuderia Ferrari Michele Alboreto einen 500 cm³ Formula Monza, das Auto, mit dem der Italiener seine Karriere begonnen hatte

Oben: Williams-Infight in Le Castellet

Links: Fahrerlager in Zeltweg – Wachmann und Fans

Rechts: AGS-Cosworth, die langsame »Augenweide«

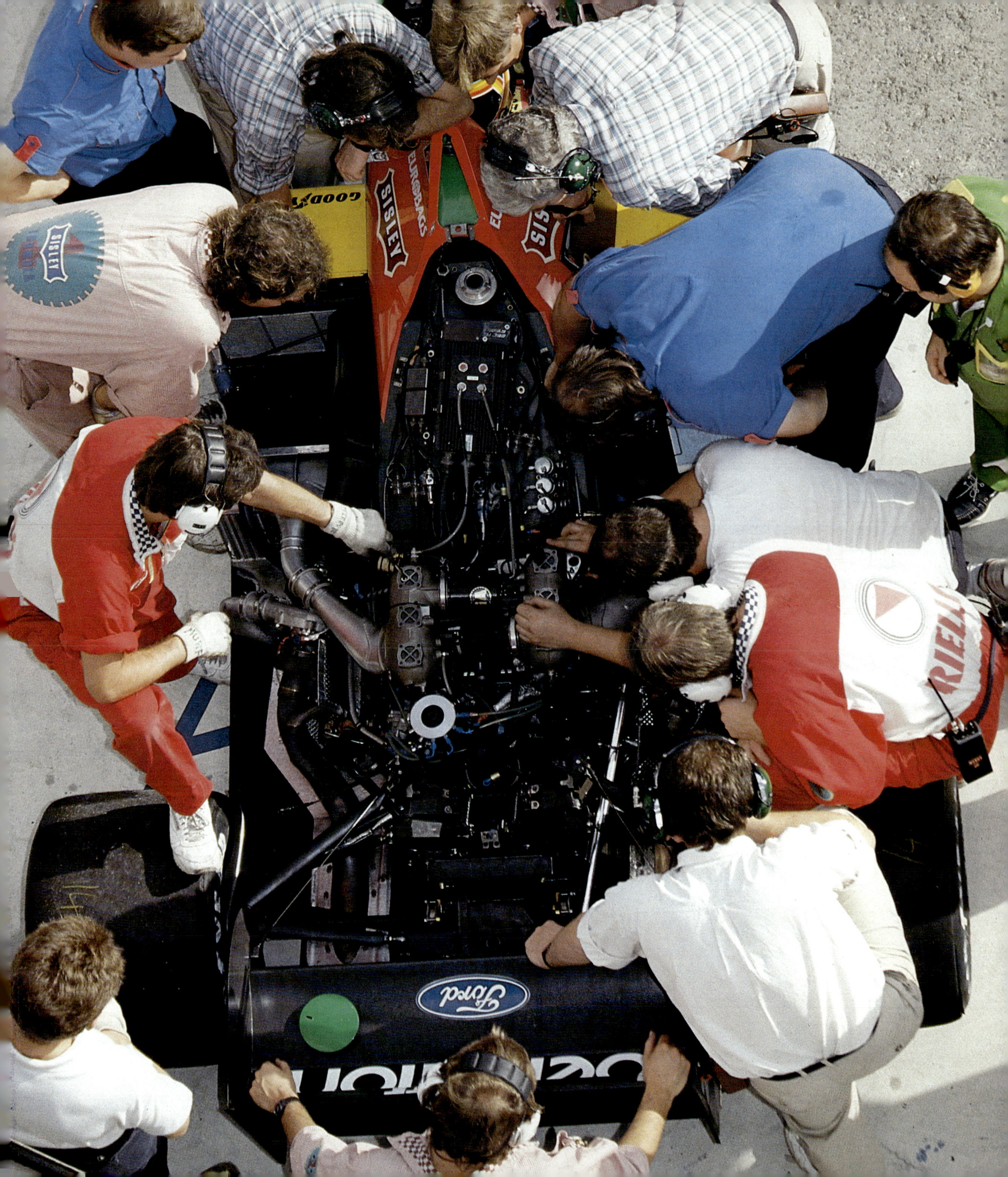
SISLEY
EUROBAGS
SISLEY
Ford

Farbseite:
13 Helfer bemühen sich, Thierry Boutsens Benetton schneller zu machen

Rechte Seite:
Abgestützt auf den Kopf des Stars wird Nigel Mansells Visier gewienert

Großer Preis von Portugal

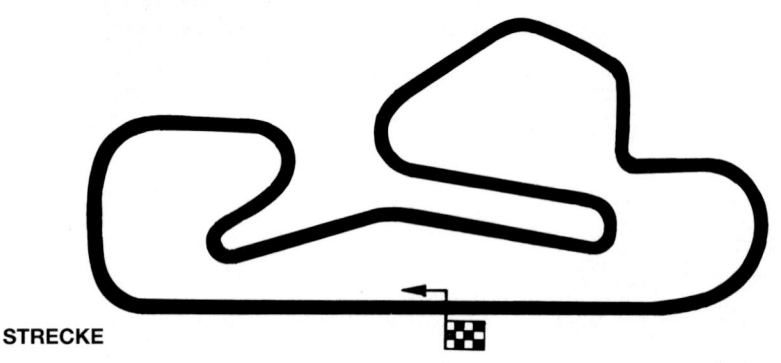

STRECKE

Ort und Datum	Estoril, 20. September
Wetter	heiß, aufgelockert bewölkt, böiger Wind
Streckenlänge	4,350 km
Runden	70
Renndistanz	304,500 km
Bestehender Rundenrekord	1.20,943 = 193,469 km/h
	Nigel Mansell, Williams-Honda FW 11; GP 1986
GP-Sieger 1986	Nigel Mansell, Williams-Honda FW 11
	1:37.21,900 = 187,644 km/h

TRAININGSZEITEN

			18. Sept.	19. Sept.
1.	Gerhard Berger	Ferrari F1-87	1.18,448	1.17,620◄
2.	Nigel Mansell	Williams-Honda FW 11B	1.17,951◄	1.18,235
3.	Alain Prost	McLaren-Porsche MP 4/3	1.18,404	1.17,994◄
4.	Nelson Piquet	Williams-Honda FW 11B	1.18,164◄	–
5.	Ayrton Senna	Lotus-Honda 99T	1.18,382	1.18,354◄
6.	Michele Alboreto	Ferrari F1-87	1.20,069	1.18,540◄
7.	Riccardo Patrese	Brabham-BMW BT56	1.21,506	1.19,965◄
8.	Stefan Johansson	McLaren-Porsche MP 4/3	1.20,134◄	1.20,227
9.	Thierry Boutsen	Benetton-Ford B187	1.20,305◄	1.20,558
10.	Teo Fabi	Benetton-Ford B187	1.20,483◄	1.20,548
11.	Eddie Cheever	Arrows-Megatron A10	1.21,324	1.21,207◄
12.	Derek Warwick	Arrows-Megatron A10	1.21,397◄	1.21,587
13.	Andrea de Cesaris	Brabham-BMW BT56	1.22,060	1.21,725◄
14.	Alessandro Nannini	Minardi-Motori Moderni M186	1.21,784◄	1.22,128
15.	Satoru Nakajima	Lotus-Honda 99T	1.22,222◄	–
16.	Christian Danner	Zakspeed 871	1.22,424	1.22,358◄
17.	Martin Brundle	Zakspeed 871	1.22,400◄	1.22,794
18.	René Arnoux	Ligier-Megatron JS 29C	1.23,637	1.23,237◄
19.	Philippe Alliot	Lola-Cosworth LC-87	1.24,181	1.23,580◄
20.	Adrian Campos	Minardi-Motori Moderni M186	1.24,822	1.23,591◄
21.	Philippe Streiff	Tyrrell-Cosworth 016	1.23,810◄	1.24,436
22.	Ivan Capelli	March-Cosworth 871	1.24,533	1.23,905◄
23.	Piercarlo Ghinzani	Ligier-Megatron JS 29C	1.24,105◄	1.24,979
24.	Jonathan Palmer	Tyrrell-Cosworth 016	1.24,392	1.24,217◄
25.	Alex Caffi	Osella-Alfa Romeo FA1I	1.24,792◄	1.25,232
26.	Franco Forini	Osella-Alfa Romeo FA1I	1.27,219	1.26,635◄

Nicht qualifiziert:

27.	Pascal Fabre	AGS-Cosworth JH22	1.28,756	1.26,946◄

Zum ersten Mal seit dem Grand Prix von San Marino, der fast fünf Monate zuvor abgehalten wurde, eroberte sich in Estoril keiner der beiden Williams-Piloten die Pole-Position, und zum ersten Mal überhaupt in der Saison 1987 ging der beste Startplatz an einen Fahrer, der nicht über Honda-Power verfügte. Gerhard Berger, der die japanische Dominanz im Hinterland der portugiesischen Atlantik-Küste brach, brauchte zu diesem Husarenstück allerdings ein Quentchen Glück: Um seinen roten Ferrari vorn rechts für die erste Startreihe qualifizieren zu können, benötigte der Tiroler die Hilfe des Wetters. Kaum hatte er sich während des zweiten Zeittrainings an die Spitze des 27 Fahrer starken Teilnehmer-Feldes gesetzt, ging das leichte Tröpfeln aus den dunklen Wolken in einen Regenschauer über. Der nasse Asphalt ließ keine Angriffe auf Bergers Zeit von 1.17,6 Minuten zu.

Im Kampf um den letzten Startplatz setzte sich der Tessiner Franco Forini mit gut 0,3 Sekunden Vorsprung auf Pascal Fabre durch, dessen Wochenendarbeit damit bereits vorzeitig beendet war. Aufgrund seines knappen Rückstands auf den turbogetriebenen Osella des Schweizers, hatte Sauger-Pilot Fabre allerdings keinen Anlaß, den Kopf hängen zu lassen.

Am Renntag ließ sich Gerhard Berger, der am Vorabend früh zu Bett gegangen war und vor dem Einschlafen im Geiste noch einmal eine »Runde mit vollen Tanks« fuhr, am Start von Nigel Mansell überrumpeln. Der Sprint zur ersten Kurve und alle frühen Positionsverschiebungen sollten jedoch schnell jede Bedeutung verlieren: Als sich Michele Alboreto am Ende der Startgeraden an Nelson Piquet vorbeischob, brach das Heck des Ferrari nach links aus und der Wagen stellte sich unmittelbar vor dem Williams des Brasilianers quer. In T-Formation rutschten beide Autos in den Kies am Außenrand der ersten Rechtskurve.

Infight auf der engen Start- und Zielgeraden

STARTAUFSTELLUNG

	28 Gerhard Berger 1.17,620
5 Nigel Mansell 1.17,951	
	1 Alain Prost 1.17,994
6 Nelson Piquet 1.18,164	
	12 Ayrton Senna 1.18,354
27 Michele Alboreto 1.18,540	
	7 Riccardo Patrese 1.19,965
2 Stefan Johansson 1.20,134	
	20 Thierry Boutsen 1.20,305
19 Teo Fabi 1.20,483	
	18 Eddie Cheever 1.21,207
17 Derek Warwick 1.21,397	
	8 Andrea de Cesaris 1.21,725
24 Alessandro Nannini 1.21,784	
	11 Satoru Nakajima 1.22,222
10 Christian Danner* 1.22,358	
	9 Martin Brundle 1.22,400
25 René Arnoux 1.23,237	
	30 Philippe Alliot 1.23,580
23 Adrian Campos** 1.23,591	
	4 Philippe Streiff 1.23,810
16 Ivan Capelli 1.23,905	
	26 Piercarlo Ghinzani 1.24,105
3 Jonathan Palmer 1.24,217	
	21 Alex Caffi 1.24,792
22 Franco Forini 1.26,635	

* Nahm am zweiten Start nicht teil
** Startete aus der Boxengasse

Unter den Hinterleuten löste der spektakuläre Abgang des Duos Kurzschlußreaktionen aus. Derek Warwick drehte sich, als er seinen Arrows überbremste, Satoru Nakajima geriet in Panik und zog seinen Lotus nach rechts, Martin Brundle versuchte – ebenso wie René Arnoux – auszuweichen und landete, wie der Franzose, in den Leitplanken. Christian Danner bremste seinen Zakspeed zwar so weit herunter, daß er »die Lage im Griff hatte«, verspürte dann aber »einen Stoß im Heck« – Adrian Campos hieß der Übeltäter.

Kaum hatten sich die auf der Strecke gebliebenen Piloten losgeschnallt und ihre beschädigten Autos verlassen, da jagte die Spitze erneut heran. Unmittelbar vor der Unfallkurve übernahm Gerhard Berger die Führung und wurde von dem kleinen Autofriedhof völlig überrascht – nur eine gelbe Warnflagge hatte der Ferrari-Fahrer ausmachen können, die ihm das Ausmaß des Zwischenfalls nicht deutlich machte. Mit Glück und Können meisterten aber Berger und seine Verfolger die Klippe – erst dann brach die Rennleitung den Grand Prix ab, um Gelegenheit zu den notwendigen Aufräumarbeiten zu geben.

Eine dreiviertel Stunde später formierten sich die Boliden erneut zum Start. Christian Danner war nicht mehr mit von der Partie, weil sein Zakspeed – trotz verzweifelter Versuche – nicht rechtzeitig repariert werden konnte und der Ersatzwagen von Martin Brundle übernommen wurde. Auch Adrian Campos fehlte auf dem Startplatz, konnte aber direkt aus der Boxengasse ins Rennen gehen. Neben Brundle saßen nun auch Philippe Alliot, Michele Alboreto, Eddie Cheever und René Arnoux am Steuer der Mulettos ihrer Teams. Teo Fabi war hingegen wieder vom Ersatz-Benetton in seinen eigenen Rennwagen umgestiegen, den er vor dem ersten Start wegen eines Radlagerschadens in den Boxen hatte stehen lassen.

Erneut verlor Gerhard Berger das Startduell gegen Nigel Mansell und erneut schlug der Österreicher zu Beginn der zweiten Runde erfolgreich zurück. Ganz gezielt hatte Berger seinen Ferrari auf dieses Überholmanöver abstimmen lassen, wie er nach dem Grand Prix verriet: »Ich wußte, daß ich auf den ersten Metern keine guten Karten habe, denn die Starts sind nicht gerade meine Stärke. Deshalb ließ ich den sechsten Gang kürzer übersetzen, um auf der langen Geraden möglichst schnell kontern zu können.«

Einmal an der Spitze, baute der Ferrari-Fahrer seine Führung unaufhaltsam aus: 4,1 Sekunden nahm er Nigel Mansell bis zur zehnten Runde ab. Kurz darauf verschwand der Williams aus den Rückspiegeln des Ferrari – das sonst so zuverlässige Fahrzeug streikte. An Pech oder Zufall wollte der Engländer anschließend nicht glauben: »Stil haben sie, die Japaner – ich merkte in der 13. Runde, daß mit dem Motor etwas nicht stimmt...« Die 13 ist die klassische Unglückszahl der Rennfahrer. Mit dieser Andeutung wollte Mansell auf die Möglichkeit der Sabotage durch Honda hinweisen. Ein Motiv für eine solche Manipulation lag auf der Hand: Der Titel würde »in der Familie« bleiben,

ERGEBNISSE UND AUSFÄLLE

1.	Alain Prost	McLaren-Porsche MP4/3-4	1:37.03,906 = 188,224 km/h
2.	Gerhard Berger	Ferrari F1-87 098	20,493 Sekunden zurück
3.	Nelson Piquet	Williams-Honda FW11B-05A	1.03,295 Minuten zurück
4.	Teo Fabi*	Benetton-Ford B187-08	1 Runde zurück
5.	Stefan Johansson	McLaren-Porsche MP4/3-5	1 Runde zurück
6.	Eddie Cheever	Arrows-Megatron A10-03	2 Runden zurück
7.	Ayrton Senna	Lotus-Honda 99T/4	2 Runden zurück
8.	Satoru Nakajima	Lotus-Honda 99T/3	2 Runden zurück
9.	Ivan Capelli	March-Cosworth 871-01	3 Runden zurück
10.	Jonathan Palmer	Tyrrell-Cosworth 016-06	3 Runden zurück
11.	Alessandro Nannini*	Minardi-Motori Moderni M186 04	4 Runden zurück
12.	Philippe Streiff	Tyrrell-Cosworth 016-03	4 Runden zurück
13.	Derek Warwick	Arrows-Megatron A10-04	4 Runden zurück
14.	Thierry Boutsen	Benetton-Ford B187-06	6 Runden zurück
15.	Andrea de Cesaris	Brabham-BMW BT56 3	55. Runde, Motor
16.	Michele Alboreto	Ferrari F1-87 097	39. Runde, Kraftübertragung
17.	Martin Brundle	Zakspeed 871-01	36. Runde, Getriebe
18.	Franco Forini	Osella-Alfa Romeo FA1I-02	33. Runde, Radnabe hinten rechts
19.	Philippe Alliot	Lola-Cosworth LC-87 03	32. Runde, Benzinpumpe
20.	René Arnoux	Ligier-Megatron JS29C-03	30. Runde, Kühler
21.	Alex Caffi	Osella-Alfa Romeo FA1I-01	28. Runde, Turbo
22.	Piercarlo Ghinzani	Ligier-Megatron JS29C-04	25. Runde, Elektrik
23.	Adrian Campos	Minardi-Motori Moderni M186 03	25. Runde, Kühler
24.	Nigel Mansell	Williams-Honda FW11B-08A	14. Runde, Elektrik
25.	Riccardo Patrese	Brabham-BMW BT56 4	14. Runde, Motor

* Nicht im Ziel, aber aufgrund der zurückgelegten Distanz gewertet

Schnellste Runde:
(66. Runde) – Gerhard Berger, Ferrari F1-87, 1.19,282 = 197,523 km/h
Neuer Rundenrekord

wenn Honda seine Karten auf Nelson Piquet setzt, der auch 1988 als Lotus-Pilot für Honda fährt – nicht so Nigel Mansell.

Mit Mansells Ausfall übernahm Nelson Piquet die Verfolgung des roten Spitzenreiters, der nach 20 Umläufen bereits 9,4 Sekunden zwischen sich und seinen Jäger gelegt hatte. Eine Sensation lag in der Luft, hatte doch Ferrari seit Michele Alboretos Sieg auf dem neuen Nürburgring im Jahr 1985 keinen Grand Prix mehr gewinnen können.

Ayrton Senna, der nach zehn Runden noch zu den aussichtsreich plazierten Verfolgern Bergers gezählt hatte, war durch einen langen Boxenstopp – die Blackbox mußte gewechselt werden – zwischenzeitlich auf den vorletzten Rang abgerutscht. Der gleiche Defekt sollte später auch den belgischen Benetton-Piloten Thierry Boutsen entscheidend zurückwerfen, der nach 20 Runden noch hinter Michele Alboreto und Alain Prost, aber vor seinem Team-Gefährten Teo Fabi und Stefan Johansson sowie den zwei Arrows-Fahrern

RUNDENTABELLE

#	Fahrer	Wagen	1	2	3	4	5	6	7	8	9	10	11	12	13	14	15	16	17	18	19	20	21	22	23	24	25	26	27
28	Gerhard Berger	Ferrari F1-87	5	28	28	28	28	28	28	28	28	28	28	28	28	28	28	28	28	28	28	28	28	28	28	28	28	28	28
5	Nigel Mansell	Williams-Honda FW11B	28	5	5	5	5	5	5	5	5	5	5	⑤	6	6	6	6	6	6	6	6	6	6	6	6	6	6	27
1	Alain Prost	McLaren-Porsche MP4/3	12	12	12	12	12	12	12	12	12	12	6	6	27	27	27	27	27	27	27	27	27	27	27	27	27	27	6
6	Nelson Piquet	Williams-Honda FW11B	6	6	6	6	6	6	6	6	6	6	12	27	1	1	1	1	1	1	1	1	1	1	1	1	1	1	1
12	Ayrton Senna	Lotus-Honda 99T	1	1	27	27	27	27	27	27	27	27	1	1	20	20	20	20	20	20	20	20	19	19	19	19	19	19	19
27	Michele Alboreto	Ferrari F1-87	27	27	1	1	1	1	1	1	1	1	20	20	19	19	19	19	19	19	19	19	20	18	18	18	18	18	18
7	Riccardo Patrese	Brabham-BMW BT56	20	20	20	20	20	20	20	20	20	20	20	12	2	2	2	2	2	2	2	2	17	8	8	8	8	8	8
2	Stefan Johansson	McLaren-Porsche MP4/3	7	7	7	7	7	7	7	19	19	19	19	19	12	18	18	18	18	18	18	18	18	24	24	24	24	24	24
20	Thierry Boutsen	Benetton-Ford B187	2	2	2	2	19	19	19	7	7	7	7	7	⑦	17	17	17	17	17	17	17	17	8	2	2	2	2	2
19	Teo Fabi	Benetton-Ford B187	18	18	18	19	2	2	2	2	2	2	2	2	8	8	8	8	8	8	8	8	2	9	9	9	9	9	9
18	Eddie Cheever	Arrows-Megatron A10	8	8	19	18	18	18	18	18	18	18	18	18	18	24	24	24	24	24	24	24	24	11	11	11	11	11	11
17	Derek Warwick	Arrows-Megatron A10	19	19	8	8	8	8	8	8	8	8	17	17	17	9	9	9	9	9	9	9	9	25	25	25	25	25	25
8	Andrea de Cesaris	Brabham-BMW BT56	17	17	17	17	17	17	17	17	17	17	8	8	8	12	11	11	11	11	11	11	11	16	16	16	16	16	16
24	Alessandro Nannini	Minardi-Motori Moderni M186	24	24	24	24	24	24	24	24	24	24	24	11	25	25	25	25	25	25	25	25	25	30	30	30	30	30	30
11	Satoru Nakajima	Lotus-Honda 99T	9	9	9	9	9	9	9	9	9	9	9	9	9	25	16	16	16	16	16	16	16	16	26	㉖	21	21	4
9	Martin Brundle	Zakspeed 871	11	11	11	11	11	11	11	11	11	11	11	11	11	30	30	30	30	30	30	30	30	21	21	4	4	4	3
25	René Arnoux	Ligier-Megatron JS29C	30	30	30	30	30	30	30	30	30	25	25	25	25	16	26	26	26	26	26	26	26	26	4	4	3	3	㉑
30	Philippe Alliot	Lola-Cosworth LC-87	25	25	25	25	25	25	25	25	25	30	30	30	30	26	21	21	21	21	21	21	23	3	3	22	22	22	22
23	Adrian Campos	Minardi-Motori Moderni M186	16	16	16	16	16	16	16	16	16	16	16	16	21	4	4	4	4	4	4	4	4	22	22	12	12	12	12
4	Philippe Streiff	Tyrrell-Cosworth 016	4	26	26	26	26	26	26	26	26	26	26	26	4	3	3	3	3	3	3	3	3	12	12	17	17	17	17
16	Ivan Capelli	March-Cosworth 871	26	4	21	21	21	21	21	21	21	21	21	3	22	22	22	22	22	22	22	22	22	17	17	20	20	20	20
26	Piercarlo Ghinzani	Ligier-Megatron JS29C	21	21	4	4	4	4	4	4	4	4	4	22	12	12	12	12	12	12	12	12	23	㉓					
3	Jonathan Palmer	Tyrrell-Cosworth 016	3	3	3	3	3	3	3	3	3	3	3	3	23	23	23	23	23	23	23	23	20	20					
21	Alex Caffi	Osella-Alfa Romeo FA1I	22	22	22	22	22	22	22	22	22	22	22	22															
22	Franco Forini	Osella-Alfa Romeo FA1I	23	23	23	23	23	23	23	23	23	23	23																

Eddie Cheever und Derek Warwick Platz fünf belegte.

Als sich Gerhard Berger nach 34 Umläufen frische Reifen aufziehen ließ – und anschließend so forsch beschleunigte, daß die Arrows-Mechaniker in der Boxengasse entsetzt zur Seite sprangen, als das Ferrari-Heck leicht ausbrach – kam Michele Alboreto für zwei Runden in Front. Der Österreicher erhielt die Spitze jedoch kampflos zurück, als auch der Italiener seinen Routinestopp einlegte. Jetzt wurde Teo Fabi auf Platz zwei gespült, der im Begriff war, die volle Distanz mit einem Reifen-Satz abzuspulen. Mit Rücksicht auf diesen eigenwilligen Pneu-Fahrplan und später auch deshalb, weil Fehlzündungen einsetzten, mußte der Italiener in der Folge Alain Prost und dann auch Nelson Piquet vorbei lassen.

Die 30 Schlußrunden brachten einen der schönsten Zweikämpfe des Jahres. Weltmeister Alain Prost jagte den österreichischen Spitzenreiter in einem wahrhaft denkwürdigen Duell, das alle übrigen Ereignisse in den Hintergrund drängte. 15,9 Sekunden betrug der Abstand zwischen den beiden Kontrahenten nach 40 Runden. Kurz darauf gab der Ferrari auf der langen Startgeraden bei jeder Passage grausame Töne ab. Jetzt erwies sich die kurze Übersetzung des sechsten Ganges als Nachteil – der Drehzahlbegrenzer machte sich bemerkbar! Bis zur 50. Runde arbeitete sich Prost bis auf 12,3 Sekunden an Berger heran, der das Rennen unverändert kontrollierte.

Dies änderte sich während der nächsten 43 Kilometer, als der Weltmeister bis auf 3,9 Sekunden zum Ferrari aufschloß. »Nur deshalb«, schimpfte Berger später, »weil mich Stefan Johansson sperrte, der Prost helfen wollte. Das werde ich ihm so schnell nicht verzeihen.« Der Ferrari-Pilot hatte allen Grund zu schlechter Laune, denn in der Schlußphase verlor er das schon sichergeglaubte Rennen. Mit zwei Rekordrunden im 64. und 65. Umlauf schob sich Prost fast bis auf Schlagweite an den gehetzten Spitzenreiter heran, der allerdings seinerseits alle Register zog und in Runde 66 noch schneller fuhr. Zwei Runden später drehte sich der Ferrari jedoch, und aus war der Traum vom Sieg. Bis Berger das Rennen wieder aufnehmen konnte, war Prost längst auf und davon. »Die Reifen waren am Ende«, erklärte der Tiroler seinen Dreher. Ferrari-Rennleiter Marco Piccinini sah den Fall anders: »Das mit den Reifen glaube ich nicht, sonst hätte er kurz zuvor keinen Rundenrekord fahren können. Unter Prosts Druck ist ihm ein kleiner, verständlicher Fehler unterlaufen.«

Für Alain Prost bedeutete der erste Platz den 28. Sieg in einem WM-Lauf – ein neuer »Weltrekord«. Mit Nelson Piquet, an dessen Wagen die aktive Aufhängung nicht einwandfrei arbeitete und den Piloten kräftig durcheinander schüttelte, hatte der Grand Prix einen zweiten Sieger. »Platz drei genügt mir. Für die WM ist es doch prima gelaufen, da Mansell und Senna nicht punkteten«, zog der Brasilianer nach seinem bis dahin schlechtesten Saisonergebnis positive Bilanz.

30	31	32	33	34	35	36	37	38	39	40	41	42	43	44	45	46	47	48	49	50	51	52	53	54	55	56	57	58	59	60	61	62	63	64	65	66	67	68	69	70
28	28	28	28	27	27	28	28	28	28	28	28	28	28	28	28	28	28	28	28	28	28	28	28	28	28	28	28	28	28	28	28	28	28	28	28	28	28	1	1	1
27	27	27	27	28	28	27	19	19	1	1	1	1	1	1	1	1	1	1	1	1	1	1	1	1	1	1	1	1	1	1	1	1	1	1	1	1	28	28	28
1	1	19	19	19	19	19	1	1	6	6	6	6	6	6	6	6	6	6	6	6	6	6	6	6	6	6	6	6	6	6	6	6	6	6	6	6	6	6	6	6
6	19	1	1	1	1	1	6	6	19	19	19	19	19	19	19	19	19	19	19	19	19	19	19	19	19	19	19	19	19	19	19	19	19	19	19	19	19	19	19	19
19	6	6	6	6	6	27	㉗	8	8	2	2	2	2	2	2	2	2	2	2	2	2	2	2	2	2	2	2	2	2	2	2	2	2	2	2	2	2	2	2	2
18	8	8	8	8	8	8	8	2	2	8	8	8	8	8	8	8	8	8	8	8	8	8	8	8	18	18	18	18	18	18	18	18	18	18	18	18	18	18	18	18
8	18	18	18	18	18	18	18	18	18	18	24	18	18	18	18	18	18	18	18	18	18	⑧	11	11	11	11	11	11	11	11	11	12	12	12	12	12	12	12	12	12
24	2	2	2	2	2	2	2	24	24	24	18	24	24	24	24	24	24	24	24	24	11	11	11	24	24	24	24	24	24	24	12	12	12	12	11	11	11	11	11	11
2	24	24	24	24	24	24	24	11	11	11	11	11	11	11	11	11	11	11	11	24	24	24	24	12	12	12	12	12	12	12	24	24	24	24	24	24	16			
9	9	9	11	11	11	11	11	16	16	16	4	4	4	4	4	4	4	4	4	12	12	12	16	16	16	3	3	3	3	3	16	16	16	16	16	16	3			
11	11	11	9	11	11	11	11	11	16	16	16	16	16	16	16	16	4	4	4	4	12	12	12	16	16	16	3	3	3	3	3	3	3	3	3	3	3			
16	16	16	16	16	4	4	4	4	3	3	3	3	3	3	3	3	12	3	3	3	3	3	3	4	4	4	4	4	4	4	4	4	4	4	4	4	4			
30	㉚	4	4	4	3	3	3	3	12	12	12	12	12	12	12	12	3	4	4	4	4	4	4	17	17	17	17	17	17	17	17	17	17	17	17	17	17			
4	4	3	3	3	⑨	12	12	12	17	17	17	17	17	17	17	17	17	17	17	17	17	17	17	20	20	20	20	20	20	20	20	20	20	20	20					
3	3	12	12	12	12	17	17	17	20	20	20	20	20	20	20	20	20	20	20	20	20	20	20																	
22	22	㉒	17	17	17	20	20	20																																
12	12	17	20	20	20																																			
17	17	20																																						
20	20																																							

WERTUNGSPUNKTE

Fahrer: Piquet 67, Senna 49, Mansell 43, Prost 40, Johansson 22, Berger 18, Fabi 10, Boutsen 10, Alboreto 8, Nakajima 6, Cheever 5, de Cesaris 4, Streiff 4, Palmer 4, Warwick 3, Brundle 2, Patrese 2, Alliot 1, Arnoux 1, Capelli 1

Konstrukteure: Williams 110, McLaren 62, Lotus 55, Ferrari 26, Benetton 20, Tyrrell 8, Arrows 8, Brabham 6, Zakspeed 2, March 1, Lola 1, Ligier 1

Großer Preis von Spanien

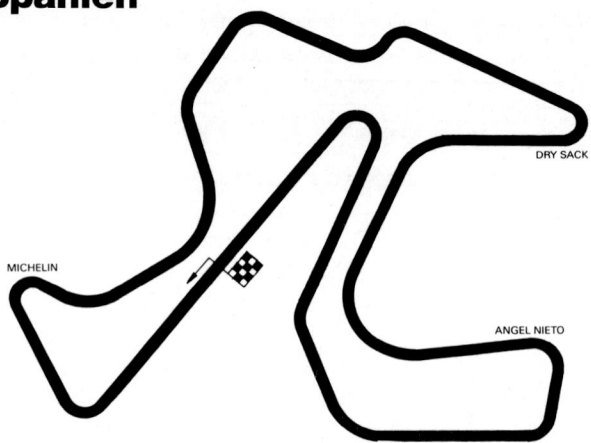

STRECKE

Ort und Datum	Jerez, 27. September
Wetter	schwül-warm, bedeckt, Regen in Runde 58
Streckenlänge	4,218 km
Runden	72
Renndistanz	303,696 km
Bestehender Rundenrekord	1.27,176 = 174,186 km/h
	Nigel Mansell, Williams-Honda FW 11; GP 1986
GP-Sieger 1986	Ayrton Senna, Lotus-Renault 98T
	1:48.47,735 = 167,486 km/h

TRAININGSZEITEN

			25. Sept.	26. Sept.
1.	Nelson Piquet	Williams-Honda FW 11B	1.23,621	1.22,461◄
2.	Nigel Mansell	Williams-Honda FW 11B	1.23,081◄	–
3.	Gerhard Berger	Ferrari F1-87	1.23,164◄	1.25,250
4.	Michele Alboreto	Ferrari F1-87	1.24,192◄	1.24,832
5.	Ayrton Senna	Lotus-Honda 99T	1.25,162	1.24,320◄
6.	Teo Fabi	Benetton-Ford B187	1.25,263	1.24,523◄
7.	Alain Prost	McLaren-Porsche MP4/3	1.24,596◄	1.24,905
8.	Thierry Boutsen	Benetton-Ford B187	1.26,372	1.25,295◄
9.	Riccardo Patrese	Brabham-BMW BT56	1.26,639	1.25,335◄
10.	Andrea de Cesaris	Brabham-BMW BT56	1.31,981	1.25,811◄
11.	Stefan Johansson	McLaren-Porsche MP4/3	1.26,147◄	1.26,147
12.	Derek Warwick	Arrows-Megatron A10	1.26,728◄	1.26,882
13.	Eddie Cheever	Arrows-Megatron A10	1.27,062◄	1.27,970
14.	René Arnoux	Ligier-Megatron JS29C	1.28,241◄	1.28,362
15.	Philippe Streiff	Tyrrell-Cosworth 016	1.28,970	1.28,330◄
16.	Jonathan Palmer	Tyrrell-Cosworth 016	1.28,353◄	1.28,426
17.	Philippe Alliot	Lola-Cosworth LC-87	1.29,147	1.28,361◄
18.	Satoru Nakajima	Lotus-Honda 99T	1.28,776	1.28,367◄
19.	Ivan Capelli	March-Cosworth 871	1.28,477◄	1.28,694
20.	Martin Brundle	Zakspeed 871	1.28,876	1.28,597◄
21.	Alessandro Nannini	Minardi-Motori Moderni M186	1.28,823	1.28,602◄
22.	Christian Danner	Zakspeed 871	1.30,325	1.28,667◄
23.	Piercarlo Ghinzani	Ligier-Megatron JS29C	1.29,663	1.29,066◄
24.	Adrian Campos	Minardi-Motori Moderni M186	1.29,538◄	1.30,204
25.	Pascal Fabre	AGS-Cosworth JH22	1.32,490	1.30,694◄
26.	Nicola Larini	Coloni-Cosworth CF 187	1.31,319	1.30,982◄

Nicht qualifiziert:

27.	Alex Caffi	Osella-Alfa Romeo FA1I	1.31,284	1.31,069◄
28.	Franco Forini	Osella-Alfa Romeo FA1I	1.34,723◄	1.35,572

Das Gros der Mitglieder der Grand Prix-Gilde gönnte sich in den wenigen Tagen bis zum Trainingsbeginn des 13. Weltmeisterschafts-Laufs geruhsame Stunden des Ausspannens im Südzipfel der iberischen Halbinsel. Zu der kleinen Gruppe, die auch diese Atempause dienstlich nutzte, gehörte Titelaspirant Nelson Piquet. Der Brasilianer jettete nach England zu einer ersten Sitzprobe im Lotus-Werk. »Ich kann für Nelson nur dann ein perfektes Auto bauen«, erklärte Lotus-Konstrukteur Gérard Ducarouge, »wenn ich seine Maße genau kenne.« Bei vier ausstehenden Rennen der laufenden Saison warf das Jahr 1988 bereits seine Schatten voraus.

Jerez empfing die Formel 1 mit brütender Spätsommer-Hitze und — einer Bombendrohung. Vier Stunden lang suchte die Polizei am Vorabend des ersten Trainingstages das Fahrerlager nach dem anonym angedrohten Sprengkörper ab. Zum Glück vergeblich.

Die Williams-Piloten Nelson Piquet und Nigel Mansell stellten im Training die alte Hackordnung wieder her und ließen den Ferrari diesmal »nur« die zweite Startreihe. Während sich Piquet die Pole-Position am Steuer eines »aktiven« Williams sicherte, wählte sein britischer Team-Kollege das Auto mit klassischer Radaufhängung. Mehr noch als der freiwillige Verzicht auf modernste Technik fiel Mansells Reaktion nach einem Mißverständnis mit den Funktionären auf. Als er im Abschlußtraining durch entsprechende Flaggenzeichen auf die Waage gebeten wurde, übersah er diesen Hinweis und stoppte seinen Rennwagen zu spät. Nach einem kurzen Wortgefecht mit einem der Marshals, der ihn weder vor- noch zurückfahren ließ, schnallte Mansell sich kurz entschlossen los und verließ das Cockpit nach vorn, über die Nase seines Williams schreitend, ohne die Szene in seinem Rücken auch nur eines einzigen Blickes zu würdigen. Die Strafe folgte auf dem Fuße: 3000 Dollar und Strei-

Ayrton Senna (vorn) »nervte« seine Kollegen fast über die volle Distanz

STARTAUFSTELLUNG

		6	Nelson Piquet 1.22,461
5	Nigel Mansell 1.23,081		
		28	Gerhard Berger 1.23,164
27	Michele Alboreto 1.24,192		
		12	Ayrton Senna 1.24,320
19	Teo Fabi 1.24,523		
		1	Alain Prost 1.24,596
20	Thierry Boutsen 1.25,295		
		7	Riccardo Patrese 1.25,335
8	Andrea de Cesaris 1.25,811		
		2	Stefan Johansson 1.26,147
17	Derek Warwick 1.26,728		
		18	Eddie Cheever 1.27,062
25	René Arnoux 1.28,241		
		4	Philippe Streiff 1.28,330
3	Jonathan Palmer 1.28,353		
		30	Philippe Alliot 1.28,361
11	Satoru Nakajima 1.28,367		
		16	Ivan Capelli 1.28,477
9	Martin Brundle 1.28,597		
		24	Alessandro Nannini 1.28,602
10	Christian Danner 1.28,667		
		26	Piercarlo Ghinzani 1.29,066
23	Adrian Campos 1.29,538		
		14	Pascal Fabre 1.30,694
32	Nicola Larini 1.30,982		

chung der Samstags-Zeiten! Anschließend reagierte sich Mansell beim Golfspiel ab und begab sich danach in die Hände seines Seelen- und Körperbetreuers Toni Mathis.

Den Osella-Fahrern Alex Caffi und Franco Forini konnte auch keine Ablenkung durch Alternativ-Sportarten mehr helfen: Beide qualifizierten sich nicht für die Teilnahme am Rennen, weil technische Unzulänglichkeiten einen normalen Trainingsbetrieb verhinderten.

Endlich, zum ersten Mal seit dem Grand Prix auf dem Hungaroring, ging der Start ohne Probleme über die Bühne. »Paßt auf den Senna auf und laßt ihn nicht vorbei«, hatte Ferrari-Rennleiter Marco Piccinini während einer letzten Besprechung noch gewarnt, »wenn der einmal vorn ist, wird das Überholen schwer für Euch.« Der gute Rat nutzte nichts.

Während an der Spitze Nelson Piquet einen ersten Angriff des Trainingszweiten abwehren konnte, quetschte Ayrton Senna seinen gelben Lotus an beiden Ferrari vorbei auf Platz drei. Noch in der Startrunde versuchte Gerhard Berger, den Spieß wieder umzudrehen, wäre bei dieser Attacke aber beinahe in der Wiese gelandet. Zu Beginn des zweiten Umlaufs überholte Nigel Mansell seinen Team-Kollegen und fuhr anschließend auf und davon. Wenn das Rennen trotz der Überlegenheit des Briten über die volle Distanz nichts an Spannung verlor, so lag dies an Ayrton Senna. Verbissen verteidigte der Brasilianer den in den Startsekunden eroberten dritten Rang, und seine Verfolger rannten bis in die Schlußphase vergeblich Sturm auf die gelbe Bastion.

Gerhard Berger, Michele Alboreto, Thierry Boutsen und Teo Fabi reihten sich hinter Senna auf und fanden auf der kurvenreichen Piste keine Überholmöglichkeit. Nachdem Alain Prost im Verlauf der siebten Runde den Solisten Andrea de Cesaris niedergerungen hatte, fand auch er Anschluß an den gelbköpfigen Rattenschwanz.

Weiter hinten beeindruckten die Sauger-Piloten Jonathan Palmer und Philippe Alliot, die ihre leistungsmäßig unterlegenen Boliden großartig in Szene setzten und sich im Kampf um Rang 14 in den Haaren lagen. Daneben machte ein dritter Sauger positiv auf sich aufmerksam: Debütant Nicola Larini begnügte sich keineswegs mit der Rolle des Schlußlichts, sondern hielt sich bis zu seinem frühen Ausfall überraschend stark auf Platz 22.

Nach zwölf Runden machte Gerhard Berger seinem Team-Gefährten Platz. »Ich dachte«, begründete er diesen Vorgang als taktische Maßnahme, »vielleicht hat Michele mehr Wut im Bauch als ich und kann den Ayrton austricksen.« Berger hatte sich getäuscht – auch seinem neuen Hintermann gab der Lotus-Fahrer keine Chance. 14 Umläufe nach dem letztlich fruchtlosen Platz-Tausch der Ferrari lenkte Weltmeister Alain Prost seinen McLaren zum Reifenwechsel an die Boxen. Anders als zunächst vermutet, war der frühe Stopp nicht auf Reifenprobleme zurückzuführen. »Meine Pneus waren okay«, gestand Prost später mit verschmitzter Miene, »ich verfolgte einen

ERGEBNISSE UND AUSFÄLLE

1.	Nigel Mansell	Williams-Honda FW 11B-03	1:49.12,692 = 166,848 km/h
2.	Alain Prost	McLaren-Porsche MP 4/3-4	22,225 Sekunden zurück
3.	Stefan Johansson	McLaren-Porsche MP 4/3-5	30,818 Sekunden zurück
4.	Nelson Piquet	Williams-Honda FW 11B-05A	31,450 Sekunden zurück
5.	Ayrton Senna	Lotus-Honda 99T/4	1.13,507 Minuten zurück
6.	Philippe Alliot	Lola-Cosworth LC-87 03	1 Runde zurück
7.	Philippe Streiff	Tyrrell-Cosworth 016-03	1 Runde zurück
8.	Eddie Cheever*	Arrows-Megatron A10-02	2 Runden zurück
9.	Satoru Nakajima	Lotus-Honda 99T/3	2 Runden zurück
10.	Derek Warwick	Arrows-Megatron A10-04	2 Runden zurück
11.	Martin Brundle	Zakspeed 871-03	2 Runden zurück
12.	Ivan Capelli	March-Cosworth 871-01	2 Runden zurück
13.	Riccardo Patrese	Brabham-BMW BT56 4	4 Runden zurück
14.	Adrian Campos	Minardi-Motori Moderni M186 01	4 Runden zurück
15.	Michele Alboreto*	Ferrari F1-87 097	5 Runden zurück
16.	Thierry Boutsen*	Benetton-Ford B187-06	6 Runden zurück
17.	Gerhard Berger	Ferrari F1-87 098	63. Runde, Motor
18.	Jonathan Palmer	Tyrrell-Cosworth 016-06	56. Runde, Unfall
19.	René Arnoux	Ligier-Megatron JS 29C-06	56. Runde, Motor
20.	Christian Danner	Zakspeed 871-02	51. Runde, Getriebe
21.	Alessandro Nannini	Minardi-Motori Moderni M186 04	46. Runde, Turbo
22.	Teo Fabi	Benetton-Ford B187-08	41. Runde, Motor
23.	Andrea de Cesaris	Brabham-BMW BT56 1	27. Runde, Getriebe
24.	Piercarlo Ghinzani	Ligier-Megatron JS 29C-04	25. Runde, Zündung
25.	Pascal Fabre	AGS-Cosworth JH22 032	11. Runde, Kupplung
26.	Nicola Larini	Coloni-Cosworth CF 187 01	9. Runde, Aufhängung hinten

* Nicht im Ziel, aber aufgrund der zurückgelegten Distanz gewertet

Schnellste Runde:
(49. Runde) – Gerhard Berger, Ferrari F1-87, 1.26,986 = 174,566 km/h
Neuer Rundenrekord

RUNDENTABELLE

#	Fahrer	Wagen	1	2	3	4	5	6	7	8	9	10	11	12	13	14	15	16	17	18	19	20	21	22	23	24	25	26	27
6	Nelson Piquet	Williams-Honda FW11B	5	5	5	5	5	5	5	5	5	5	5	5	5	5	5	5	5	5	5	5	5	5	5	5	5	5	5
5	Nigel Mansell	Williams-Honda FW11B	6	6	6	6	6	6	6	6	6	6	6	6	6	6	6	6	6	6	6	6	6	6	6	6	6	6	6
28	Gerhard Berger	Ferrari F1-87	12	12	12	12	12	12	12	12	12	12	12	12	12	12	12	12	12	12	12	12	12	12	12	12	12	12	12
27	Michele Alboreto	Ferrari F1-87	28	28	28	28	28	28	28	28	28	28	28	28	27	27	27	27	27	27	27	27	27	27	27	27	27	27	27
12	Ayrton Senna	Lotus-Honda 99T	27	27	27	27	27	27	27	27	27	27	27	27	28	28	28	28	28	28	28	28	28	28	28	28	28	28	28
19	Teo Fabi	Benetton-Ford B187	20	20	20	20	20	20	20	20	20	20	20	20	20	20	20	20	20	20	20	20	20	20	20	20	20	20	20
1	Alain Prost	McLaren-Porsche MP4/3	19	19	19	19	19	19	19	19	19	19	19	19	19	19	19	19	19	19	19	19	19	19	19	19	19	19	19
20	Thierry Boutsen	Benetton-Ford B187	8	8	8	8	8	8	1	1	1	1	1	1	1	1	1	1	1	1	1	1	1	1	1	1	1	1	1
7	Riccardo Patrese	Brabham-BMW BT56	1	1	1	1	1	1	8	8	8	8	8	8	8	8	8	8	8	8	2	2	2	2	2	2	2	2	2
8	Andrea de Cesaris	Brabham-BMW BT56	18	18	18	18	18	18	18	18	18	18	18	2	2	2	2	2	2	8	8	8	8	8	8	8	8	⑧	3
2	Stefan Johansson	McLaren-Porsche MP4/3	7	7	7	7	2	2	2	2	2	2	2	18	18	18	18	18	18	18	18	3	3	3	3	3	3	3	30
17	Derek Warwick	Arrows-Megatron A10	3	2	2	7	7	7	7	7	7	7	7	7	7	7	3	3	3	3	3	30	30	30	30	30	30	30	11
18	Eddie Cheever	Arrows-Megatron A10	2	3	3	3	3	3	3	3	3	3	3	3	3	3	30	30	30	30	30	11	11	11	11	11	11	11	4
25	René Arnoux	Ligier-Megatron JS29C	30	30	30	30	30	30	30	30	30	30	30	30	30	30	7	11	11	11	11	4	4	4	4	4	4	4	16
4	Philippe Streiff	Tyrrell-Cosworth 016	11	11	11	11	11	11	11	11	11	11	11	11	11	11	11	4	4	4	4	16	16	16	16	16	16	16	9
3	Jonathan Palmer	Tyrrell-Cosworth 016	4	24	24	24	24	24	24	24	24	24	24	24	24	24	24	16	16	16	16	9	9	9	9	9	9	9	18
30	Philippe Alliot	Lola-Cosworth LC-87	24	4	4	4	4	4	4	4	4	4	4	4	4	4	4	9	9	9	9	18	18	18	18	18	18	25	25
11	Satoru Nakajima	Lotus-Honda 99T	9	9	9	9	9	9	9	9	9	9	9	9	9	9	9	25	25	25	25	25	25	25	25	25	25	17	17
16	Ivan Capelli	March-Cosworth 871	10	10	16	16	16	16	16	16	16	16	16	16	16	16	16	17	17	17	17	17	17	17	17	17	17	17	24
9	Martin Brundle	Zakspeed 871	16	16	10	10	10	10	10	25	25	25	25	25	25	25	25	26	26	26	26	24	24	24	24	24	24	24	23
24	Alessandro Nannini	Minardi-Motori Moderni M186	14	25	25	25	25	25	25	10	10	10	10	26	26	26	26	26	24	24	24	24	26	26	26	26	㉖	23	23	7
10	Christian Danner	Zakspeed 871	25	14	32	32	32	32	32	㉜	26	26	26	17	17	17	17	17	23	23	23	23	23	23	23	23	23	7	10
26	Piercarlo Ghinzani	Ligier-Megatron JS29C	32	32	14	26	26	26	26	26	14	17	17	23	23	23	23	23	7	7	7	7	7	7	7	7	7	10	10
23	Adrian Campos	Minardi-Motori Moderni M186	26	26	26	14	14	14	14	14	17	23	23	10	10	10	10	10	10	10	10	10	10	10	10	10	10		
14	Pascal Fabre	AGS-Cosworth JH22	23	23	23	23	23	23	23	17	23	⑭																	
32	Nicola Larini	Coloni-Cosworth CF 187	17	17	17	17	17	17	23																				

ganz bestimmten Plan. Mein McLaren liegt in den Turbulenzen anderer Wagen nicht gesonders gut, und so hatte ich in der Wagenkette hinter Senna keine Chancen auf Platzverbesserungen. Also erledigte ich erst einmal den Reifenwechsel, um mir meine Vorderleute später zu schnappen – wenn sie selbst an die Boxen müssen...«

Der Trick zahlte sich aus – abgesehen von Nigel Mansell, der bereits zu weit enteilt war, und Ayrton Senna, der auf einen Reifenwechsel verzichtete, überholte der Franzose alle vor ihm liegenden Fahrer, während diese wehrlos auf den Wagenhebern standen!

Wenn der Champion mit diesem raffinierten Kunstgriff sogar Nelson Piquet »vernaschen« konnte, so lag dies am ersten von drei groben Fehlern, die dem Ex-Weltmeister in Jerez unterliefen. Der Brasilianer vergaß während seines Boxenstopps, die Bremse zu treten und erschwerte damit die Montage neuer Reifen. Fehler Nummer zwei passierte bald darauf: Als Piquet zu Beginn der

48. Runde Alain Prost am Ende der Start-und-Zielgeraden überholen wollte, kam der Williams nach einer Pirouette zum Stillstand. Bevor Piquet den ersten Gang wieder einlegen konnte, waren Michele Alboreto und Thierry Boutsen vorbei. »Also wenn er sich nicht gedreht hätte«, verriet Alain Prost später seine Gedanken, die ihm während dieses Zwischenfalls durch den Kopf schossen, »dann hätte ich die Welt nicht mehr verstanden. Weit jenseits des Bremspunktes war der immer noch munter auf dem Gas!«

Nach 50 Runden führte Nigel Mansell mit 33,3 Sekunden Vorsprung auf Ayrton Senna, der unverändert Platz zwei verteidigte. Innerhalb von nur 2,8 Sekunden folgten Alain Prost, Michele Alboreto, Thierry Boutsen und Nelson Piquet, leicht abgeschlagen dahinter Gerhard Berger und Stefan Johansson.

In der Schlußphase des Rennens ging es dann drunter und drüber. Laufend wurden hinter dem gelben Lotus die Plätze getauscht, und Alain Prost meinte später über jene Runden: »Wenn zu diesem Zeitpunkt Mansell ausgefallen wäre – wir also plötzlich um die Spitze gekämpft hätten – dann wäre die Formel 1 förmlich explodiert.« Ab Runde 63 fiel Ayrton Senna plötzlich zurück, seine Reifen spielten nicht mehr mit. Der Brasilianer: »Sogar im fünften Gang drehten die Räder meines Lotus durch – ich konnte mich nicht mehr wehren.«

In dieser Phase kam auch das Aus für Gerhard Berger. Im Luftstrom des Benetton von Thierry Boutsen verlor der Ferrari Abtrieb und stark untersteuernd geriet Berger ins Gras. Mit verstopften Kühlern überhitzte der Motor anschließend schnell. Der Pilot wurde vom Kollaps seines Sechszylinders überrascht, da im Cockpit des Ferrari die Temperatur nicht angezeigt wird.

Fünf Runden später patzte Nelson Piquet zum dritten Mal und kam von der Piste ab. Während er weiterfahren konnte und sich an den Boxen das Grünzeug aus den Kühleröffnungen klauben ließ, wurde sein Ausrutscher Thierry Boutsen zum Verhängnis. Irritiert von Piquets Exkursion trat der Belgier zu fest auf die ohnehin schon marode Bremse und flog von der Bahn. Nachdem auch Michele Alboreto – mit einem technischen Defekt – die Waffen strecken mußte, war die endgültige Reihenfolge gefunden: Mansell, Prost, Johansson, Piquet und Senna kamen über die volle Distanz. Platz sechs – mit einer Runde Rückstand – ging an Philippe Alliot, sein Kontrahent Jonathan Palmer bezahlte eine übereilte Attacke auf René Arnoux mit einem Abflug.

»Sag mal, Gerhard«, fragte Ayrton Senna abends auf dem Parkplatz den Ferrari-Fahrer Berger, »war das heute unfair von mir?« »Nein«, kam die Antwort nach kurzem Zögern, »es kann ja wohl niemand von dir verlangen, freiwillig Platz zu machen.« Auch Alain Prost ging der »Senna-D-Zug« nicht aus dem Sinn: »Den Zuschauern hat's ja sicher viel Spaß gemacht. Ich persönlich möchte eine solche Schlacht nicht jeden Sonntag schlagen.«

30	31	32	33	34	35	36	37	38	39	40	41	42	43	44	45	46	47	48	49	50	51	52	53	54	55	56	57	58	59	60	61	62	63	64	65	66	67	68	69	70	71	72
5	5	5	5	5	5	5	5	5	5	5	5	5	5	5	5	5	5	5	5	5	5	5	5	5	5	5	5	5	5	5	5	5	5	5	5	5	5	5	5	5	5	5
6	6	6	6	6	6	6	6	6	6	6	6	6	6	6	6	12	12	12	12	12	12	12	12	12	12	12	12	12	12	12	12	12	6	6	6	6	6	1	1	1	1	1
12	12	12	12	12	12	12	12	12	12	12	12	12	12	12	12	1	1	1	1	1	1	1	1	1	20	20	20	20	20	6	6	6	20	20	20	20	1	6	2	2	2	2
27	27	27	27	27	27	27	27	27	27	27	27	27	27	27	27	27	1	6	6	27	27	27	20	20	20	20	6	6	6	6	6	20	20	20	1	1	1	27	2	6	6	6
28	28	28	28	28	28	28	28	28	28	28	28	28	28	28	28	28	28	28	28	28	27	20	20	20	27	6	6	6	1	1	28	28	28	1	1	1	12	12	27	27	2	12	12	12	12	12
20	20	2	2	2	1	1	1	1	1	1	1	1	1	1	1	1	27	27	27	20	6	6	6	6	28	28	28	28	28	28	1	1	1	28	28	(28)	27	27	12	12	12	30	30	30	30
2	2	1	1	1	20	20	20	20	20	20	20	20	20	20	20	20	28	28	28	28	28	2	2	2	2	2	2	2	2	2	2	2	27	27	2	2	2	2	30	18	18	18	4
1	1	20	20	20	2	19	19	19	2	2	2	2	2	2	2	2	2	2	2	2	2	27	27	27	27	27	27	27	27	27	27	27	2	2	30	30	30	30	18	4	4	4
19	19	19	19	19	19	2	2	2	19	(19)	3	3	3	3	3	3	3	3	3	3	3	3	3	3	3	(3)	30	30	30	30	30	30	30	18	18	18	18	4	11	11	11
3	3	3	3	3	3	3	3	3	3	30	30	30	30	30	30	30	30	30	30	30	30	30	30	30	30	18	18	18	18	18	18	4	4	4	4	11	11	17	17
30	30	30	30	30	30	30	30	30	30	11	11	11	11	11	11	11	11	11	11	11	11	11	11	18	18	11	4	4	4	4	4	11	11	11	17	9	9
11	11	11	11	11	11	11	11	11	11	4	4	4	4	4	4	4	4	4	4	4	4	4	18	11	11	4	11	11	11	11	11	17	17	17	9	16	16
4	4	4	4	4	4	4	4	4	4	18	18	18	18	18	18	18	18	18	18	18	4	4	4	17	17	17	17	17	17	17	9	9	9	9	16	7
9	9	9	9	9	9	9	18	18	18	18	25	25	25	25	25	25	25	25	25	25	17	17	17	17	9	9	9	9	9	9	16	16	16	16	7	23
18	18	18	18	18	18	18	9	9	9	25	24	24	24	24	9	9	9	9	9	17	25	25	25	9	16	16	16	16	16	16	7	7	7	7	23
25	25	17	17	17	17	17	25	25	24	16	16	16	16	16	16	17	17	17	9	9	9	9	25	16	7	7	7	23	23	23	23	23	23	23
17	17	25	25	25	25	25	25	24	16	9	9	9	9	(24)	17	16	16	16	16	16	16	16	16	(25)	23	23	23	7	7	7	7
24	24	24	24	24	24	24	16	16	9	17	17	17	17	17	23	23	23	23	23	7	7	7	7	7
16	16	16	16	16	16	16	17	17	17	23	23	23	23	23	7	7	7	7	23	23	23	23
23	23	23	23	23	23	23	23	23	23	7	7	7	7	7	10	10	10	10	(10)
7	7	7	7	7	7	7	7	7	7	10	10	10	10	10
10	10	10	10	10	10	10	10	10	10

WERTUNGSPUNKTE

Fahrer: Piquet 70, Mansell 52, Senna 51, Prost 46, Johansson 26, Berger 18, Fabi 10, Boutsen 10, Alboreto 8, Nakajima 6, Cheever 5, de Cesaris 4, Streiff 4, Palmer 4, Warwick 3, Brundle 2, Patrese 2, Alliot 2, Arnoux 1, Capelli 1

Kontrukteure: Williams 122, McLaren 72, Lotus 57, Ferrari 26, Benetton 20, Tyrrell 8, Arrows 8, Brabham 6, Zakspeed 2, Lola 2, March 1, Ligier 1

Jonathan Palmer
jagt Derek Warwick
durch die Straßen
Monte Carlos

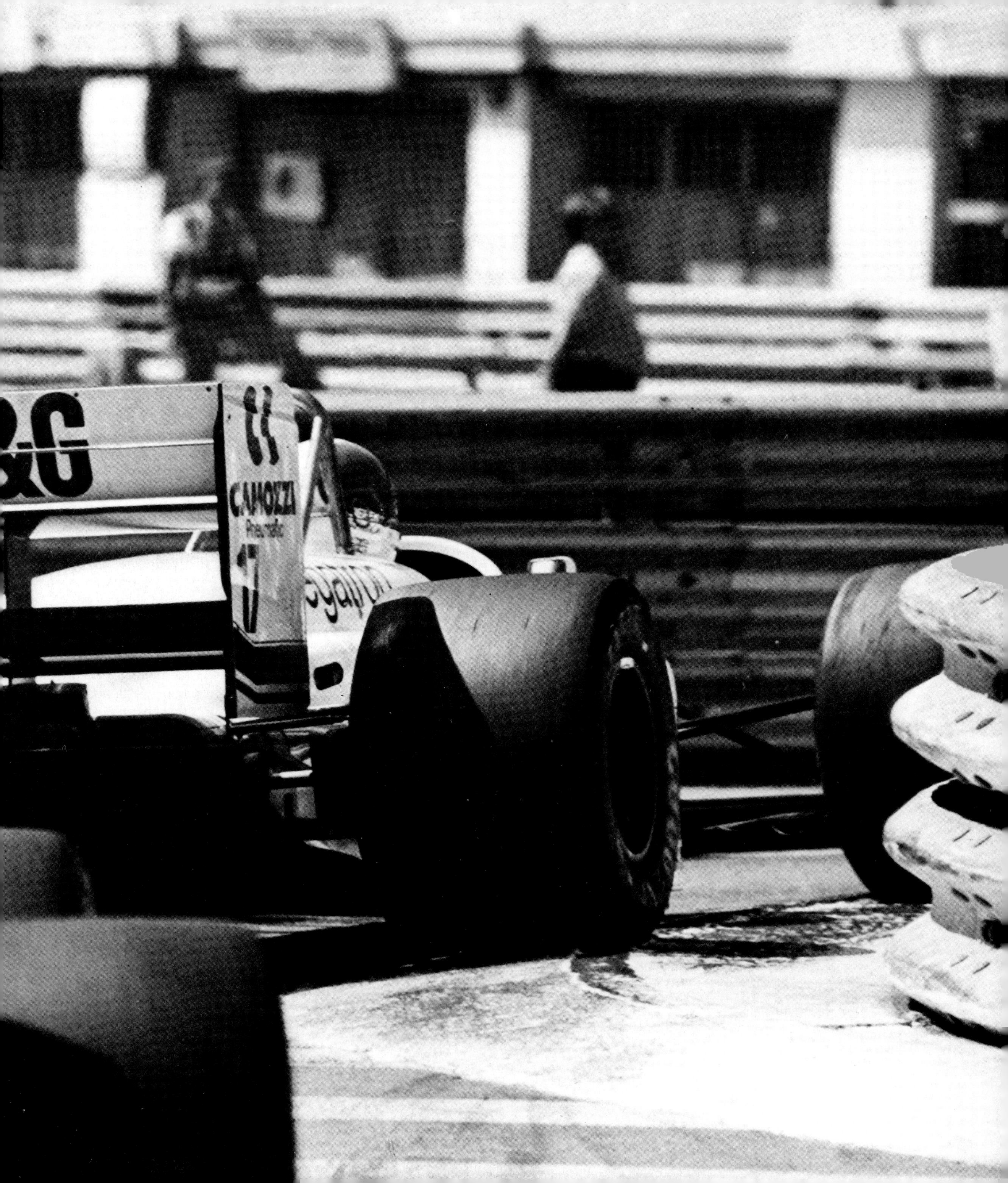
&G
CAMOZZI
Pneumatic

Großer Preis von Mexiko

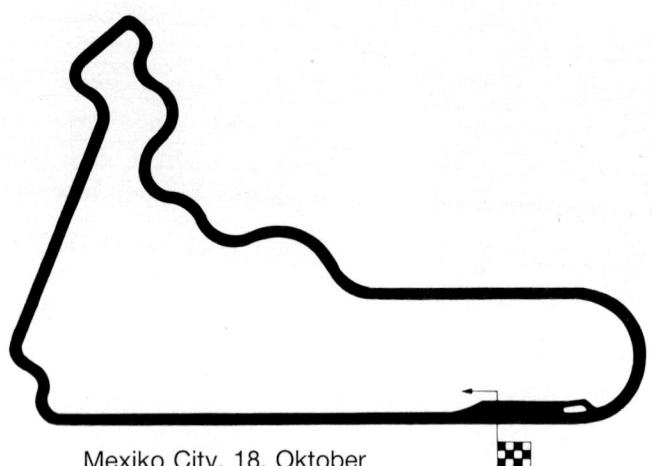

STRECKE

Ort und Datum	Mexiko City, 18. Oktober
Wetter	sonnig, sehr heiß
Streckenlänge	4,421 km
Runden	63 – nach Abbruch und Neustart wurde die ursprünglich vorgesehene Distanz von 68 Runden um 5 Runden gekürzt
Renndistanz	278,523 km
Bestehender Rundenrekord	1.19,360 = 200,549 km/h Nelson Piquet, Williams-Honda FW 11; GP 1986
GP-Sieger 1986	Gerhard Berger, Benetton-BMW B 186 1:33.18,700 = 193,306 km/h

TRAININGSZEITEN

			16. Oktober	17. Oktober
1.	Nigel Mansell	Williams-Honda FW 11 B	1.20,696	1.18,383 ◄
2.	Gerhard Berger	Ferrari F 1-87	1.19,992	1.18,426 ◄
3.	Nelson Piquet	Williams-Honda FW 11 B	1.20,701	1.18,463 ◄
4.	Thierry Boutsen	Benetton-Ford B 187	1.20,766	1.18,691 ◄
5.	Alain Prost	McLaren-Porsche MP 4/3	1.20,572	1.18,742 ◄
6.	Teo Fabi	Benetton-Ford B 187	1.22,666	1.18,992 ◄
7.	Ayrton Senna	Lotus-Honda 99T	1.21,361	1.19,089 ◄
8.	Riccardo Patrese	Brabham-BMW BT 56	1.21,720	1.19,889 ◄
9.	Michele Alboreto	Ferrari F 1-87	1.21,290	1.19,967 ◄
10.	Andrea de Cesaris	Brabham-BMW BT 56	1.22,930	1.20,141 ◄
11.	Derek Warwick	Arrows-Megatron A 10	1.23,347	1.21,664 ◄
12.	Eddie Cheever	Arrows-Megatron A 10	1.24,445	1.21,705 ◄
13.	Martin Brundle	Zakspeed 871	1.25,184	1.21,711 ◄
14.	Alessandro Nannini	Minardi-Motori Moderni M 186	1.26,055	1.22,035 ◄
15.	Stefan Johansson	McLaren-Porsche MP 4/3	1.22,185 ◄	1.22,382
16.	Satoru Nakajima	Lotus-Honda 99T	1.23,750	1.22,214 ◄
17.	Christian Danner	Zakspeed 871	1.23,992	1.22,593 ◄
18.	René Arnoux	Ligier-Megatron JS 29 C	1.24,299	1.23,053 ◄
19.	Adrian Campos	Minardi-Motori Moderni M 186	1.27,798	1.23,955 ◄
20.	Ivan Capelli	March-Cosworth 871	1.27,161	1.24,404 ◄
21.	Piercarlo Ghinzani	Ligier-Megatron JS 29 C	1.27,059	1.24,553 ◄
22.	Jonathan Palmer	Tyrrell-Cosworth 016	1.27,306	1.24,723 ◄
23.	Yannick Dalmas	Lola-Cosworth LC-87	1.28,156	1.24,745 ◄
24.	Philippe Alliot	Lola-Cosworth LC-87	1.27,184	1.25,096 ◄
25.	Philippe Streiff	Tyrrell-Cosworth 016	1.27,011	1.26,305 ◄
26.	Alex Caffi	Osella-Alfa Romeo FA 1I	1.27,670 ◄	1.30,010

Nicht qualifiziert:

27.	Pascal Fabre	AGS-Cosworth JH 22	1.30,285	1.28,655 ◄

Die von chaotischen Einlagen geprägte Saison fand in bezug auf »besondere Vorkommnisse« auf der Rennstrecke von Mexico-City zweifelsfrei einen ihrer unbestrittenen Höhepunkte. Zunächst wurde jedoch der Trainingsbetrieb regulär aufgenommen und die 27 Fahrer – der französische Formel 3000-Pilot Yannick Dalmas verstärkte die Equipe Larrousse Calmels – setzten sich mit den spezifischen Tücken der Piste auseinander.

Schnell stellte sich heraus, daß die, von der FISA geforderten, Einebnungsmaßnahmen der Asphaltdecke zwar durchgeführt worden waren, sich allerdings praktisch nicht auswirkten. »Keine Verbesserung«, berichtete Gerhard Berger bereits nach wenigen Runden, »das Auto springt auf den bumps wie im Vorjahr.« Kein Fahrer mit Mexiko-Erfahrung, der sich der Aussage des Ferrari-Stars nicht anschloß. Für alle war es nur ein schwacher Trost, daß sich die Rennstrecke im direkten Vergleich mit den öffentlichen Straßen der 18-Millionen-Gemeinde geradezu vorbildlich präsentierte…

Während der unverändert wellige – und während des ersten Trainings ungewöhnlich staubige – Belag die Aktiven überraschte, war die niedrige Motorleistung einkalkuliert: In der dünnen Höhenluft des 2227 Meter hoch gelegenen Autodroms saugten die Sauger ins »Leere«, was sich nach Aussage von Motor-Ingenieur Brian Hart in 23 Prozent Leistungsverlust niederschlug, und mit einem Höhen-Manko von 70 bis 80 PS kamen auch die Turbos nicht so recht von der Stelle. Im Vorjahr, als noch mit unbegrenztem boost gefahren werden durfte, hatte der Standortnachteil die Turbos nicht so hart getroffen, wie ein Vergleich zeigt. Riccardo Patrese, 1986 mit einer Zeit von 1.18,285 Minuten fünfter des Trainings, hätte diese Leistung ein Jahr später zur Pole-Position ausgereicht!

Im Kampf um den besten Startplatz konnte sich Gerhard Berger nur freitags

Thierry Boutsen und Gerhard Berger, die Stars wurden zu Pechvögeln

STARTAUFSTELLUNG

	5 Nigel Mansell 1.18,383
28 Gerhard Berger 1.18,426	
	6 Nelson Piquet 1.18,463
20 Thierry Boutsen 1.18,691	
	1 Alain Prost 1.18,742
19 Teo Fabi 1.18,992	
	12 Ayrton Senna 1.19,089
7 Riccardo Patrese 1.19,889	
	27 Michele Alboreto 1.19,967
8 Andrea de Cesaris 1.20,141	
	17 Derek Warwick 1.21,664
18 Eddie Cheever 1.21,705	
	9 Martin Brundle 1.21,711
24 Alessandro Nannini 1.22,035	
	2 Stefan Johansson 1.22,185
11 Satoru Nakajima 1.22,214	
	10 Christian Danner 1.22,593
25 René Arnoux 1.23,053	
	23 Adrian Campos 1.23,955
16 Ivan Capelli 1.24,404	
	26 Piercarlo Ghinzani 1.24,553
3 Jonathan Palmer 1.24,723	
	29 Yannick Dalmas 1.24,745
30 Philippe Alliot 1.25,096	
	4 Philippe Streiff 1.26,305
21 Alex Caffi 1.27,670	

behaupten, dann schlug das Imperium, in Gestalt des Chaos-Runden-Spezialisten Nigel Mansell, zurück. Wie schonungslos im Qualifying die wertvollen Zehntelsekunden gesucht wurden, machte das Abschlußtraining deutlich. In der langen, leicht überhöhten Rechtskurve vor Start-und-Ziel, die 1962 dem jungen mexikanischen Star Ricardo Rodriguez zum Verhängnis geworden war, drehte sich Nelson Piquet und sprach anschließend von »großem Glück«, das ihm zur Seite gestanden habe. Nigel Mansell und Ayrton Senna waren an selber Stelle mehr auf sich allein gestellt, kamen allerdings auch glimpflich davon. Ayrton Senna, nachdem er im Sanitätszentrum der Rennstrecke ausgiebig untersucht worden war: »Eingangs der Kurve – da fahre ich gut über 300 km/h – verlor ich meinen Lotus auf einer bösen Bodenwelle aus der Kontrolle. Nach einer langen Rutschpartie schlug ich dann rückwärts in die Reifenstapel am Pistenrand.« Mehr als 200 km/h fuhr der Brasilianer nach Aussage der Lotus-Mechaniker, die das Wrack untersucht hatten, als er in die Absperrung krachte. Abgesehen von einer Kopfprellung, die er sich bei einem Schlag gegen den Überollbügel zugezogen hatte, war Senna unverletzt. In derselben Minute erwischte es auch Nigel Mansell, der die Zuschauer bereits am Vortag mit einem spektakulären Abgang vor den Boxen geschockt hatte. Ein Aufhängungsbruch vorn rechts war für den zweiten Ausflug verantwortlich, eine der vielen Bodenwellen für den ersten.

Während sich Neuling Yannick Dalmas – »Hier in der Höhe ist ein Formel 1 nicht stärker als ein Formel 3000« – sogar noch vor Lola-Stammfahrer Philippe Alliot qualifizieren konnte, schied Pascal Fabre als 27. nach dem Training aus. »Kein Grip«, stöhnte der Franzose, »das bißchen Kraft kriege ich nicht auf die Straße.«

Erwartungsgemäß ging der Start auf der breiten und schier endlosen Geraden glatt über die Bühne. Allein Nigel Mansell patzte, ließ die Antriebsräder zu stark durchdrehen und verlor schon auf den ersten Metern vier Ränge. 1,5 Minuten später passierte die Spitze erstmals Start-und-Ziel: Rot vor Grün – Berger vor Boutsen. Erst mit sieben (!) Sekunden Rückstand folgte Nigel Mansell als dritter. Eine Rangelei zwischen Nelson Piquet und Alain Prost hatte die ungewöhnlich große Lücke zwischen dem Führungs-Duo und dem Briten entstehen lassen. Mit seiner voreiligen Attacke auf Piquet war das Rennen für den Champion beendet. Piquet konnte hingegen weiterfahren, nachdem Marshals seinen Williams angeschoben hatten. Mit 47 Sekunden Abstand auf Berger schienen die Chancen des Titel-Aspiranten nach nur einer Runde aber bereits auf das Minimum gesunken zu sein. Der zweite Umlauf sollte den ersten noch in den Schatten stellen. Während der österreichische Spitzenreiter etwas Gas wegnahm und seinem Verfolger die Führung überließ, kam es hinter den beiden am Ende der langen Geraden zu einer Karambolage, die das Feld weiter lichtete. Satoru Nakajima bremste seinen, wie üblich mit der TV-Kamera bestückten, Lotus viel zu spät ab und fuhr in das Heck des Arrows von Derek Warwick. Ein erschreckter Stefan Johansson drehte sich und wurde prompt vom völlig überraschten Zakspeed-Piloten

125

ERGEBNISSE UND AUSFÄLLE

1.	Nigel Mansell	Williams-Honda FW 11 B-01	1:26.24,207 = 193,411 km/h
2.	Nelson Piquet	Williams-Honda FW 11 B-06	26,176 Sekunden zurück
3.	Riccardo Patrese	Brabham-BMW BT 56 4	1.26,879 Minuten zurück
4.	Eddie Cheever	Arrows-Megatron A 10-02	1.41,352 Minuten zurück
5.	Teo Fabi	Benetton-Ford B 187 08	2 Runden zurück
6.	Philippe Alliot	Lola-Cosworth LC-87 03	3 Runden zurück
7.	Jonathan Palmer	Tyrrell-Cosworth 016-05	3 Runden zurück
8.	Philippe Streiff	Tyrrell-Cosworth 016-02	3 Runden zurück
9.	Yannick Dalmas	Lola-Cosworth LC-87 02	4 Runden zurück
10.	Ayrton Senna	Lotus-Honda 99 T/4	55. Runde, Dreher
11.	Ivan Capelli	March-Cosworth 871-01	52. Runde, Motor
12.	Alex Caffi	Osella-Alfa Romeo FA1I-01	51. Runde, Motor
13.	Piercarlo Ghinzani	Ligier-Megatron JS29C-04	44. Runde, Motor
14.	Adrian Campos	Minardi-Motori Moderni M 186-03	33. Runde, Schaltung
15.	René Arnoux	Ligier-Megatron JS29C-06	30. Runde, Elektrik
16.	Derek Warwick	Arrows-Megatron A 10-04	27. Runde, Unfall
17.	Andrea de Cesaris	Brabham-BMW BT 56 2	23. Runde, Unfall
18.	Gerhard Berger	Ferrari F 1-87 097	21. Runde, Motor
19.	Thierry Boutsen	Benetton-Ford B 187-09	16. Runde, Elektrik
20.	Alessandro Nannini	Minardi-Motori Moderni M 186-04	14. Runde, Turbo
21.	Michele Alboreto	Ferrari F 1-87 101	13. Runde, Motor
22.	Martin Brundle	Zakspeed 871-03	4. Runde, Turbo
23.	Stefan Johansson	McLaren-Porsche MP 4/3-5	2. Runde, Unfall
24.	Satoru Nakajima	Lotus-Honda 99 T/3	2. Runde, Unfall
25.	Christian Danner	Zakspeed 871-02	2. Runde, Unfall
26.	Alain Prost	McLaren-Porsche MP 4/3-4	1. Runde, Unfall

Schnellste Runde:

(57. Runde) – Nelson Piquet, Williams-Honda FW 11 B, 1.19,132 = 201,127 km/h
Neuer Rundenrekord

RUNDENTABELLE

			1	2	3	4	5	6	7	8	9	10	11	12	13	14	15	16	17	18	19	20	21	22	23	24	25	26	27
5	Nigel Mansell	Williams-Honda FW 11 B	28	20	20	20	20	20	20	20	20	20	20	20	20	20	28	28	28	28	28	㉘	5	5	5	5	5	5	5
28	Gerhard Berger	Ferrari F 1-87	20	28	28	28	28	28	28	28	28	28	28	28	28	28	⑳	5	5	5	5	5	12	12	12	12	12	12	12
6	Nelson Piquet	Williams-Honda FW 11 B	5	5	5	5	5	5	5	5	5	5	5	5	5	5	5	12	12	12	12	12	8	⑧	7	7	7	7	7
20	Thierry Boutsen	Benetton-Ford B 187	27	12	12	12	12	12	12	12	12	12	12	12	12	12	8	8	8	8	8	7	7	6	6	6	6	6	6
1	Alain Prost	McLaren-Porsche MP 4/3	19	27	27	27	27	8	8	8	8	8	8	8	8	8	7	7	7	7	7	18	18	18	18	18	18	18	18
19	Teo Fabi	Benetton-Ford B 187	12	19	19	8	8	27	27	27	27	27	27	㉗	19	19	7	18	18	18	18	6	6	19	19	19	19	19	19
12	Ayrton Senna	Lotus-Honda 99 T	7	8	8	19	19	19	19	19	19	19	19	19	7	18	6	6	6	6	6	19	19	25	25	25	25	25	25
7	Riccardo Patrese	Brabham-BMW BT 56	8	7	7	7	7	7	7	7	7	7	7	7	18	18	6	19	19	19	19	25	25	26	26	26	26	26	26
27	Michele Alboreto	Ferrari F 1-87	24	24	24	24	24	24	24	24	24	24	㉔	6	19	25	25	25	25	25	25	26	26	21	21	21	21	21	21
8	Andrea de Cesaris	Brabham-BMW BT 56	18	9	18	18	18	18	18	18	18	18	18	25	25	25	26	26	26	26	21	21	30	30	30	30	30	30	30
17	Derek Warwick	Arrows-Megatron A 10	17	18	25	25	25	25	25	25	25	25	25	6	26	26	21	21	21	21	30	30	3	3	3	3	3	3	3
18	Eddie Cheever	Arrows-Megatron A 10	9	21	21	21	21	21	21	21	21	26	26	26	21	21	30	30	30	30	3	3	29	29	29	29	29	29	29
9	Martin Brundle	Zakspeed 871	②	25	⑨	23	26	26	26	26	21	21	6	21	30	30	3	3	3	3	29	29	4	4	4	4	4	4	4
24	Alessandro Nannini	Minardi-Motori Moderni M 186	⑪	23	23	26	23	23	23	23	6	6	21	30	3	3	29	29	29	29	4	4	16	16	16	16	16	16	16
2	Stefan Johansson	McLaren-Porsche MP 4/3	⑩	16	16	16	16	16	16	16	6	30	30	30	3	29	4	4	4	4	16	16	17	17	17	17	17	⑰	23
11	Satoru Nakajima	Lotus-Honda 99 T	21	26	26	30	30	30	30	16	16	16	3	29	4	4	16	16	16	16	17	17	23	23	23	23			
10	Christian Danner	Zakspeed 871	25	30	30	3	3	3	3	30	3	3	29	4	16	16	23	23	23	17	23	23							
25	René Arnoux	Ligier-Megatron JS29C	16	3	3	4	4	29	6	3	29	29	4	16	23	17	17	17	17	23									
23	Adrian Campos	Minardi-Motori Moderni M 186	23	4	4	29	29	29	6	29	29	4	16	23	17	17													
16	Ivan Capelli	March-Cosworth 871	26	29	29	6	6	6	4	4	4	23	23	23	17														
26	Piercarlo Ghinzani	Ligier-Megatron JS29C	30	6	6	17	17	17	17	17	17	17	17																
3	Jonathan Palmer	Tyrrell-Cosworth 016	3	17	17																								
29	Yannick Dalmas	Lola-Cosworth LC-87	4																										
30	Philippe Alliot	Lola-Cosworth LC-87	29																										
4	Philippe Streiff	Tyrrell-Cosworth 016	6																										
21	Alex Caffi	Osella-Alfa Romeo FA1I																											

Christian Danner abgeschossen. Für den reuigen Japaner, der den Zwischenfall auf seine Kappe nahm, Johansson und Danner war das Rennen damit bereits gelaufen – Warwick schleppte seinen Wagen bis an die Boxen, um sich einen neuen Heckflügel montieren zu lassen, was länger als vier Minuten dauerte.

Boutsen und Berger schienen den Grand Prix nach Belieben zu beherrschen, was die Spannung in recht engen Grenzen hielt. Hinter den beiden sorgten Nelson Piquet, der wild entschlossen vorstürmte, und das ineinander verbissene Pärchen Ayrton Senna / Andrea de Cesaris für Abwechslung. Zakspeed-Fahrer Martin Brundle, der nach nur zwei Runden bereits auf Platz zehn gelegen hatte, mußte seine sensationell gute Fahrt kurz darauf leider beenden, weil sein Turbolader versagte.

Innerhalb von nur sechs Runden wendete sich dann das Blatt zu Gunsten Nigel Mansells. Zunächst hatte Thierry Boutsen tief enttäuscht mit einem Elektrik-Schaden aufgeben müssen, dann erwischte es Gerhard Berger, dessen Laune anschließend nicht besser als die seines belgischen Konkurrenten war: »Das war mein Rennen. Ich hatte alles im Griff. Den Thierry hab' ich absichtlich vorgelassen, weil ich abwarten wollte, wie sich meine Reifen verhalten.«

Durch den Ausfall der beiden schnellen Pechvögel fochten Senna und de Cesaris ihr beinhart geführtes Duell unerwartet um Platz zwei aus – allerdings nur für zwei Runden, dann meldete der Streckensprecher, daß der Italiener im Sand steht. Wutschnaubend schimpfte de Cesaris kurz darauf an den Boxen: »Ich war klar schneller als Senna, aber der ließ mich nicht vorbei. Als er sich dann verschaltete, sah ich meine Chance und wollte innen vorbei – er aber machte die Türe zu!«

Der Italiener hatte sich noch nicht beruhigt, als es neuen Grund zur Aufregung gab. Derek Warwick fuhr nach kurzer Schleuderfahrt gegenüber der Minardi-Box in die Reifenstapel der Streckenbegrenzung. Bange Sekunden verstrichen, während der Brite regungslos im Cockpit verharrte. Glücklicherweise unverletzt, kletterte er dann jedoch aus den Resten seines Arrows. Verstört stammelte er: »Alles war okay, und urplötzlich brach mein Auto dann aus – irgendetwas muß gebrochen sein.« In Zusammenhang mit dem Nakajima-Unfall zu Rennbeginn hat die im Schock geäußerte Theorie einen ernstzunehmenden Hintergrund.

Als die Marshals den geschundenen Arrows nicht schnell genug von der Piste räumen konnten – das Wrack mußte noch einmal vom Kran abgelassen werden, als es zu brennen begann – brach die Rennleitung den Grand Prix kurz entschlossen mit vorerst 30 gewerteten Runden ab.

14 Fahrer, Mansell, Senna, Patrese, Piquet, Cheever, Fabi, Ghinzani, Alliot, Caffi, Palmer, Dalmas, Streiff, Capelli und Campos, nahmen eine knappe halbe Stunde später weitere 33 Umläufe in Angriff. Zuvor hatten es die FISA-Funktionäre nicht verhindern können, daß an allen 14 Wagen frische Reifen aufgezogen wurden – ein Regelverstoß, der ohne Folgen blieb.

Der »Zweite Lauf« des mexikanischen Grand Prix fand seinen Höhepunkt in einem kurzen, heftigen Schlagabtausch zwischen den zwei Williams-Piloten und dem Ausfall Ayrton Sennas. Als scheinbar sicherer dritter drehte sich der Lotus-Fahrer infolge eines Kupplungs-Defektes. Gestenreich forderte der Südamerikaner daraufhin die Streckenposten auf, ihn anzuschieben – vergeblich! Senna »bedankte« sich im Zorn mit einem Faustschlag, mit dem er sich eine 15 000-Dollar-Strafe einfing.

Dicke Luft auch bei Williams. Gesamtsieger Mansell, der sich im zweiten Lauf Piquet geschlagen geben mußte, kritisierte seinen Team-Kollegen: »Es sollte geprüft werden, ob es legal ist, daß er nach dem Unfall mit Prost angeschoben wurde. Im zweiten Rennen versuchte er außerdem gleich zweimal, mich von der Bahn zu drängen.« Der Brasilianer ließ diese Vorwürfe nicht gelten: »Ich mußte von der Unfallstelle weggeschoben werden – wenn ich dabei die Kupplung kommen lasse, ist das meine Sache. Mansell abschießen? Wenn ich das gewollt hätte, wäre mir das nicht schwergefallen. Als Profi mache ich so etwas allerdings nicht!«

30	31	32	33	34	35	36	37	38	39	40	41	42	43	44	45	46	47	48	49	50	51	52	53	54	55	56	57	58	59	60	61	62	63
5	5	5	5	5	5	5	5	5	5	5	5	5	5	5	5	5	5	5	5	5	5	5	5	5	5	5	5	5	5	5	5	5	5
12	12	12	12	12	12	12	12	6	6	6	6	6	6	6	6	6	6	6	6	6	6	6	6	6	6	6	6	6	6	6	6	6	6
7	7	7	6	6	6	6	6	12	12	12	12	12	12	12	12	12	12	12	12	12	12	12	12	⑫	7	7	7	7	7	7	7	7	7
6	6	6	7	7	7	7	7	7	7	7	7	7	7	7	7	7	7	7	7	7	7	7	7	7	18	18	18	18	18	18	18	18	18
18	18	18	18	18	18	18	18	18	18	18	18	18	18	18	18	18	18	18	18	18	18	18	18	18	19	19	19	19	19	19	19	19	19
19	19	19	19	19	19	26	26	26	26	26	26	26	㉖	19	19	19	19	19	19	19	19	19	19	19	19	30	30	30	30	30	30		
26	26	26	26	26	26	19	19	19	19	19	19	19	19	21	21	21	21	21	21	21	㉑	30	30	30	30	3	3	3	3	3	3		
30	30	30	21	21	21	21	21	21	21	21	21	21	21	30	30	30	30	30	30	30	30	3	3	3	3	4	4	4	4	4	4		
21	21	21	30	30	30	30	30	30	30	30	30	30	30	3	3	3	3	3	3	3	3	29	29	29	4	4	29	29	29	29	29		
3	3	3	3	3	3	3	3	3	3	3	3	3	3	3	29	29	29	29	29	29	29	4	4	29	29								
29	29	29	29	29	29	29	29	29	29	29	29	29	29	29	4	4	4	4	4	4	4	⑯											
4	4	4	4	4	4	4	4	4	4	4	4	4	4	4	16	16	16	16	16	16	16												
16	16	16	16	16	16	16	16	16	16	16	16	16	16	16																			
23	23	㉓																															

WERTUNGSPUNKTE

Fahrer: Piquet 73, Mansell 61, Senna 51, Prost 46, Johansson 26, Berger 18, Fabi 12, Boutsen 10, Alboreto 8, Cheever 8, Patrese 6, Nakajima 6, de Cesaris 4, Streiff 4, Palmer 4, Warwick 3, Alliot 3, Brundle 2, Arnoux 1, Capelli 1

Konstrukteure: Williams 137, McLaren 72, Lotus 57, Ferrari 26, Benetton 22, Arrows 11, Brabham 10, Tyrrell 8, Lola 3, Zakspeed 2, March 1, Ligier 1

Auf den nächsten Rängen sah man dann aber zufriedene Gesichter. Riccardo Patrese, der »die Mühen des Teams endlich belohnt« sah, Eddie Cheever, der seinen 100. Grand Prix mit Rang vier feierte, Teo Fabi, der trotz Reifen-Problemen in die Punkte kam und Philippe Alliot, der seinen Saugmotor-Lola unter den ersten sechs plazieren konnte. Noch auf der Boxenmauer drückte Team-Chef Gérard Larrousse seinem Partner Didier Calmels vor lauter Glück einen dicken Schmatzer auf die Wange.

Großer Preis von Japan

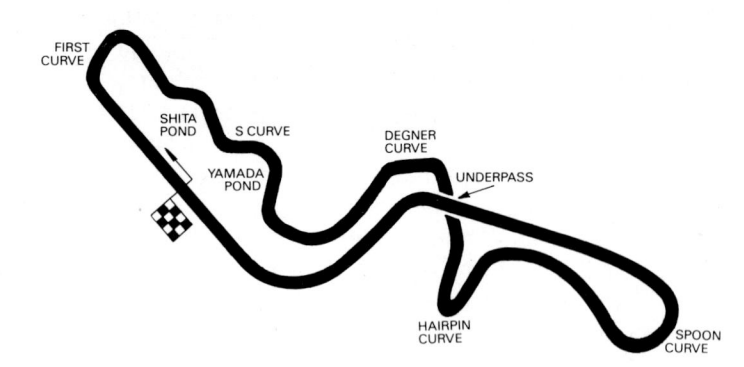

STRECKE

Ort und Datum	Suzuka, 1. November
Wetter	bedeckt, windig, mild
Streckenlänge	5,859 km
Runden	51
Renndistanz	298,809 km
Bestehender Rundenrekord	Strecke war nach Umbau erstmals Schauplatz eines Automobil-Rennens
GP-Sieger 1977 (Fuji) (anschließend nicht mehr ausgetragen)	James Hunt, McLaren M26 1:31.51,68 = 207,840 km/h

TRAININGSZEITEN

			30. Oktober	31. Oktober
1.	Gerhard Berger	Ferrari F1-87	1.42,160	1.40,042◄
2.	Alain Prost	McLaren-Porsche MP4/3	1.42,496	1.40,652◄
3.	Thierry Boutsen	Benetton-Ford B187	1.43,130	1.40,850◄
4.	Michele Alboreto	Ferrari F1-87	1.42,416	1.40,984◄
5.	Nelson Piquet	Williams-Honda FW11B	1.41,423	1.41,144◄
6.	Teo Fabi	Benetton-Ford B187	1.43,351	1.41,679◄
7.	Nigel Mansell	Williams-Honda FW11B	1.42,616◄	–
8.	Ayrton Senna	Lotus-Honda 99T	1.44,026	1.42,723◄
9.	Riccardo Patrese	Brabham-BMW BT56	1.44,767	1.43,304◄
10.	Stefan Johansson	McLaren-Porsche MP4/3	1.43,612	1.43,371◄
11.	Andrea de Cesaris	Brabham-BMW BT56	1.46,399	1.43,618◄
12.	Satoru Nakajima	Lotus-Honda 99T	1.45,898	1.43,685◄
13.	Eddie Cheever	Arrows-Megatron A10	1.45,427	1.44,277◄
14.	Derek Warwick	Arrows-Megatron A10	1.44,768	1.44,626◄
15.	Alessandro Nannini	Minardi-Motori Moderni M186	1.48,948	1.45,612◄
16.	Martin Brundle	Zakspeed 871	1.46,715	1.46,023◄
17.	Christian Danner	Zakspeed 871	1.49,337	1.46,116◄
18.	René Arnoux	Ligier-Megatron JS29C	1.50,542	1.46,200◄
19.	Philippe Alliot	Lola-Cosworth LC-87	1.49,470	1.47,395◄
20.	Jonathan Palmer	Tyrrell-Cosworth 016	1.48,902	1.47,775◄
21.	Ivan Capelli	March-Cosworth 871	1.49,814	1.48,212◄
22.	Adrian Campos	Minardi-Motori Moderni M186	1.53,455	1.48,337◄
23.	Yannick Dalmas	Lola-Cosworth LC-87	1.51,230	1.48,887◄
24.	Alex Caffi	Osella-Alfa Romeo FA1I	1.49,017◄	1.50,902
25.	Piercarlo Ghinzani	Ligier-Megatron JS29C	1.51,554	1.49,641◄
26.	Philippe Streiff	Tyrrell-Cosworth 016	1.50,896	1.49,741◄
27.	Roberto Moreno	AGS-Cosworth JH22	1.51,835	1.50,212◄

Erstmals seit 1977 reisten die Formel 1-Fahrer wieder ins ferne Japan, um einen Weltmeisterschafts-Grand Prix auszutragen. Anders als vor zehn Jahren war aber nicht der Fuji-Kurs, sondern die Piste von Suzuka Austragungsort des einzigen asiatischen F1-Grand Prix. Die 5,8 Kilometer lange Rennstrecke nahe der Pazifik-Küste war durch eine umfangreiche Renovierung der Boxen, den Einbau einer extrem langsamen Schikane und die Entschärfung der Degner Kurve – benannt nach dem deutschen Motorrad-As der 60er Jahre – auf ein ansprechendes Niveau gebracht worden. Nach einem ersten Informations-Training am Donnerstag kritisierten die Piloten allein die relativ geringe Breite der Bahn. Der bereits 1962 fertiggestellte »Suzuka Circuit« ist ein Werk des Holländers John Hugenholtz, der auch die europäischen Pisten von Zandvoort, Zolder und Jarama konzipierte.

Jonathan Palmer, Thierry Boutsen, Christian Danner, Riccardo Patrese sowie die vier Fahrer Honda-getriebener Wagen kannten Suzuka bereits von Formel 2-Rennen und Testfahrten. Zu der Mehrheit derjenigen, die ihre ersten Runden auf der Honda-Hausstrecke drehten, gehörte auch Gerhard Berger, der sich spontan lobend äußerte: »Der Fahrrhythmus ist nicht leicht zu finden, aber das ist eine phantastische Anlage, auf der man mit viel Herz auch viel erreichen kann. Es geht bergauf, bergab, es gibt fast alle denkbaren Kurven-Varianten – seit Brands Hatch aus dem Kalender gestrichen wurde, ist Suzuka wohl die schwierigste Strecke des Jahres.«

Bereits vor Beginn der Aktivitäten, die schon donnerstags mehr als 20 000 Zuschauer anlockten, hatte der Österreicher »Nachhilfeunterricht« genommen. Nigel Mansell hatte ihm Tips zur Bewältigung der Schlüsselstellen gegeben. »Das war wirklich anständig von Nigel«, lobte Berger den Engländer, »alles, was er mir sagte, stimmte exakt. Er wußte schließlich ganz genau, daß ich ihm möglicherweise wertvolle Punkte weg-

»Roter Dorn« im Fleisch der Japaner – Gerhard Berger auf Ferrari

STARTAUFSTELLUNG

1 Alain Prost 1.40,652	28 Gerhard Berger 1.40,042
27 Michele Alboreto 1.40,984	20 Thierry Boutsen 1.40,850
19 Teo Fabi 1.41,679	6 Nelson Piquet 1.41,144
7 Riccardo Patrese 1.43,304	12 Ayrton Senna 1.42,723
8 Andrea de Cesaris 1.43,618	2 Stefan Johansson 1.43,371
18 Eddie Cheever 1.44,277	11 Satoru Nakajima 1.43,685
24 Alessandro Nannini 1.45,612	17 Derek Warwick 1.44,626
10 Christian Danner 1.46,116	9 Martin Brundle 1.46,023
30 Philippe Alliot 1.47,395	25 René Arnoux 1.46,200
16 Ivan Capelli 1.48,212	3 Jonathan Palmer 1.47,775
29 Yannick Dalmas 1.48,887	23 Adrian Campos 1.48,337
26 Piercarlo Ghinzani 1.49,641	21 Alex Caffi 1.49,017
14 Roberto Moreno 1.50,212	4 Philippe Streiff 1.49,741

Nach Trainingsunfall nicht am Start:
Nigel Mansell, Williams-Honda FW 11 B, 1.42,616

schnappen könnte – aber er spielte mit völlig offenen Karten!«
Die Entscheidung im Kampf um die Weltmeisterschaft fiel dann überraschend während des ersten Qualifying. Nigel Mansell fuhr seine vierte Runde in 1.42,616 Minuten und markierte damit Bestzeit. Minuten später konterte Nelson Piquet und zeigte, daß man die »Achterbahn« auch in 1.41,423 Minuten zurücklegen kann. Sofort ließ sich der Brite wieder anschnallen. Nach einer »Anlaufrunde« flog der Williams-Fahrer mit 281,7 km/h durch die Lichtschranke bei Start-und-Ziel und zog alle Register, um den Kontrahenten im Weltmeisterschafts-Duell wieder von Platz eins zu verdrängen. Schon in dem schnellen Geschlängel hinter den Boxen überschritt er dabei das Limit: Der linke Hinterreifen geriet auf die Flachbordsteine ausgangs einer Rechtskurve und der Wagen schlug nach einem halben Dreher – das Heck voran – in die Reifenstapel vor der Leitplanke. Zurückfedernd wurde der Williams in die Luft gehoben und flog in bedrohlicher Schräglage zurück auf die Bahn. Kurz nach dem brutalen Aufschlag kam das Auto zum Stand. Für Sekunden rang der Pilot vergeblich nach Atemluft. »Mir war sofort klar«, berichtete Mansell später in der Universitäts-Klinik von Nagoya, »daß ich an diesem Wochenende nicht mehr fahren konnte. Ja, ich hatte sogar Angst, mir Knochenbrüche zugezogen zu haben, so stark waren die Schmerzen.« Diese Befürchtungen wurden durch Röntgenaufnahmen nicht bestätigt, aber Prellungen am ganzen Körper schlossen eine Teilnahme am Rennen völlig aus.
Damit stand Nelson Piquet als neuer Weltmeister und Nachfolger Alain Prosts fest. Der Brasilianer, der den Unfall seines Team-Kollegen in den Boxen mit versteinerter Miene beobachtet hatte, kommentierte die überraschende Entwicklung ernst und realistisch: »Natürlich ist es nicht schön, daß die Entscheidung auf diese Art gefallen ist. Das Championat besteht aber aus 16 Rennen und nicht nur aus dem GP von Japan, das darf man nicht vergessen.«
Neben Nelson Piquet profitierte auch Roberto Moreno von der vorzeitigen Abreise Nigel Mansells, der noch samstags im Rollstuhl an Bord eines Jumbos gebracht wurde. Moreno war von AGS als Ersatz für den Franzosen Pascal Fabre angeheuert worden. Als langsamster Pilot wäre der Brasilianer an der Qualifikationshürde gescheitert, wenn das Feld durch den Trainings-Unfall nicht auf 26 Fahrer geschrumpft wäre.
Während sich Gerhard Berger die zweite Pole-Position seiner Karriere sicherte, erreichte Nelson Piquet, als schnellster Honda-Fahrer, nur den fünften Startplatz. Ausgerechnet vor der eigenen Haustür ging damit eine lange Erfolgsserie zu Ende: Seit dem GP von Italien 1986 stand immer mindestens ein Wagen mit Honda-Motor in der ersten Startreihe. Von einem möglichen Motivations-Verlust wollte Piquet nichts wissen: »Wir haben Fehler gemacht und versäumt, das Auto sorgfältig für Run-

129

ERGEBNISSE UND AUSFÄLLE

1.	Gerhard Berger	Ferrari F1-87 097	1:32.58,072 = 192,847 km/h
2.	Ayrton Senna	Lotus-Honda 99T/6	17,384 Sekunden zurück
3.	Stefan Johansson	McLaren-Porsche MP4/3-5	17,694 Sekunden zurück
4.	Michele Alboreto	Ferrari F1-87 101	1.20,441 Minuten zurück
5.	Thierry Boutsen	Benetton-Ford B187-09	1.25,576 Minuten zurück
6.	Satoru Nakajima	Lotus-Honda 99T/3	1.36,479 Minuten zurück
7.	Alain Prost	McLaren-Porsche MP4/3-4	1 Runde zurück
8.	Jonathan Palmer	Tyrrell-Cosworth 016-05	1 Runde zurück
9.	Eddie Cheever	Arrows-Megatron A10-02	1 Runde zurück
10.	Derek Warwick	Arrows-Megatron A10-05	1 Runde zurück
11.	Riccardo Patrese*	Brabham-BMW BT56 4	2 Runden zurück
12.	Philippe Streiff	Tyrrell-Cosworth 016-02	2 Runden zurück
13.	Piercarlo Ghinzani*	Ligier-Megatron JS29C-04	3 Runden zurück
14.	Yannick Dalmas*	Lola-Cosworth LC-87 02	4 Runden zurück
15.	Nelson Piquet*	Williams-Honda FW11B-06	5 Runden zurück
16.	René Arnoux	Ligier-Megatron JS29C-06	45. Runde, Benzin
17.	Alex Caffi	Osella-Alfa Romeo FA1I-01	44. Runde, Benzin
18.	Roberto Moreno	AGS-Cosworth JH22-033	39. Runde, Elektrik
19.	Alessandro Nannini	Minardi-Motori Moderni M186-04	36. Runde, Motor
20.	Martin Brundle	Zakspeed 871-03	33. Runde, Motor
21.	Andrea de Cesaris	Brabham-BMW BT56 2	27. Runde, Turbo
22.	Teo Fabi	Benetton-Ford B187-04	17. Runde, Motor
23.	Christian Danner	Zakspeed 871-02	14. Runde, Motor
24.	Ivan Capelli	March-Cosworth 871-03	14. Runde, Unfall
25.	Adrian Campos	Minardi-Motori Moderni M186-03	3. Runde, Motor
26.	Philippe Alliot	Lola-Cosworth LC-87 03	1. Runde, Unfall

* Nicht im Ziel, aber aufgrund der zurückgelegten Distanz gewertet

Schnellste Runde:
(35. Runde) – Alain Prost, McLaren-Porsche MP4/3, 1.43,844 = 203,116 km/h
Rundenrekord

den mit fast leerem Tank abzustimmen.« Das Interesse der Japaner wurde weder durch die Honda-Trainingsschlappe noch durch die vorweggenommene WM-Entscheidung geschmälert. Am Renntag war die Piste bereits morgens um sieben Uhr von fast 100000 Fans umlagert! Um ein Verkehrschaos zu verhindern, hatte der Veranstalter das Karten-Kontingent auf 110000 beschränkt und wies 140000 Anfragen zurück.

Das Rennen entwickelte sich schnell zur Ein-Mann-Show des Österreichers Gerhard Berger. Kurz sah es so aus, als ob Alain Prost und Thierry Boutsen dem Ferrari folgen könnten. Der Franzose wurde aber schon im Verlauf der zweiten Runde an das Ende des Feldes zurückgeworfen, als der linke Hinterreifen seines McLaren einen Fremdkörper überrollte, was Prost zu einem langsamen Umlauf mit anschließendem Boxenstopp zwang, um den völlig zerfetzten Pneu wechseln zu lassen. Möglicherweise ist der Defekt auf den Startunfall zurückzuführen. Michele Alboretos Ferrari war mit verbrannter Kupplung zu-

RUNDENTABELLE

Nr	Fahrer	Wagen	1	2	3	4	5	6	7	8	9	10	11	12	13	14	15	16	17	18	19	20	21	22	23	24	25	26	27
28	Gerhard Berger	Ferrari F1-87	28	28	28	28	28	28	28	28	28	28	28	28	28	28	28	28	28	28	28	28	28	28	28	28	12	28	28
1	Alain Prost	McLaren-Porsche MP4/3	1	20	20	20	20	20	20	20	20	20	12	12	12	12	12	12	12	12	12	12	12	12	12	12	6	2	2
20	Thierry Boutsen	Benetton-Ford B187	20	12	12	12	12	12	12	12	12	12	6	6	6	6	6	6	6	6	6	6	6	6	6	28	27	12
27	Michele Alboreto	Ferrari F1-87	12	6	6	6	6	6	6	6	6	6	20	2	2	2	2	2	2	2	2	20	27	27	27	27	12	6
6	Nelson Piquet	Williams-Honda FW11B	6	19	19	19	19	19	2	2	2	2	2	20	20	20	20	20	20	20	27	2	2	2	2	2	6	27
19	Teo Fabi	Benetton-Ford B187	19	2	2	2	2	2	19	19	19	19	19	19	19	19	19	7	27	27	27	27	2	11	20	20	20	20
12	Ayrton Senna	Lotus-Honda 99T	2	7	7	7	7	7	7	7	7	7	7	7	7	7	7	11	7	7	11	11	11	20	8	8	11	11	11
7	Riccardo Patrese	Brabham-BMW BT56	7	8	8	8	8	11	11	11	11	11	11	11	11	11	11	27	11	11	7	18	8	11	11	7	7	7
2	Stefan Johansson	McLaren-Porsche MP4/3	8	11	11	11	11	8	8	8	18	18	18	18	18	27	27	⑲	18	18	18	18	18	8	18	7	7	18	18
8	Andrea de Cesaris	Brabham-BMW BT56	11	18	18	18	18	18	18	18	8	8	8	27	27	18	18	18	8	8	8	8	7	17	17	18	8	⑧	3
11	Satoru Nakajima	Lotus-Honda 99T	18	17	17	17	17	17	17	17	17	27	8	8	8	8	17	8	17	17	17	17	17	7	18	17	3	3	29
18	Eddie Cheever	Arrows-Megatron A10	17	24	24	24	24	24	24	27	27	17	17	17	17	17	8	17	24	24	24	24	24	24	24	24	29	29	17
17	Derek Warwick	Arrows-Megatron A10	24	9	9	9	9	9	27	24	24	24	24	24	24	24	24	24	9	9	9	9	9	9	3	24	29	17	9
24	Alessandro Nannini	Minardi-Motori Moderni M186	9	10	10	10	10	27	9	9	9	9	9	9	9	9	9	9	3	3	3	3	3	3	9	29	17	9	24
9	Martin Brundle	Zakspeed 871	10	25	25	27	27	10	10	10	10	10	10	10	⑩	3	3	3	26	26	26	26	26	26	26	9	24	21
10	Christian Danner	Zakspeed 871	25	16	16	25	25	25	25	25	25	25	25	25	25	26	26	26	29	29	29	29	29	29	9	21	21	4
25	René Arnoux	Ligier-Megatron JS29C	16	3	27	16	16	16	16	16	16	16	16	16	⑯	29	29	29	21	21	21	21	21	21	21	4	4	26
30	Philippe Alliot	Lola-Cosworth LC-87	3	㉓	3	3	3	3	3	3	3	3	3	3	3	21	21	21	4	4	4	4	4	4	4	4	26	1
3	Jonathan Palmer	Tyrrell-Cosworth 016	23	26	26	26	26	26	26	26	26	26	26	26	26	4	4	4	14	14	14	14	14	14	14	1	1	14	14
16	Ivan Capelli	March-Cosworth 871	26	27	29	29	29	29	29	29	29	29	29	29	29	14	14	14	1	1	1	1	1	1	14	14	1	25
23	Adrian Campos	Minardi-Motori Moderni M186	29	29	21	21	21	21	21	21	21	21	21	21	21	25	1	1	25	25	25	25	25	25	25	25	25	25
29	Yannick Dalmas	Lola-Cosworth LC-87	14	21	14	14	14	14	14	4	4	4	4	4	4	1	25	25
21	Alex Caffi	Osella-Alfa Romeo FA1I	21	14	4	4	4	4	4	14	14	14	14	14
26	Piercarlo Ghinzani	Ligier-Megatron JS29C	27	4	1	1	1	1	1	1	1	1	1	1
4	Philippe Streiff	Tyrrell-Cosworth 016	4	1
14	Roberto Moreno	AGS-Cosworth JH22		

nächst stehengeblieben, was in seinem Rücken zu einer Karambolage zwischen René Arnoux und Philippe Alliot führte, der für Alliot das Aus brachte. Boutsen konnte Bergers Tempo nicht mehr mithalten, als die Kupplung seines Benetton nicht mehr richtig mitspielte und gleichzeitig der Sprit-Fahrplan des Belgiers aus dem Ruder zu laufen begann. »Schade«, meinte Boutsen später völlig enttäuscht, »anfangs lief mein Auto so gut, daß ich glaubte, gewinnen zu können.«

Bergers Siegesfahrt schien nur zweimal gefährdet. Zunächst, als sich der dritte Gang nicht richtig einlegen ließ. Berger: »Ich konnte nicht hochschalten und dachte schon, es sei aus – aber das Getriebe erholte sich.« Nach 28 Runden saß ihm dann Stefan Johansson unvermutet im Nacken. Bis auf 2,32 Sekunden schob sich der McLaren an den führenden Ferrari heran, dann machte der Tiroler dem »Spuk« durch einen langgezogenen Zwischenspurt ein Ende. Später gestand Berger, daß er ein Boxensignal falsch gelesen hatte: »Ich

Erstmals seit 1977 begrüßte Japan wieder die Formel 1

dachte, der Johansson sei mehr als 40 Sekunden hinter mir, als er urplötzlich in meinen Rückspiegeln auftauchte.«
Im Rücken des Siegers lebte das Rennen von dem beinhart geführten Zweikampf zwischen Ayrton Senna und Nelson Piquet sowie einer unfreiwilligen Arrows-Posse. Das Duell der beiden Brasilianer schien bereits nach 24 Runden für Sekunden entschieden, als Piquet vor der Schikane mit einem gewagten Manöver Alex Caffi überrundete und seinen überbremsten Williams nur mit Glück auf der Bahn hielt. Wenn er das Rennen tatsächlich nicht zu Ende fahren konnte, dann weil sein Honda-Motor überhitzte – abgelöstes Reifengummi hatte die Kühleröffnungen großflächig verstopft. Der Arrows-Zwischenfall ereignete sich nach 22 Runden: Eddie Cheever und Derek Warwick fuhren in kurzem Abstand zum Reifenwechsel an die Boxen. Der Amerikaner hatte ein an Warwick gerichtetes Signal auf sich bezogen und weigerte sich durchzustarten, als Team-Chef Jackie Oliver ihn dazu aufforderte. Derek Warwick war dabei der Dumme: Als er seinen Platz besetzt sah, mußte er unverrichteter Dinge wieder zurück auf die Piste – erst zwei Runden später klappte der Pneuwechsel.

In der Schlußphase des Rennens, während der sich Alain Prost noch auf den siebten Platz vorfahren konnte, wurde Stefan Johansson immer langsamer – das Benzin ging zur Neige. So wurde er während des letzten Umlaufs zur leichten Beute Ayrton Sennas, der mit Platz zwei die Honda-Ehre halbwegs rettete. Im Rampenlicht aber stand Gerhard Berger, der die längste Durststrecke Ferraris beendete: Seit Michele Alboretos Triumph auf dem neuen Nürburgring im Jahr 1985 hatte es keinen Ferrari-Sieg gegeben. Der zweite Held des Tages war Satoru Nakajima, dessen sechster Rang von den Fans wie ein Sieg gefeiert wurde.

WERTUNGSPUNKTE

Fahrer: Piquet 73, Mansell 61, Senna 57, Prost 46, Johansson 30, Berger 27, Fabi 12, Boutsen 12, Alboreto 11, Cheever 8, Nakajima 7, Patrese 6, de Cesaris 4, Streiff 4, Palmer 4, Warwick 3, Alliot 3, Brundle 2, Arnoux 1, Capelli 1

Konstrukteure: Williams 137, McLaren 76, Lotus 64, Ferrari 38, Benetton 24, Arrows 11, Brabham 10, Tyrrell 8, Lola 3, Zakspeed 2, March 1, Ligier 1

Großer Preis von Australien

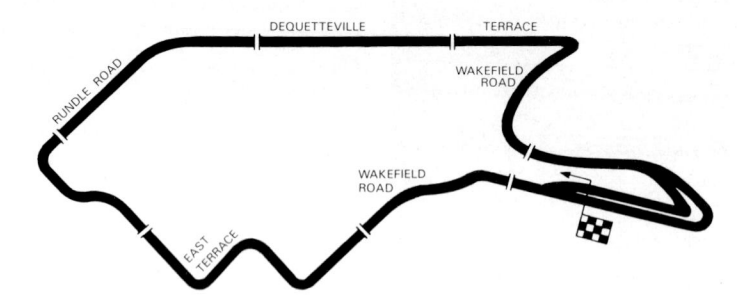

STRECKE

Ort und Datum	Adelaide, 15. November
Wetter	heiß, aufgelockert bewölkt, leicht windig
Streckenlänge	3,778 km
Runden	82
Renndistanz	309,878 km
Bestehender Rundenrekord	1.20,787 = 168,398 km/h
	Nelson Piquet, Williams-Honda FW 11; GP 1986
GP-Sieger 1986	Alain Prost, McLaren-Porsche MP 4/2 C
	1:54.20,388 = 162,609 km/h

TRAININGSZEITEN

			13. Nov.	14. Nov.
1.	Gerhard Berger	Ferrari F1-87	1.17,267◄	1.18,142
2.	Alain Prost	McLaren-Porsche MP 4/3	1.18,200	1.17,967◄
3.	Nelson Piquet	Williams-Honda FW 11 B	1.18,017◄	1.18,176
4.	Ayrton Senna	Lotus-Honda 99 T	1.18,508	1.18,488◄
5.	Thierry Boutsen	Benetton-Ford B 187	1.18,943	1.18,523◄
6.	Michele Alboreto	Ferrari F1-87	1.18,578◄	1.19,612
7.	Riccardo Patrese	Williams-Honda FW 11 B	1.19,507	1.18,813◄
8.	Stefan Johansson	McLaren-Porsche MP 4/3	1.19,761	1.18,826◄
9.	Teo Fabi	Benetton-Ford B 187	1.19,461◄	1.20,301
10.	Andrea de Cesaris	Brabham-BMW BT 56	1.19,768	1.19,590◄
11.	Eddie Cheever	Arrows-Megatron A 10	1.20,187◄	1.21,592
12.	Derek Warwick	Arrows-Megatron A 10	1.20,638◄	1.20,837
13.	Alessandro Nannini	Minardi-Motori Moderni M 186	1.20,701◄	1.21,523
14.	Satoru Nakajima	Lotus-Honda 99 T	1.21,708	1.20,891◄
15.	Stefano Modena	Brabham-BMW BT 56	1.21,887	1.21,014◄
16.	Martin Brundle	Zakspeed 871	1.22,224	1.21,483◄
17.	Philippe Alliot	Lola-Cosworth LC-87	1.21,888◄	1.22,846
18.	Philippe Streiff	Tyrrell-Cosworth 016	1.21,971◄	1.22,434
19.	Jonathan Palmer	Tyrrell-Cosworth 016	1.22,315	1.22,087◄
20.	René Arnoux	Ligier-Megatron JS 29 C	1.24,833	1.22,303◄
21.	Yannick Dalmas	Lola-Cosworth LC-87	1.25,021	1.22,650◄
22.	Piercarlo Ghinzani	Ligier-Megatron JS 29 C	1.22,689◄	1.24,652
23.	Ivan Capelli	March-Cosworth 871	1.22,698◄	1.22,704
24.	Christian Danner	Zakspeed 871	1.23,046◄	–
25.	Roberto Moreno	AGS-Cosworth JH 22	1.23,659◄	1.24,149
26.	Adrian Campos	Minardi-Motori Moderni M 186	1.25,760	1.24,121◄

Nicht qualifiziert:

27.	Alex Caffi	Osella-Alfa Romeo FA 1 I	1.25,872◄	1.27,331

Die Ereignisse von Suzuka hatten unmittelbare Auswirkungen auf den letzten Weltmeisterschafts-Lauf. Der leerstehende Williams des kampfunfähigen Briten Nigel Mansell mußte neu besetzt werden. Gemeinsam mit Brabham-Boß Bernie Ecclestone löste Frank Williams das Problem auf ebenso ungewöhnliche wie logische Weise: Riccardo Patrese, der ohnehin ab 16. November in Frank Williams Diensten gestanden hätte, trat nach der Freigabe durch Ecclestone seine neue Stelle kurzerhand drei Tage früher als geplant an.

Der vorzeitige Transfer des Italieners verlagerte zunächst nur das Ausgangs-Problem, ein verwaistes Cockpit zu besetzen, denn nun wurde ein Brabham-Pilot gesucht. Aber Bernie Ecclestone, bekannt dafür, Nägel mit Köpfen zu machen, präsentierte mit Stefano Modena schnell das letzte Glied im Bäumchenwechsle-dich-Spiel von Adelaide. Der frischgebackene Formel 3000-Champion und Schützling des greisen Enzo Ferrari nahm das Angebot zur Feuertaufe im Grand Prix-Sport natürlich dankend an.

Nach diesen personellen Überraschungen folgte eine technischer Art: Entgegen allen Ankündigungen stand ein Williams mit aktiver Aufhängung im Fahrerlager. »Wir haben es uns anders überlegt«, erklärte Frank Williams, »weil wir dringend Punkte für ein neues Rekordergebnis in der Konstrukteurs-WM brauchen.« Nach Vergleichsfahrten im Training entschloß sich Champion Nelson Piquet dann allerdings zum Einsatz des »passiven« Boliden.

Im Training wurden die spezifischen Tücken des Kurses schnell deutlich, und der fast einstimmig vorgetragenen Klage der Piloten hätte es gar nicht bedurft: In allen Ecken der Piste drehten sich die Rennwagen um die eigene Achse, weil die Gummiwalzen auf dem glatten Asphalt keinen Grip hatten. Die Pirouetten-Vielzahl – insgesamt wurden an zwei Tagen mehr als 40 tête-à-queues gezählt – hatte allerdings offenbar auch

Einmal im Jahr verkünden die Stadtväter die Devise »Adelaide comes alive« und die Formel 1 beherrscht die Szene

STARTAUFSTELLUNG

28 Gerhard Berger 1.17,267	1 Alain Prost 1.17,967
6 Nelson Piquet 1.18,017	12 Ayrton Senna 1.18,488
20 Thierry Boutsen 1.18,523	27 Michele Alboreto 1.18,578
5 Riccardo Patrese 1.18,813	2 Stefan Johansson 1.18,826
19 Teo Fabi 1.19,461	8 Andrea de Cesaris 1.19,590
18 Eddie Cheever 1.20,187	17 Derek Warwick 1.20,638
24 Alessandro Nannini 1.20,701	11 Satoru Nakajima 1.20,891
7 Stefano Modena 1.21,014	9 Martin Brundle 1.21,483
30 Philippe Alliot 1.21,888	4 Philippe Streiff 1.21,971
3 Jonathan Palmer 1.22,087	25 René Arnoux 1.22,303
29 Yannick Dalmas 1.22,650	26 Piercarlo Ghinzani 1.22,689
16 Ivan Capelli 1.22,698	10 Christian Danner 1.23,046
14 Roberto Moreno 1.23,659	23 Adrian Campos 1.24,121

psychologische Gründe. Auf der relativ langsamen Rennstrecke stieg die Risikobereitschaft verständlicherweise um einige Prozent an.

Der trotz fiebriger Erkältung und Ohrenschmerzen unverändert souverän auftretende Gerhard Berger sicherte sich bereits freitags die Pole-Position. An der von ihm vorgelegten Zeit bissen sich alle Konkurrenten im Abschluß-Training die Zähne aus. Ansteigende Temperaturen hatten samstags die Bedingungen verschlechtert und alle Vorteile der auf der Ideallinie stetig wachsenden Gummischicht zunichte gemacht. Nur ingesamt 14 Fahrer konnten sich steigern. Auch der Münchner Christian Danner fand zu einer schnelleren Gangart, doch diese Verbesserung brachte ihm unterm Strich nichts ein. Zum einen reichte auch die schnellere Rundenzeit nicht aus, auch nur einen Startplatz weiter vorzurücken, zum anderen wurde dem Zakspeed-Fahrer die Samstags-Zeit ohnehin wieder aberkannt. Eine technische Kontrolle hatte ergeben, daß einer der zwei Bord-Feuerlöscher in Danners Auto nicht gefüllt war, was zu sofortiger Annullierung der zuvor gefahrenen Rundenzeiten und einer Geldstrafe von ungefähr 8500 Mark führte. Team-Chef Erich Zakowski war wie vom Donner gerührt: »Ich kann mir nicht erklären, weshalb der Feuerlöscher nicht gefüllt war, erst vor kurzer Zeit haben wir die Dinger kontrolliert. Vielleicht hat der Löscher irgendwo ein Leck.« Auf finanziellem Gebiet sollte das Wochenende aber für »Zak« Zakowski auch noch eine angenehme Nachricht bringen.

Wie schon in Jerez, scheiterte Alex Caffi an der Qualifikations-Hürde. Nachdem der Muletto des Osella-Teams am ersten Trainingstag nach einem Turboschaden – vor den Augen untätig staunender Streckenposten – durch einen Brand stark beschädigt wurde, riß die Pechsträhne des äußerst talentierten Nachwuchs-Fahrers nicht mehr ab: Zwei Motor-Pannen und ein weiterer geplatzter Turbo ließen Caffi kaum zum Einsatz kommen. »Wie soll ich unter solchen Umständen auch nur eine einzige schnelle Runde fahren?«, fragte Caffi und stellte fest: »Für mein erstes Formel 1-Jahr war Osella vielleicht das richtige Team, aber jetzt muß ich zusehen, daß ich hier wegkomme!«

Das Rennen wurde, wie bereits die erste Auflage des australischen F1-Grand Prix vor zwei Jahren, bei hochsommerlichen Temperaturen gestartet. Die Straßenschlacht von Adelaide tobte noch keine zehn Sekunden, da verriet lauter Jubel in der Williams-Box, daß Nelson Piquet sensationell gut von der Linie geschnellt war. Tatsächlich hatte der Brasilianer am linken Pistenrand seine Vorderleute ausgetrickst und lag in Front, als sich das Feld erstmals in das langsame S am Ende der Start-und-Ziel-Geraden quälte. Für Alessandro Nannini be-

ERGEBNISSE UND AUSFÄLLE

1.	Gerhard Berger	Ferrari F1-87 097	1:52.56,144 = 164,631 km/h
2.	Michele Alboreto	Ferrari F1-87 101	1.07,884 Minuten zurück
3.	Thierry Boutsen	Benetton-Ford B187-09	1 Runde zurück
4.	Jonathan Palmer	Tyrrell-Cosworth 016-02	2 Runden zurück
5.	Yannick Dalmas	Lola-Cosworth LC-87 02	3 Runden zurück
6.	Roberto Moreno	AGS-Cosworth JH22-032	3 Runden zurück
7.	Christian Danner	Zakspeed 871-02	3 Runden zurück
8.	Andrea de Cesaris*	Brabham-BMW BT56 2	4 Runden zurück
9.	Riccardo Patrese*	Williams-Honda FW11B-01	6 Runden zurück
10.	Nelson Piquet	Williams-Honda FW11B-04	59. Runde, Bremsen
11.	Ivan Capelli	March-Cosworth 871-01	59. Runde, Dreher
12.	Alain Prost	McLaren-Porsche MP4/3-4	54. Runde, Dreher/Bremsdefekt
13.	Eddie Cheever	Arrows-Megatron A10-02	54. Runde, Motor
14.	Stefan Johansson	McLaren-Porsche MP4/3-5	49. Runde, Unfall/Bremsdefekt
15.	Teo Fabi	Benetton-Ford B187-07	47. Runde, Bremsen
16.	Adrian Campos	Minardi-Motori Moderni M186-01	47. Runde, Getriebe
17.	Philippe Alliot	Lola-Cosworth LC-87 03	46. Runde, Elektronik
18.	René Arnoux	Ligier-Megatron JS29C-06	42. Runde, Elektrik
19.	Stefano Modena	Brabham-BMW BT56 4	32. Runde, Erschöpfung
20.	Piercarlo Ghinzani	Ligier-Megatron JS29C-04	27. Runde, Motor
21.	Satoru Nakajima	Lotus-Honda 99T/3	23. Runde, Aufhängung
22.	Derek Warwick	Arrows-Megatron A10-05	20. Runde, Kraftübertragung
23.	Martin Brundle	Zakspeed 871-03	19. Runde, Turbo
24.	Philippe Streiff	Tyrrell-Cosworth 016-07	7. Runde, Dreher
25.	Alessandro Nannini	Minardi-Motori Moderni M186-04	1. Runde, Unfall

* Nicht im Ziel, aber aufgrund der zurückgelegten Distanz gewertet
Ayrton Senna, Lotus-Honda 99T/4 mit 34,845 Sekunden Rückstand als zweiter im Ziel – disqualifiziert

Schnellste Runde:
(72. Runde) – Gerhard Berger, Ferrari F1-87, 1.20,416 = 169,175 km/h
Neuer Rundenrekord

Gerhard Berger schilderte den Start nach dem Rennen aus seiner Perspektive: »Der Honda-Motor ist meinem Ferrari in der Beschleunigungs-Phase aus dem Stand überlegen. Ich versuchte zwar gegenzuhalten, aber als Nelson nicht nachgab, bin ich vom Gas gegangen, sonst hätte es eingangs der Schikane gekracht.« Mit seiner Gegen-Attacke ließ der Österreicher aber nicht lange auf sich warten. Er überrumpelte den Spitzenreiter noch vor dem Scheitelpunkt der zweiten Kurve und übernahm selbst das Kommando. Während Berger schnell ein kontinuierlich wachsendes Zeit-Polster zwischen sich und seinen Verfolgern aufbauen konnte, blieben die Jäger als dicht gedrängte Wagengruppe beieinander. 14,6 Sekunden trennten den Tiroler nach 30 Runden von Nelson Piquet, dem Alain Prost, Michele Alboreto und Ayrton Senna innerhalb von nur 4,5 weiteren Sekunden folgten. Mit drei Sekunden Rückstand auf Senna hatte Stefan Johansson dahinter alle Hände voll zu tun, um den

deutete diese Klippe bereits das Ende des Grand Prix.

RUNDENTABELLE

	Fahrer	Wagen	1	2	3	4	5	6	7	8	9	10	11	12	13	14	15	16	17	18	19	20	21	22	23	24	25	26	27	28
28	Gerhard Berger	Ferrari F1-87	28	28	28	28	28	28	28	28	28	28	28	28	28	28	28	28	28	28	28	28	28	28	28	28	28	28	28	28
1	Alain Prost	McLaren-Porsche MP4/3	6	6	6	6	6	6	6	6	6	6	6	6	6	6	6	6	6	6	6	6	6	6	6	6	6	6	6	6
6	Nelson Piquet	Williams-Honda FW11B	12	1	1	1	1	1	1	1	1	1	1	1	1	1	1	1	1	1	1	1	1	1	1	1	1	1	1	1
12	Ayrton Senna	Lotus-Honda 99T	1	12	12	12	27	27	27	27	27	27	27	27	27	27	27	27	27	27	27	27	27	27	27	27	27	27	27	27
20	Thierry Boutsen	Benetton-Ford B187	27	27	27	27	12	12	12	12	12	12	12	12	12	12	12	12	12	12	12	12	12	12	12	12	12	12	12	12
27	Michele Alboreto	Ferrari F1-87	5	5	5	5	5	5	5	5	5	5	5	5	5	5	5	5	5	5	5	5	5	5	5	2	2	2	2	2
5	Riccardo Patrese	Williams-Honda FW11B	20	20	20	20	20	20	2	2	2	2	2	2	2	2	2	2	2	2	2	2	2	2	2	5	5	5	5	5
2	Stefan Johansson	McLaren-Porsche MP4/3	2	2	2	2	2	20	20	20	20	20	20	20	20	20	20	20	20	20	20	20	20	20	20	20	20	20	20	20
19	Teo Fabi	Benetton-Ford B187	8	8	8	8	8	8	8	8	8	8	18	18	18	18	18	18	18	18	18	18	18	18	18	18	18	18	18	18
8	Andrea de Cesaris	Brabham-BMW BT56	18	18	18	18	18	18	18	18	18	8	19	19	19	19	25	25	25	25	25	25	25	25	25	25	25	25	25	25
18	Eddie Cheever	Arrows-Megatron A10	19	19	19	19	19	19	19	19	19	19	8	8	8	25	17	17	17	17	⑰	19	19	19	19	19	19	10	10	10
17	Derek Warwick	Arrows-Megatron A10	17	17	7	7	7	7	7	7	7	7	7	25	17	9	9	9	19	19	19	10	10	10	10	10	10	8	8	8
24	Alessandro Nannini	Minardi-Motori Moderni M186	7	7	17	17	17	17	17	17	17	17	25	25	7	9	19	19	19	⑨	10	11	8	8	8	8	8	16	16	16
11	Satoru Nakajima	Lotus-Honda 99T	3	3	9	9	25	25	25	25	25	17	17	7	7	10	10	10	11	8	11	⑪	16	16	16	16	30	30	30	30
7	Stefano Modena	Brabham-BMW BT56	9	9	3	25	9	9	9	9	9	9	9	10	10	7	11	11	16	16	16	16	30	29	29	29	29	29	29	29
9	Martin Brundle	Zakspeed 871	11	11	25	3	3	11	11	11	11	11	11	11	11	16	16	16	8	29	29	29	30	30	30	14	14	14	14	14
30	Philippe Alliot	Lola-Cosworth LC-87	25	25	11	11	11	3	3	16	16	16	16	16	16	11	11	11	8	8	29	30	30	30	14	14	19	3		
4	Philippe Streiff	Tyrrell-Cosworth 016	16	16	16	16	16	16	30	30	10	10	10	10	30	30	29	29	29	30	14	14	14	3	3	3	3	19	19	
3	Jonathan Palmer	Tyrrell-Cosworth 016	4	4	4	4	4	④	30	29	10	30	30	30	29	29	8	30	30	14	3	3	3	7	7	7	7	23	23	
25	René Arnoux	Ligier-Megatron JS29C	30	30	30	30	30	30	29	10	29	29	29	29	8	8	30	14	14	3	7	7	7	23	23	23	23	7	7	
29	Yannick Dalmas	Lola-Cosworth LC-87	29	29	29	29	29	29	10	14	14	14	14	14	14	14	14	3	3	7	23	23	23	26	26	26	㉖			
26	Piercarlo Ghinzani	Ligier-Megatron JS29C	26	26	26	14	14	10	14	26	26	26	26	26	26	26	26	7	7	23	26	26	26							
16	Ivan Capelli	March-Cosworth 871	14	10	10	10	10	14	26	3	3	3	3	3	3	3	23	23	26											
10	Christian Danner	Zakspeed 871	10	14	14	26	26	26	23	23	23	23	23	23	23	23	26	26												
14	Roberto Moreno	AGS-Cosworth JH22	23	23	23	23	23	23																						
23	Adrian Campos	Minardi-Motori Moderni M186																												

Anschluß an die Vierer-Gruppe nicht zu verlieren.

Fünf Umläufe später ließ sich Nelson Piquet frische Reifen montieren und konnte sich erst hinter Stefan Johansson wieder in das Renngeschehen einschalten. Zu diesem Zeitpunkt hatte Neuling Stefano Modena bereits das Handtuch geworfen. Von einem Krampf im rechten Bein geplagt, hatte er seine Helfer in den Boxen mit der Aussage »Dieses Rennen ist mir viel zu lang« überrascht und das Brabham-Cockpit verlassen. Auch Ivan Capelli sollte später wegen körperlicher Beschwerden gestoppt werden. Der March-Pilot machte es sich allerdings nicht so leicht wie sein Landsmann. »Das Gaspedal wurde so heiß, daß ich mir den rechten Fuß verbrannte«, erklärte Capelli seinen Ausfall, »und vor lauter Schmerzen unkonzentriert einen Fehler beging.«

Haupt-Ausfallursache im Grand Prix von Australien waren allerdings weder Krämpfe noch verständliche Konzentrations-Schwächen, sondern geschundene Bremsen. Gleich reihenweise fielen die Aktiven diesem Defekt zum Opfer – mit den beiden McLaren-Fahrern sowie Nelson Piquet auch drei der hartnäckigsten Verfolger Gerhard Bergers.

Vorn fuhr der neue Ferrari-Star einem klaren Sieg entgegen, der nur für kurze Zeit gefährdet schien, als Ayrton Senna einen Zwischenspurt einlegte und sich dem Spitzenreiter bis auf circa acht Sekunden nähern konnte. Als sich dann aber Blasen auf den Laufflächen der Reifen des Lotus bildeten, steckte der Brasilianer zurück und das Rennen war entschieden, auch wenn es für Berger noch einmal recht ungemütlich wurde. »Zwei Runden vor Schluß dachte ich, der Motor sei hinüber«, berichtete der Sieger später völlig erschöpft, »denn er gab grausame Geräusche von sich. Ich hab's genau gehört, weil mir schon nach fünf Runden der Stopfen aus dem rechten Ohr gerutscht war, was ich übrigens niemandem wünsche...« Eine defekte Auspuff-Anlage hatte den Tiroler in Angst und Schrecken versetzt.

Auf Ayrton Senna wartete der Schock erst nach dem Rennen: Wegen zu großer Luft-Einlaßhutzen an den vorderen Bremsen protestierte Benetton den Lotus-Fahrer aus der Wertung! »Unglaublich«, tobte der Südamerikaner, »ich gebe alles, und diese Dilettanten setzen mich in ein reglementwidriges Auto!«

Von Sennas Disqualifikation profitierten natürlich dessen Hinterleute. So kassierte Roberto Moreno unerwartet einen WM-Punkt und Yannick Dalmas erreichte sogar Platz fünf, erhielt für diese Leistung allerdings keine Zähler, da er kein Stamm-Pilot oder einer deren Vertreter ist. Christian Danner trauerte einer verpaßten Chance nach: »Ich lag vor Jonathan Palmer, als meine Bremsen nachließen und ich deshalb immer langsamer fahren mußte – vierter hätte ich heute werden können!« Auch Erich Zakowski hätte den Bayern natürlich gern so weit vorn im Ziel gesehen, konnte aber trotzdem lachen: »Wir haben Platz zehn in der Konstrukteurs-Wertung gehalten, das ist das Wichtigste!« Die Plazierung bringt Zakspeed Transportkosten-Zuschüsse im ersten Halbjahr 1988, die dem Team Ausgaben in Höhe von gut 800 000 Mark ersparen – einer Menge Geld, die jetzt in die Entwicklung der Rennwagen gesteckt werden kann.

WERTUNGSPUNKTE

Fahrer: Piquet 73, Mansell 61, Senna 57, Prost 46, Berger 36, Johansson 30, Alboreto 17, Boutsen 16, Fabi 12, Cheever 8, Palmer 7, Nakajima 7, Patrese 6, de Cesaris 4, Streiff 4, Warwick 3, Alliot 3, Brundle 2, Arnoux 1, Capelli 1, Moreno 1

Konstrukteure: Williams 137, McLaren 76, Lotus 64, Ferrari 53, Benetton 28, Tyrrell 11, Arrows 11, Brabham 10, Lola 3, Zakspeed 2, March 1, Ligier 1, AGS 1

Fahrer-Weltmeisterschaft 1987

	Gesamtpunkte	Brasilien, 12. April	San Marino, 3. Mai	Belgien, 17. Mai	Monaco, 31. Mai	USA, 21. Juni	Frankreich, 5. Juli	England, 12. Juli	Deutschland, 26. Juli	Ungarn, 9. August	Österreich, 16. August	Italien, 6. September	Portugal, 20. September	Spanien, 27. September	Mexiko, 18. Oktober	Japan, 1. November	Australien, 15. November
1. Nelson Piquet	73	6	–	–	6	6	6	6	9	9	6	9	4	(3)	6	–	–
2. Nigel Mansell	61	1	9	–	–	2	9	9	–	–	9	4	–	9	9	–	–
3. Ayrton Senna	57	–	6	–	9	9	3	4	4	6	2	6	–	2	–	6	–
4. Alain Prost	46	9	–	9	–	4	4	–	–	4	1	–	9	6	–	–	–
5. Gerhard Berger	36	3	–	–	3	3	–	–	–	–	–	3	6	–	–	9	9
6. Stefan Johansson	30	4	3	6	–	–	–	–	6	–	–	1	2	4	–	4	–
7. Michele Alboreto	17	–	4	–	4	–	–	–	–	–	–	–	–	–	–	3	6
8. Thierry Boutsen	16	2	–	–	–	–	–	–	–	3	3	2	–	–	–	2	4
9. Teo Fabi	12	–	–	–	–	–	2	1	–	4	–	3	–	2	–	–	–
10. Eddie Cheever	8	–	–	3	–	1	–	–	–	–	–	1	–	3	–	–	–
11. Jonathan Palmer	7	–	–	–	2	–	–	–	2	–	–	–	–	–	–	–	3
Satoru Nakajima	7	–	1	2	–	–	–	3	–	–	–	–	–	–	1	–	–
12. Riccardo Patrese	6	–	–	–	–	–	–	–	–	–	2	–	–	4	–	–	–
13. Andrea de Cesaris	4	–	–	4	–	–	–	–	–	–	–	–	–	–	–	–	–
Philippe Streiff	4	–	–	–	–	–	1	–	3	–	–	–	–	–	–	–	–
14. Dereck Warwick	3	–	–	–	–	–	–	2	–	1	–	–	–	–	–	–	–
Philippe Alliot	3	–	–	–	–	–	–	–	1	–	–	–	–	1	1	–	–
15. Martin Brundle	2	–	2	–	–	–	–	–	–	–	–	–	–	–	–	–	–
16. René Arnoux	1	–	–	1	–	–	–	–	–	–	–	–	–	–	–	–	–
Ivan Capelli	1	–	–	–	1	–	–	–	–	–	–	–	–	–	–	–	–
Roberto Moreno	1	–	–	–	–	–	–	–	–	–	–	–	–	–	–	–	1

(–) = Streichresultat

Formel 1-Konstrukteurs-Weltmeisterschaft

	Gesamtpunkte	Brasilien, 12. April	San Marino, 3. Mai	Belgien, 17. Mai	Monaco, 31. Mai	USA, 21. Juni	Frankreich, 5. Juli	England, 12. Juli	Deutschland, 26. Juli	Ungarn, 9. August	Österreich, 16. August	Italien, 6. September	Portugal, 20. September	Spanien, 27. September	Mexiko, 18. Oktober	Japan, 1. November	Australien, 15. November
1. Williams	137	7	9	–	6	8	15	15	9	9	15	13	4	12	15	–	–
2. McLaren	76	13	3	15	–	4	4	–	6	4	1	1	11	10	–	4	–
3. Lotus	64	–	7	2	9	9	3	7	4	6	2	6	–	2	–	7	–
4. Ferrari	53	3	4	–	7	3	–	–	–	–	–	3	6	–	–	12	15
5. Benetton	28	2	–	–	–	–	2	1	–	3	7	2	3	–	2	2	4
6. Tyrrell	11	–	–	–	2	–	1	–	5	–	–	–	–	–	–	–	3
Arrows	11	–	–	3	–	1	–	2	–	1	–	–	1	–	3	–	–
7. Brabham	10	–	–	4	–	–	–	–	–	2	–	–	–	–	4	–	–
8. Lola	3	–	–	–	–	–	–	–	1	–	–	–	–	1	1	–	–
9. Zakspeed	2	–	2	–	–	–	–	–	–	–	–	–	–	–	–	–	–
10. Ligier	1	–	–	1	–	–	–	–	–	–	–	–	–	–	–	–	–
March	1	–	–	–	1	–	–	–	–	–	–	–	–	–	–	–	–
AGS	1	–	–	–	–	–	–	–	–	–	–	–	–	–	–	–	1

UNABHÄNGIG. KRITISCH. ENGAGIERT.

Erleben Sie auto motor und sport selbst. Kostenlos für Sie: 1 aktuelle Ausgabe von auto motor und sport zum Testen und ein wertvoller Reprint als Geschenk: Die Erstausgabe (1946) von »Das Auto«, aus der auto motor und sport entstand.

- Europas größtes Automagazin gibt es 2 mal im Monat auf über 200 starken Seiten.
- Mit harten Einzel- und Vergleichstests aller Klassen, aller Marken.
- Mit aktuellen Hintergrundberichten, Facts und News für aktive Autofahrer, die mehr wissen wollen.

Fordern Sie die kostenlose Ausgabe und Ihr Geschenk gleich an bei auto motor und sport, Leser-Service, Postfach 1042, 7000 Stuttgart 1. Telefonische Bestellung: 0711/2043-224. BTX: 342001022.

Im Cockpit der Formel 1

Die Formel 1-Asse unserer Zeit
Die Fahrer, die Wagen, die Strecken
Von Achim Schlang
Hier werden alle bedeutenden Fahrer-Persönlichkeiten seit Anfang der 70er Jahre vorgestellt. Dabei passieren die Schicksale aller GP-Sieger Revue, gleichzeit werden die dramatischsten Autorennen der letzten 15 Jahre in Erinnerung gerufen.
216 Seiten, 60 Abbildungen, davon 20 in Farbe, geb., DM 36.–

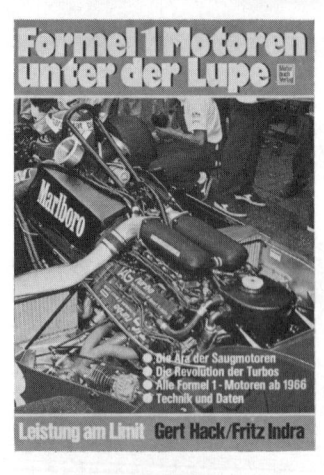

Formel 1-Motoren unter der Lupe
Leistung am Limit
Von Gert Hack und Fritz Indra
Dieses neue Buch beschreibt lückenlos die Entwicklung der Formel 1-Motoren, vom legendären Ford Cosworth bis zum neuen Porsche TAG Triebwerk. Alle technischen Details und Hintergründe, alle Motoren, Geschichte und Hintergründe der Formel 1 – Das aktuelle Standardwerk zur Formel 1!
224 Seiten, 141 Abbildungen, gebunden, DM 39.–

Turboautos – Turbomotoren
Entwicklung, Technik, Tuning, Typologie
Von Gert Hack
Die Turbo-Welle rollt. Warum sich der Turbomotor auf breiter Basis durchgesetzt hat und welches Entwicklungspotential die Abgas-Turboaufladung auf sich hat..., all das steht in diesem Buch.
264 Seiten, 302 Abbildungen, gebunden, DM 39.–

Der Porsche 956/962
Vom Reißbrett zum Weltmeister
Von L. Boschen und G. Büsing
Dies ist die Geschichte des aufsehenerregenden Porsche-Rennwagens, Typ 956 und seines Nachfolgers, des Typs 962. Die beeindruckende Karriere hält dieses Buch mit bisher unveröffentlichten Fotos und unbekannten technischen Informationen in allen Details fest.
275 Seiten, 200 Abbildungen, gebunden, DM 42.–

Die Nürburgring-Story
60 Jahre Rennsportfaszination
von Thora Hornung
Der Nürburgring – seit jeher Zauberwort für die Motorsportgemeinde – galt schon immer als einzigartige Prüfung für Fahrer und Rennwagen. Das Buch entführt auf 240 Seiten in die bedeutenden Epochen der 60jährigen Geschichte des »Rings«.
256 Seiten mit ca. 90 s/w und 16 Farb-Abbildungen, gebunden, DM 39.–

Grand-Prix-Report Auto Union 1934–39
Von Peter Kirchberg
Die Geschichte der Auto Union-Rennwagen liest sich wie ein Krimi.
208 Seiten, 175 z. T. erstmals veröffentlichte Abbildungen, gebunden, DM 36.–

Mercedes Benz W 196 – der letzte Silberpfeil
Von Michael Riedner
Der W 196 in begeisternden Fotos und Dokumenten.
320 Seiten, 250 Abbildungen, Großformat, gebunden, DM 68.–

Motorbuch Verlag
Der Verlag für Autobücher
Postfach 1370 · 7000 Stuttgart 1